以信息化培育经济增长新动能

CULTIVATE NEW DRIVERS OF ECONOMY BY INFORMATIZATION

国务院发展研究中心课题组 著

中国发展出版社
CHINA DEVELOPMENT PRESS

图书在版编目（CIP）数据

以信息化培育经济增长新动能 / 国务院发展研究中心课题组著. —北京：中国发展出版社，2021.10

ISBN 978-7-5177-1257-2

Ⅰ. ①以… Ⅱ. ①国… Ⅲ. ①信息化—影响—中国经济—经济增长—研究 Ⅳ. ①F124

中国版本图书馆CIP数据核字（2021）第225859号

书　　名：以信息化培育经济增长新动能
著作责任者：国务院发展研究中心课题组
出 版 发 行：中国发展出版社
（北京经济技术开发区荣华中路22号亦城财富中心1号楼8层 100176）
标 准 书 号：ISBN 978-7-5177-1257-2
经　销　者：各地新华书店
印　刷　者：北京市密东印刷有限公司
开　　本：710mm × 1000mm 1/16
印　　张：14.5
字　　数：222千字
版　　次：2021 年 10 月第 1 版
印　　次：2021 年 10 月第 1 次印刷
定　　价：58.00元

联 系 电 话：（010）68990535 68990692
购 书 热 线：（010）68990682 68990686
网 络 订 购：http://zgfzcbs.tmall.com
网 购 电 话：（010）68990639 88333349
本 社 网 址：http://www.develpress.com
电 子 邮 件：fazhanreader@163.com

课题组主要成员

课题负责人

隆国强　国务院发展研究中心党组成员、副主任、研究员

余　斌　国务院发展研究中心党组成员、研究员

课题执行负责人

王金照　国务院发展研究中心产业经济研究部部长、研究员

课题协调人

李广乾　国务院发展研究中心信息中心研究员

课题组成员

张　鸿　国务院发展研究中心信息中心副主任、编审

陈　波　国务院发展研究中心信息中心副主任、副研究员

朱贤强　国务院发展研究中心信息中心办公室主任、副研究员

郭　巍　国务院发展研究中心办公厅科研处副处长

兰宗敏　国务院发展研究中心宏观部副处长

沈俊杰　国务院发展研究中心办公厅副处长

高庆鹏　国务院发展研究中心办公厅副处长

胡豫陇　国务院发展研究中心信息中心助理研究员

贾卢魁　国务院发展研究中心信息中心助理研究员

奚剑明　国务院发展研究中心信息中心助理研究员

于凤霞　国家信息中心分享经济研究中心副主任

高太山　国家信息中心分享经济研究中心副秘书长

蔡丹旦　国家信息中心分享经济研究中心分析师

刘铁志　中国信通院政策与经济研究所战略研究部主任

胡昌军　中国信通院政策与经济研究所战略研究部副主任

金夏夏　中国信通院政策与经济研究所战略研究部工程师

王亦菲　中国信通院政策与经济研究所战略研究部工程师

陈宝国　中国社会经济系统分析研究会

徐基仁　中国社会经济系统分析研究会

刘　权　中国电子信息产业发展研究院

梁　琪　中山大学教授、博导

陈建隆　中山大学副研究员

辛金国　杭州电子科技大学浙江省信息化与经济社会发展研究中心常务副主任

序 言

PREFACE

主动拥抱信息化，加快形成新发展格局

当前全球信息化发展已迈入以数字化、网络化、智能化为主要特征的3.0时代。通过大数据、云计算、人工智能等技术赋能，实现了对人类体力和脑力的革命性替代与提升，大幅提高了资源配置效率，实现了全域赋能和快速创新。信息化日益成为新一轮产业革命的原动力和经济增长的主引擎，将带来比肩农业革命和工业革命的重大变革。

信息化已经成为推动我国经济增长和产业升级的关键动能之一。以机器人、工业互联网、大数据、人工智能等为代表的智能制造技术加快发展并深化运用，成为推动制造业升级的主流方向和新旧动能转换的重要力量。以平台生态为代表的信息化融合创新成为积聚新动能的重要组成部分，各类平台的规模迅速壮大，功能由单一化向综合化发展，不仅成为消费的重要引擎，而且融入经济社会发展的各个层面，全面参与国民经济和社会发展的资源配置。以区块链为代表的新型信息化技术及应用积极探索、蓄势待发，正逐步成为互联网时代解决信任问题的全新模式，推动信息互联网向价值互联网跨越。

在看到成绩的同时，我们也要清醒地认识到，我国信息化发展和产业应用仍然面临诸多问题与挑战，在芯片加工、工业软件、工业机器人等核心技术和产业生态方面仍然存在明显的短板；资金、人才、数据和知识产权等要素管理制度亟待健全，企业进一步壮大发展的土壤和环境有待加强；行业监管模式尚不成熟，过度监管和监管不足的问题同时存在；外部环境更加复杂，国际竞争更趋白热化。

新冠肺炎疫情和中美战略竞争给信息化发展带来新的机遇和挑战。新冠肺炎疫情倒逼传统线下业务加快向线上转型，集中释放信息化需求，这就要求加速从消费互联网向产业互联网过渡，加快以5G为代表的新基建，有力支撑信息化的升级和深化应用，从而不断释放新的市场空间。

从中美战略竞争来看，美方既想更多利用我国巨大的市场机遇，又想持续压制我国产业向高端发展，对高端产品和龙头企业进行精准打压。我们在战略上要保持清醒和定力，以开放发展、利益融合来破解“脱钩”，以技术自立自强破解“卡脖子”问题。抓住中美战略竞争带来人才回流和龙头企业培育本地供应链意识增强的机遇，逐步培育高端产业，稳步提升我国科技和经济竞争力。

要设立合理的发展目标，短期的目标是有效应对中美博弈带来的冲击，不断提高产业技术能力，持续推进信息化，培育经济新动能。力争“十四五”期间在半导体、核心基础软硬件、工业基础软件等重点“卡脖子”领域取得突破。在中长期，要将中国打造成全球经济社会智能化转型的引领者、信息技术创新的策源地，在半导体、操作系统、通信、人工智能、大数据等重点领域打造自主产业生态，成为全球产业链和高端价值链体系中的关键环节。

要实现上述目标，需要在创新生态、制度建设、基础设施建设、开放合作、安全防护等5个方面综合施策。

一是健全和优化创新生态体系。推动产学研合作联动、整合优势资源，促成良性的多主体协同创新生态。以创新为原动力，继续进行重大科技攻关，着力攻克技术短板，锻造长板。要加强人才的引进和培养，加大财税和金融对创新的支持。

二是完善行业监管和数据管理体系。要在行业监管、数据治理等制度建设上破旧立新，支持平台企业创新发展、增强国际竞争力，同时要健全数字规则，完善平台企业垄断认定、数据收集使用管理、消费者权益保护等方面的法律规范。建立包容审慎的行业监管体制，坚决反对垄断和不正当竞争行为，以制度创新来释放新一轮技术与产业革命所蕴含的巨大能量。

三是构建多方协作的新基建发展体制机制。优先推动 5G、大数据、云计算等重点领域建设，不仅创造需求，拉动当期的经济增长，而且为未来的产业变革提供支撑。

四是坚持开放竞争，强化国际合作。要持续构建开放的国际合作体系，加强学术和技术交流。要主动开放，吸引海外投资与产业合作，推动跨境数据流动，以自身的开放带动开放性创新体系和产业体系的建设。

五是重视信息安全，防范信息化带来的负面影响。信息技术和信息化是一把“双刃剑”，要始终关注和正确应对技术应用带来的风险和挑战。一方面，要用好数据资源，探索数据跨境安全有序流动的机制；另一方面，要切实加强网信安全方面的立法、技术和内容管理，构建安全可控的信息化基础机制。

“信息化培育我国经济发展新动能”，是继“信息化促进中国经济转型升级”“‘互联网 +’的支撑环境研究”之后，我们围绕信息化开展的又一项重大的综合研究课题。课题组深入研究了信息化发展历程和对经济发展的影响机理，以典型行业为例总结了我国信息化取得的成果，研究了“十四五”期间信息化发展方向和思路，提出了新形势下信息化发展存在的问题和系统化建议。“信息化培育我国经济发展新动能”课题组由国务院发展研究中心牵头，国家信息中心、中国信息通信研究院、北京大学等单位的专家共同参与。在课题成果付梓之际，谨向课题组同仁表示衷心祝贺，也真诚欢迎读者朋友对本书不吝指正，提出宝贵的意见和建议。

是为序。

隆国强
国务院发展研究中心副主任、研究员
2021 年 3 月

目　录

CONTENTS

总报告　把握历史机遇，加快推进信息技术创新、制度创新和基础设施建设，培育我国经济增长新动能……1

一、信息化日益成为新一轮产业革命原动力和经济增长主引擎……1

二、信息化培育新动能呈现多点开花、深化发展态势……8

三、信息化培育新动能仍面临诸多突出问题和挑战……13

四、新形势下信息化发展需要新的思路和目标……17

五、完善政策举措，加快信息化转型，培育经济增长新动能……24

分报告一　信息化对国民经济发展的影响研究……33

一、信息化与经济发展的相互作用……33

二、信息化推动经济增长……37

三、信息化对经济影响的测度……42

四、信息化促进经济转型升级……46

五、结论与讨论……48

分报告二　基于新一代信息技术的新业态和新模式研究 ……………………51

一、基于新一代信息技术的新业态和新模式内涵的界定……………………51
二、基于新一代信息技术的新业态和新模式形成背景……………………56
三、新一代信息技术下新业态和新模式演化机理及趋势……………………60
四、发达国家基于新一代信息技术新业态和新模式发展及启示研究……68
五、加快发展基于新一代信息技术新业态和新模式的对策……………71

分报告三　区块链对国家信息化发展的战略性影响分析 ……………………75

一、概述……………………………………………………………………75
二、区块链对信息化建设的影响…………………………………………80
三、国内外的区块链治理政策……………………………………………81
四、区块链与产业发展……………………………………………………86
五、区块链技术面临的问题与挑战………………………………………90
六、区块链技术发展的政策性建议………………………………………92

分报告四　人工智能对我国经济发展新动能的深刻影响与政策分析 ……103

一、人工智能发展概述……………………………………………………103
二、人工智能技术对经济社会发展的影响………………………………107
三、各国人工智能发展战略………………………………………………120
四、培育新动能面临的问题及政策建议…………………………………127
五、结语……………………………………………………………………135

分报告五　共享经济：信息化与传统服务业融合发展的新业态和新模式分析……137
一、共享经济的定义、内涵和主要特征……138
二、国外共享经济发展情况……144
三、共享经济对传统服务业转型发展的作用……147
四、当前我国共享经济发展面临的问题和挑战……156
五、促进共享经济健康发展的对策建议……160

分报告六　新兴工业机器人对于我国工业制造业发展的影响分析……165
一、研究背景……165
二、主要国家机器人发展策略……167
三、我国新型工业机器人发展和应用现状分析……171
四、加快我国新兴工业机器人产业发展与应用的总体思路……174
五、推进新兴工业机器人产业发展与应用的发展策略……178

分报告七　信息化合作推动“一带一路”建设……187
一、我国与“一带一路”沿线国家和地区的信息化合作现状……187
二、“一带一路”沿线国家和地区的信息化合作潜力……194
三、“一带一路”沿线国家和地区的信息化建设合作模式……202
四、“一带一路”沿线国家和地区信息化合作的主要障碍……209
五、“一带一路”沿线国家和地区的信息化合作发展战略……212
六、“一带一路”沿线国家和地区的信息化合作政策建议……216

把握历史机遇，加快推进信息技术创新、制度创新和基础设施建设，培育我国经济增长新动能

信息化日益成为新一轮科技革命与产业革命的原动力，并与我国经济转型升级和大国崛起形成历史性交汇。在新冠肺炎疫情持续发展和中美战略竞争日益加剧并向纵深发展的关键历史节点，要主动拥抱信息化，以技术创新、制度创新和基础设施建设为关键着力点，加强国际合作，保障信息安全，加快经济社会信息化转型和新技术应用与研发，培育我国经济增长新动能，塑造全球竞争新优势。

一、信息化日益成为新一轮产业革命原动力和经济增长主引擎

从1973年第一批个人电脑诞生至今，信息技术和产业飞速发展，取得历史性成就。信息技术渗透各行各业，带动各领域技术与产业的深度变革。当前世界正在进入万物互联的智能时代，信息产业成为经济发展的主引擎。

（一）信息化是新一轮产业革命的主引擎

信息化50多年来的发展，经历了三个发展阶段。信息化1.0阶段（1970～1990年），个人计算机带来数字化时代，单机模式带来数字化变革，

改变传统的生活工作模式。信息化 2.0 阶段（1990 ~ 2010 年），互联网带来网络化时代。人与人、人与信息通过互联网被广泛连接，线上与线下世界被连通，人类社会进入了信息和资源高速流通的时代。信息化 3.0 阶段（2010 年至今），进入万物互联的智能化时代。多种信息技术集中爆发，协同发展，广泛连接现实与虚拟世界，以智能技术赋能经济社会，深刻影响经济社会发展。

相比于信息化 1.0 和 2.0 的单点技术变革，信息化 3.0 呈现出集群突破的特点。依托长期的理论和技术积累，信息化 3.0 在底层软硬件、通用技术上实现了全面进步，并由此催生出人工智能、物联网等综合型前沿技术。底层技术方面，芯片不断突破 7 纳米、5 纳米工艺，元器件容量和运算速度指数级上升；移动和本地操作系统日趋完善，构建起完善的应用生态；工业软件、科学工具经过长期积累成为产业研发的牢靠基础。通用技术方面，互联网、大数据、云计算等技术日趋成熟，以平台化方式全面赋能各领域，成为全产业转型升级的“中台”。综合型前沿技术方面，底层和通用技术的突破，为人工智能、区块链、物联网等前沿方向提供了坚实的技术和资源支撑，使得这些技术和应用得以从理论迈向实践。信息化 3.0 技术的集群式突破，在单一技术领域实现快速进步的同时，各类技术间还形成了紧密耦合，单项技术的创新和应用都离不开其他技术的辅助，呈现出交叉互补和群体突破的发展模式。

信息化 3.0 逐步呈现出数字化、网络化、智能化的新特征。一是以数据为核心。信息化 3.0 在技术和硬件体系的支撑下，逐步转向以数据为核心，驱动应用与产业变革，未来也将进一步构建以数据为核心的发展模式。二是平台支撑起双边市场。信息化 1.0 和 2.0 尚没有平台来连接双边用户，但 3.0 时代的大型平台通过构建生态，广泛连接各类主体，极大加快了要素的传播与交流。三是人工智能、大数据、云计算等技术的出现，使得人类分析信息的能力远超 1.0 时代和 2.0 时代。表现为实现对数据的深度挖掘，机器具备更为自主的分析能力和创造能力，部分领域的深度学习能力甚至已经超越人类认知水平。

信息化 3.0 推动了“一主多翼”的技术革命。信息技术集中爆发和扩散，以“头雁效应”带动各领域及交叉领域技术深化应用，全面推动传统技术（能源、航天、生物、材料）在关键领域的突破。信息技术之所以能够作为“头雁”，主要基于两方面原因。一方面，由于信息技术具有快速迭代的特性，其自身发展速度远快于其他领域；另一方面，信息技术具有很强的通用性，且边际应用成本低廉。这两方面因素使得信息技术能够快速扩散，并高效匹配其他各领域发展需求。当前，以信息技术突破为龙头的技术革新模式，正在催生堪比以往工业革命的变革成效，带来第四次工业革命。

（二）前三次工业革命带来历史性变革，深度改变经济结构、社会结构、国家竞争力和国际格局

人类社会经历了三次工业革命，现正在经历信息革命。一次次颠覆性的科技革新，带来社会生产力的大解放和生活水平的大跃升，从根本上改变了人类历史的发展轨迹。

一是推动经济高速发展。三次工业革命先后带来了“蒸汽时代”“电气时代”和“电子时代”，每一次革命都带来了产业的深刻变革和经济长波周期的延长。1750 ~ 1850 年，第一次工业革命使全球人均 GDP 在 100 年内增长 1.6 倍；1850 ~ 1950 年，第二次工业革命推动全球人均 GDP 增长 10 倍以上；而第三次工业革命在短短 50 年间就将这一数值再次提高 9 倍以上。

二是促进生产组织形式不断升级。生产力的快速发展决定了资源配置效率的不断变化，从根本上改变了市场与企业的边界。第一次工业革命中大机器工厂替代传统手工工场，大型工业企业涌现，确立了公司制在市场经济中的主体地位。大规模流水线在第二次工业革命中成为主要生产形式，企业规模进一步扩大，对应的企业组织形式也演变为以标准化和部门制为核心的公司治理模式，典型的代表是福特模式。在电子时代，超大规模跨国企业不断出现，追求精细流程和以人为核心的公司治理模式成为主流，典型的代表是丰田模式。随着互联网技术和自动化技术的不断发展，公司治理结构出现扁平化趋势，市场与企业的边界也更加模糊。

三是引发经济结构和社会结构调整。大机器生产、流水线和社会化生产

推进了城镇化进程，并带来了经济结构和社会结构的变化。生产力的发展和生产形式的变化，为中心城市的产生与发展提供了必要条件和主要动力。产业结构中的“技术密集”企业发展速度大大超过传统“劳动密集”企业。

四是直接决定国家竞争力的此消彼长，导致国际关系格局的剧烈变化。国家竞争力和先进科技在本国的发展与应用息息相关，也直接决定了该国的国际地位和全球影响力。事实证明，一个经济体若要在科技革命中占领先机，使生产力和经济水平得到快速发展，就必须做到两点：首先要抓住新技术革命的机会窗口；其次要充分利用国内、国际两个市场。第一次工业革命中的英国，第二次工业革命中的德国和美国，第三次工业革命中的美国都是如此（见表 1）。

表 1　　历次工业革命的“发展矩阵”

阶段	代表技术	信息传播方式	主要产业	代表性生产形式	代表国家	发展速度量级
工业革命 1.0（蒸汽时代）	蒸汽机	纸媒	第二产业	大机器工业	英国	功率 50 ~ 60 年翻番
工业革命 2.0（电气时代）	发电机、内燃机	广播收音	第二产业	流水线	德国、美国	能效 10 ~ 20 年翻番
工业革命 3.0（电子时代）	集成电路、电子计算机、互联网	电视、互联网	第三产业	自动化生产	美国	集成电路晶体管数目 24 个月翻番
工业革命 4.0（信息化时代）	物联网、大数据、人工智能	Web2.0、Web3.0 即时信息传输和交互人工智能	信息化的影响贯穿第一、第二和第三产业	智能化、个性化、定制化生产；平台化、网络化、生态化	欧美主要发达国家和以中国为代表的新兴市场	全球数据总量每两年翻番

资料来源：作者根据公开资料整理。

（三）当前信息革命比肩农业革命、工业革命

人类社会经历了农业革命、工业革命，正在经历信息革命。信息革命增强了人类脑力，带来了生产力又一次质的飞跃。在信息革命阶段，信息化具有全域赋能作用，体现在宏观、中观、微观各个层面，影响贯穿第一、第二和第三产业，将带来超越前三次工业革命的历史性变革。

一是革命性扩展人类的能力。与前三次工业革命主要通过动力创新来替代劳动力不同，本次科技革命通过智能化大大扩展了人类的能力，甚至在一定意义上讲是对人类能力的替代，机器人替代劳动，机器学习、算力革命增强人类脑力。信息革命极大拓展了人类的能力边界，使得一般性劳动力接近于无限供给，这必将大幅度提高社会生产力。

二是大幅提高资源配置效率。新一代信息技术实现了需求与供给、资源和生产要素的全面对接，有效解决了广泛存在于经济、社会中的信息不对称问题，促进经济体中各个微观主体的行为更加优化，经济整体不确定性减少，从而直接降低了经济运行的摩擦损耗。

三是全面提升供给侧能力。在以往的生产模式中，生产者很难在成本可控的前提下针对具体微观个体的需求进行柔性生产。信息技术发展从根本上改变了这一局面，大数据、人工智能、物联网等技术将生产方和需求方紧密连接起来，推进了供给侧智能化生产方式，增加了消费者福利。另外，进一步扩大了规模经济。平台化、生态化成为企业发展形态，形成一个包含生产者、上下游企业、消费者等经济主体的生态圈，且随着生态圈中节点的增加不断形成正反馈放大效应，全方位提升了规模经济水平，改变了市场经济的竞争模式和劳动/资本配比。作为生态体系的对接平台，平台企业创造了独特的价值；更为重要的是，平台成为价值分配的核心，谷歌（Google）、脸书（Facebook）、苹果（Apple）、亚马逊（Amazon）、阿里巴巴、腾讯等平台企业在短时期内崛起的根本原因就在于此。

四是实现全域赋能和快速创新。就全域赋能而言，过往的科技革命往往由单一核心领域突破引起，从而带动其他技术领域的发展。信息化则具有全域的渗透性、交织性和融合性特征，可以对社会生产生活的各个环节、各个行业、各个要素进行广泛赋能。就快速创新而言，信息化使得科技成果转化为生产力的过程大大缩短且不断加速。新理论、新技术的开发与应用速度明显加快，研究成果转化为生产力的周期大幅缩短。

综合来看，我们正在经历的第四次科技革命本质上是信息革命。信息技术带来了比以往三次工业革命更为突破的发展，可以预见本次科技革命将会为人类带来比肩农业革命、工业革命的巨大历史性变革。

（四）初步测算结果显示，信息化对经济增长的作用已经非常明显

中国信息化投资规模不断扩张，带动经济规模持续增长。许多学者通过不同方法计算了数字经济的贡献度，例如康铁祥通过投入产出表数据及实证方法得出 2005 年中国信息化产业对经济的直接贡献为 7.6%；许宪春等通过将国民经济行业分类中涉及数字经济的产业逐一筛选，将此类产业的信息化投入作为中间产品计算得出 2017 年中国信息化产值对国内生产总值的直接影响为 6.46%。但是上述测算只列出了信息化投资给经济带来的直接增长效应，没有量化数字经济对各产业提升的贡献度。

为度量信息化对经济总体发展的影响和贡献，本文将信息化发展的主要表现分为信息化基础设施、信息化业务体量、信息化媒体形态和电子商务规模四个组成部分。以此为基础，构建一套信息化指标体系，经过专家评定后用于评价中国各省、自治区、直辖市的信息化水平。信息化水平与信息化投资的关系最密切，并受到“路径依赖”和“知识溢出”两种效应的影响。其中，“路径依赖”表示本期信息化程度依赖于前期发展水平，即信息化各个阶段的发展和突破都是基于上一阶段的技术、知识与投资积累；“知识溢出”表示本期各类非信息产业间的信息化程度受前期社会总体信息化水平的影响，例如计算机产业与互联网技术的革新是制造业实现工业自动化的基础。

基于上述理论，本文在 Acemoglu 等和 Fried 提出的内生技术增长模型基础上，建立内生信息化产业发展模型①，讨论信息化投资如何带动生产效率提升，并测算数字经济对于经济增长的总体影响。为了计算模型中各参数的具

---

① 信息化水平（B_{jt}）与信息化投资（I_{jt}）的关系：$B_{jt}=B_{jt-1}[1+\gamma(I_{jt})^{\eta}(\frac{B_{t-1}}{B_{jt-1}})^{\phi}]$，其中 I_{jt} 与 B_{jt} 分别表示第 t 期 j 地区的信息化基础设施投资和信息化水平。B_{jt-1} 表示第 $t-1$ 期社会总体的信息化水平；γ 为信息化投资效率，η 表示信息化投资的边际收益规模，ϕ 表示信息化在不同产业之间的溢出效应。

体数值，本文采用中国 2010 ~ 2018 年省级面板数据，测算各区域的信息化水平，作为衡量数字经济贡献度的基础。

根据上述模型，本文进一步拓展经典生产函数，量化评估信息化对经济增长的总体贡献。经济发展理论的核心是不断把关于生产要素和生产条件的“新组合”引入生产体系，以研究不同要素对经济增长的贡献。在众多生产函数形式中，被广泛使用的柯布—道格拉斯（Cobb-Douglas）生产函数提出，决定工业系统发展水平的主要因素是劳动、资本和全要素生产率（即 Total Factor Productivity，TFP）。

随着数据信息在生产各环节中的作用不断提升，越来越多的研究者认为信息化的发展已经使得信息本身（或信息化程度）成为一种重要的生产要素进入生产函数。在这一框架下，本文对柯布—道格拉斯生产函数进行拓展[①]，并使用 2010 ~ 2018 年中国省级面板数据，测算得出同期信息化产业发展对 GDP 的平均贡献为 17.60%。

本文测算结果与其他学者和机构公开发布的数据接近。例如华为技术有限公司和牛津经济研究院共同发布的《数字溢出：衡量数字经济的真正影响力》报告中指出，2016 年全球数字经济总量达 11.5 万亿美元，占全球 GDP 的 15.5%，其中数字经济在发达经济体中的占比为 18.4%，高于发展中经济体的 10.0%；夏炎等采用投入产出法得出中国数字经济增加值占 GDP 的比重在 2014 ~ 2016 年分别为 14.3%、16.0% 和 17.3%。

信息化已经成为我国经济发展的主要驱动力之一。通过拓展经典生产函数，初步测算发现，2011 ~ 2018 年，信息化投资年均占全国固定资产投资的比例为 1% 左右，总体经济规模增加值的贡献由 2011 年的 12.53% 上升至 2018 年 17.54%。随着信息技术深入发展，信息化对经济的影响将进一步增强，带动作用持续扩大。

---

① 本文将信息化要素从传统生产函数中的索罗余值中剥离，拓展为：$Y_{jt} A_{jt} K^{\alpha}_{jt} L^{\beta}_{jt} B^{\theta}_{jt}$，其中，$Y_{jt}$ 表示 j 区域 t 期的总产出，θ 表示生产函数中信息要素的产出弹性系数，即信息化对 GDP 的总体贡献度。

二、信息化培育新动能呈现多点开花、深化发展态势

我国信息产业加快发展的同时，信息技术广泛应用，深度融合创新，催生了多种新业态、新模式，呈现出多点开花、深度发展的态势。

（一）以机器人、工业互联网、大数据、人工智能等为代表的智能制造技术加快发展、深化运用，成为推动新旧动能转换的重要力量

推动我国新时期经济高质量发展，关键在于制造业、服务业顺利实现转型，有效推动供给侧改革。工业互联网、机器人、大数据和人工智能等技术的发展及应用，将大幅度提升生产效率、产品质量和供应链的反应速度，在满足国内日益增长的高品质需求的同时，也将大幅提升我国制造业的国际竞争力。

机器人和工业互联网产业是智能制造发展的关键技术，已成为制造业高质量发展的关键方向。机器人能够替代传统劳动力，提升制造效率。工业互联网作为“中枢大脑”，以平台方式链接和综合配置产业链要素。以工业互联网为核心，以智能化机器人为基础，将有效形成制造业发展新引擎，加速制造业向自动化、智能化转型。

我国机器人产业近年来迅速壮大。截至 2018 年底，全球机器人产业市场规模超过 298.2 亿美元，同比增长 28.5%，同期我国机器人市场规模为 87.4 亿美元，约占全球规模的 1/3。从每万人机器人保有量来看，据国际机器人联合会（IFR）测算，2017 年中国工业机器人密度为 97 台 / 万人，首次超过全球平均水平；2021 年中国机器人密度将突破 130 台 / 万人，达到发达国家的平均水平。目前我国在工业机器人、服务型机器人和特种机器人等领域的需求仍有较大增长空间，高端工业机器人产业仍被国外企业主导，在高精密、高速与高效的伺服电机、减速机等核心元器件上还主要依赖进口。

我国工业互联网尚处于发展初期，但增速较快。2019 年，我国工业互联网的产业规模已达到 2.13 万亿元，比 2018 年的 1.42 万亿元增长了 50% 左右。根据埃森哲预测，2015 ~ 2030 年，工业互联网领域将为我国 GDP 带来约达 1.8

万亿美元的增长。目前，我国工业互联网成功案例在企业内部实现较多，在车间自动化、柔性生产、供应链优化等方面取得一定成果，但在通用的行业平台应用方面还未形成规模化效应，需要进一步探索。

大数据与人工智能作为赋能技术，与实体经济各领域快速融合，广泛联结各领域知识与技术能力，将释放出经济长期发展所积累的潜力，成为经济发展的全新引擎。在产业创新中，可帮助实现全产业链高质量的关联分析和精准对接，促进人机协作，优化创新组织，加快创新扩散。在产业协同中，打通数据壁垒和技术壁垒，推动跨行业、跨环节合作，形成产业间全面协同。

大数据技术的发展应用带来新的经济增长点。进入信息化 3.0 时代以来，数据资源快速积累，数据分析技术不断升级，大数据产业应运而生，其蕴含的巨大价值已成为全球各国竞争的焦点。通过对经济运行各环节的数字化刻画显示，大数据正在深刻改变现有的生产生活方式。在生产端，大数据推动产业链各环节数字化转型，变革产业发展模式。比如，传统制造业中的家具、服装等利用大数据技术进行柔性生产和定制化生产，市场竞争力不断提升。在消费端，大数据精准匹配生产与消费需求，既加快了商品流通，也丰富了居民的消费满意度和生活质量。我国 2018 年大数据产业增速约为 15%，产值达 5405 亿元，并且未来将持续保持快速增长。

人工智能经过 60 多年的发展，在数据、算力、算法三个核心要素上完成积累和技术突破，实现了规模化商用的突破。近年来，以深度学习、跨界融合、人机协同、群智开放、自主操控为特征的新一代人工智能技术不断取得新突破，与经济社会各领域加速融合，展现出巨大的应用潜能。新一代人工智能以大数据为基础，超越现有的大数据分析技术，能够对更多种类、更大体量的数据进行分析和认知，并实现智能化交互。其不但全面提升了大数据在各领域的应用效果，也催生出相关核心产业和融合产业，如人工智能芯片、智能机器人、无人驾驶、智慧医疗、智慧金融等。2017 年全球人工智能产业规模超过 370 亿美元，我国人工智能核心产业规模达到 180 亿元，带动相关产业规模达到 2200 亿元。到 2030 年，人工智能将促使全球生产总值增长 14%，为世界经济贡献 15.7 万亿美元产值；预计同期我国人工智能核心产业规模将超过 1 万亿元，带动相关产业规模超过 10 万亿元。

表 2　　人工智能产业对我国 GDP 增长的影响预估

机构	报告时间	预期年份	GDP 增长率贡献（每年）	增长额贡献（美元）
埃森哲	2017 年	2035 年	1.7%	7.1 万亿
普华永道	2017 年	2030 年	有（具体数值没有测算）	约 5.35 万亿
麦肯锡	2018 年	2019 ~ 2020 年	> 1.2%	约 4.5 万亿

资料来源：作者根据公开资料整理。

（二）以平台经济为代表的信息化融合创新多点开花、深度发展，成为积聚新动能的重要组成部分

信息化发展的重要特征是数据信息分析处理能力不断提升，其基础在于平台的创新发展。当前，平台内容不断拓展，同时依托平台开展的创新加速出现，成为经济新动能的重要组成部分。

各类平台的规模迅速壮大，成为投资、消费的重要引擎（见表 3）。电子商务平台对产业发展的影响已经不仅仅在商品交易、商业流通层面，而是深入产业链上下游，并为此发展出适应互联网交易的各类新型交易工具与新型市场基础设施，比如电子支付工具、快递与现代物流体系等。根据《中国电子商务报告（2019）》，2019 年我国电子商务交易额达到 34.81 万亿元，其中，网上零售额 10.63 万亿元，同比增长 16.5%；实物商品网上零售额 8.52 万亿元，占社会消费品零售额的比重达到 20.7%。随着 5G 的应用，电子商务平台不断孕育出新业态、新模式，如电商直播等。我国电子商务经济发展的质量不断提高。社交媒体平台对经济发展和产业变革的渗透作用在明显加强。社交媒体平台如微信等充分发挥全社会互联网接入入口的作用，将全社会流量引入产业发展领域，从深层次革新传统行业的业务流程，从而发展出新的业态和模式，如社交电商等。

平台功能从单一化向综合化发展，并融入经济社会发展的各个层面，全面参与国民经济和社会发展的资源配置。无论是社交媒体平台、电子商务经

济平台还是工业互联网平台，其发展均进入生态平台阶段。具体表现为众多行业性小平台依托某个大型互联网平台所集聚的海量用户资源，通过小程序等手段，快速打通行业上下游，改造并形成新的行业生态系统。

表 3　全球典型平台企业和领域

项目	美国	中国	英国	日本
搜索	Google	百度	UK Key	Goo、日本雅虎
电商	PayPal（eBay）	阿里巴巴	ASOS、Shop Direct	乐天、MyCloset
社交	Facebook、Linkedln	微信、抖音	WhatsApp	Line
金融	TradeStation、Kickstarte	宜人贷、支付宝	Funding Circle	Monex
物流	Blue apron、FreshDirect	菜鸟网络、丰巢	Ocado	雅玛多
健康服务	Healthgrades、Zocdoc	春雨医生、．丁香医生	TPP	ALLM
制造业	GE Predix	海尔 COSMOPlat 平台	The Floow	Toyota Rental Car Services
文化创意	Time Warner	喜马拉雅、知乎	Creative England	电通集团

资料来源：作者根据公开资料整理。

依托信息平台的共享经济已成为整合资源、促进效率提升的新经济模式。共享经济是指运用互联网等现代信息技术，主要通过搭建在线平台，整合分散的资源，更好地满足多样化需求的经济活动。与传统经济模式相比，共享经济的发展将推动提升资源利用效率、扩大供需对接、优化经济结构、增加大量就业岗位等。

共享经济发展初具规模，成为推动经济增长的重要力量。国家信息中心发布的《中国共享经济发展报告 2020》显示，2019 年我国共享经济交易规模 32828 亿元，同比增长 11.6%，明显高于同期经济增速。其中，2016 ~ 2019 年，网约出租车客运量占出租车总客运量的比重从 16.6% 提高到 37.1%；共享出行服务支出占城镇居民交通支出的比重从7%提高到11.4%；共享住宿收入占全国住宿业客房收入的比重从3.5%提高到7.3%；在线外卖收入占全国餐饮业收入的比重从4.6%提高到12.4%；共享医疗服务支出占个人医疗卫生服务支出的比重从3.5‰提高到5.9‰；共享物流收入占公路物流总收入的比重从0.73%提高到1.65%。共享经济还创造了大量就业岗位，例如，2017年6月至2018年6月，共有3066万人在滴滴平台获得收入。

共享经济具有广阔的发展前景。从全球来看，共享经济已经从最初的汽车、民宿迅速渗透快递、货运物流、人力、金融、机械、农业、医疗等领域。根据HAVAS Worldwide针对全球29个国家、10574人的调查显示：已有28%的人口参与共享经济活动当中。随着5G、大数据等技术的发展，可以预计共享经济平台将进一步升级，其资源整合能力和效率将大幅提升，未来3年的年均增速可达到10%左右。

（三）以区块链为代表的新型信息化技术及应用积极探索、蓄势待发，成为引领新动能的重要领域

随着信息技术的发展，信息化对经济社会的发展影响不断深入，由适应现有的规则体系向改变规则体系演化，区块链技术便是典型代表，其产生和发展正在推动信息互联网向价值互联网跨越。

区块链技术的本质在于通过分布式的共享账本和数据库，实现信息记录与共享，具有去中心化、不可篡改、全程留痕、可以追溯、集体维护、公开透明等特点。这些特点保证了区块链的“诚实”与“透明”，使得区块链成为互联网时代解决信任问题的全新模式。2008年中本聪提出比特币概念，区块链开始走进大众视野，随后在金融、物联网、数字版权、公共服务等领域都有相关探索与应用。特别是在以数字货币或ICO（代币发行）为代表的金融领域，与区块链相关的业务正在深入发展。

近年来，随着数字货币概念与应用的深化发展，区块链的价值不断被认可，在数字货币领域迎来关键性发展。美国Facebook公司自2019年起接连发

布《Libra（基于区块链的数字货币）白皮书》的1.0和2.0版本，并于2020推出Libra货币。2020年3月英国央行发布题为《中央银行数字货币：机遇、挑战和设计》的报告，对数字货币对于国际储备货币格局带来的挑战提出了很多重要观点。在准备多年之后，中国人民银行于2020年4月开始测试数字法币（DECP）并在深圳、雄安新区等地试点运行。

我国区块链企业正在努力转向实体行业的信息化业务应用，区块链有望成为我国信息化发展与应用的新领域。2019年10月24日，中央政治局第十八次集体学习时强调，要把区块链作为核心技术自主创新的重要突破口，加快推动区块链技术和产业创新发展。2020年7月7日，证监会发布《关于原则同意北京、上海 、江苏、浙江、深圳等5家区域性股权市场开展区块链建设工作的函》，进一步推动区块链技术在金融服务领域的应用。我国正加快区块链应用步伐，除在金融领域得到广泛应用外，还在电子政务、医疗健康、物流等领域发展迅速，并向征信、公益慈善等领域快速拓展。

三、信息化培育新动能仍面临诸多突出问题和挑战

改革开放以来，我国高度重视信息化发展机遇，信息化发展经历了由跟随到自主创新、由整体落后到部分领域领先的不断突破过程。信息化在加速传统产业改造升级、培育新兴产业以及融合创新等方面正在发挥越来越大的作用，信息化已成为培育我国经济发展新动能的重要源泉。但我国信息化产业在发展过程中也面临诸多薄弱环节和重大挑战，在技术、市场、制度和国际发展等方面亟待改善。

（一）核心技术和产业生态仍有不少短板，产业发展存在明显的“卡脖子”问题

一是关键领域自主核心技术不足，产业发展存在明显“瓶颈”。中美贸易摩擦以来，在芯片加工、工业软件、工业机器人等方面暴露出明显的短板。

芯片加工方面，国内缺少拥有先进工艺制程的企业；工业软件方面，我国对境外 EDA 等软件高度依赖；工业机器人领域的伺服电机、减速机等关键零部件也主要依赖进口。这些关键技术的缺失，一方面使得我国相关产业极易被国外“卡脖子”；另一方面也会导致我国零部件产品难以进入高端价值链。

二是产业生态布局不足，市场发展空间受限。我国信息化产业生态在高端领域仍处于落后地位。例如，当前手机操作系统被安卓和苹果占据大部分市场，我国则缺少大规模应用的自主操作系统。当前我国企业正在积极推出自主系统，但市场竞争压力明显，需要较长时期来构建规模化生态。

三是开源技术生态落后，面临潜在隐患。开源软件、开源硬件和开放技术标准让我国信息化行业的软硬件技术可以在开源基础上深化壮大，而不是从零开始，同时也缩短了技术人才的培养周期，降低了各技术组织的研发成本，提升了信息技术的研发效率，加快了信息化产品推向市场的速度。但是，由于国际开源组织受到境外政治因素干扰，其研发的开源技术在未来存在一定的潜在风险。例如，Github（全球最大的开源社区）由微软公司支撑运营。在中美战略博弈的形势下，国际开源组织可能会切断访问权限而不让我国访问这些开源资源。若这些开源资源对我国进行技术限制或封锁，可能导致我国信息技术研发失去重要的资源支撑和交流平台，对我国产业和技术发展造成影响。另外，国际技术组织已成为全球创新中的引领性组织，而我国仍缺少对国际技术组织的管理经验。若我国对这些技术组织缺乏吸引力，那么在争夺技术话语权时就会缺少竞争力。

（二）资本和人才要素供给不足，企业进一步壮大发展的土壤和环境有待加强

一是资本市场支撑创新的能力仍需提升。我国资本市场起步较晚，在融资模式、监管制度、产权保护等方面都有待完善，以充分发挥资本市场的推动作用。首先，在融资模式上，目前企业融资主要依托于银行体系，基于风险投资的融资保障尚不充分，科创板制度刚开始实行，虽然已初具成效，但

未来惠及的企业和领域还需进一步扩大。其次，监管制度上有待创新，同股同权的管理模式使得新型股权架构企业在 A 股上市较为困难；同时，目前投资者组成和估值体系的不完善，也使得新兴企业的价值难以得到充分认可。最后，我国对创新型企业的知识产权保护不足。新兴技术创新快速，但较慢的专利审核和不完善的知识产权保护法规，导致中小企业的知识产权仍存在被抄袭盗用的风险。

二是多层次人才供给不足，人才培养体系有待完善。首先，领军人才队伍建设不足。一方面对高端人才的吸引力不足，原因在于高端技术产业整体能力不足和待遇有限。另一方面我国自主高端人才培养体系也与发达国家存在一定差距。其次，我国基础研究重大原始创新成果偏少，顶尖基础研究人才和团队数量有限，全社会支持基础研究的环境有待形成。最后，产业需求型人才培养不足，教学内容在一些领域落后于产业发展。对学生在产业知识、复合能力方面的培养不到位，导致大量高校毕业生就业后需要通过再次转型适应产业需求，教育资源难以有效转化为经济发展的动能。

三是相关企业深度发展的意愿和能力不足。我国相关企业的发展时间偏短，发展所需的资金、人才等要素供给不足，客观上制约了企业的壮大发展。部分企业对技术储备重视不足，比较注重短期利益和商业扩张。虽然少数企业如华为、中兴等在研发上已有较大投入，但对于我国众多头部企业而言，整体投入 / 收入占比仍显不足。

（三）监管和政策体系尚不完善，制约行业活力释放

一是现行管理体制对新技术的适应性仍有待提升。信息化步入 3.0 时代以来，我国在战略政策上反应敏锐，针对大数据、人工智能等先进 ICT（信息与通信技术）技术不断出台相关政策文件，但受激励兼容制度缺失、行政审批复杂等不完善的管理体制影响，政策落地效果有待提升。例如，我国在医疗、金融等重点领域缺少对新兴技术产品的绿色审核机制，仍按照原有模式下复杂且严格的标准进行审核，限制了创新应用进入市场。当前各类复杂的行政

审批和严格的准入机制背后，反映的还是激励兼容制度的不足，各级监督管理部门“跨界”协作的意愿不强，在一定程度上制约了行业间的资源互通与协作。

二是尚未建立健全数据保护和管理体系。首先，尚未建立系统有效的个人数据保护体系。长期以来，我国有关个人数据保护的法律法规制度主要存在于《中华人民共和国网络安全法》《信息安全技术　个人信息安全规范》（GB/T 35273–2020）和一些相关条例和规章之中。2020 年 10 月 21 日《中华人民共和国个人信息保护法（草案）》开始征求意见，在个人数据保护上迈出了重要的一步，改善了以往个人数据保护法规层级不高、效力有限等问题，但相关法律体系，特别是配套实施细则仍需进一步完善。其次，数据管理制度和组织机构尚不完善。各行业在数据流通、交易等环节仍没有可以遵循和依据的法规，仅凭企业自觉和相关部门的行政管理来维持行业秩序，存在诸多管理盲点。同时，公安、网信办、发展改革委等部门分别监管本领域数据，缺少统筹管理部门。

三是平台企业监管模式尚不成熟。由于缺少统一的管理部门和规则，平台企业要同时接受“多个部门、多套规则”的分块式或交叉式监管，制约平台业务发展。例如电子商务平台型企业同时受到多个部门监管，企业在开展数据业务时，需要多次进行合规报备，既增加了企业成本，也降低了业务拓展效率。

此外，跨境数据流动管理相对保守，既阻碍了我国技术与产品“出海”，同时也限制了国外企业进入我国市场。

（四）国际竞争白热化，中美战略博弈增大了企业发展的难度

一是全球市场竞争压力大，我国企业拓展市场困难重重。信息领域的市场竞争存在明显的马太效应，特别是在平台市场，美国的亚马逊、谷歌、脸书等巨头已占据市场大头份额，未来甚至有可能在我国相关企业发展不充分的情况下，进一步挤压我国市场份额。在当前新兴领域，美国企业也已占据

明显优势。例如无人驾驶领域，谷歌因公司 Alphabet 旗下的 Waymo 通过多方布局，已成为全球第一的无人驾驶巨头企业。虽然我国无人驾驶产业在国内市场发展快速，但 Waymo 在国际市场中的领先优势，将对我国无人驾驶产业的国际化发展形成压力。

二是中美战略博弈增大了企业发展的难度。当前中美贸易进入战略博弈阶段，美国试图打压我国头部企业，将我国产业压制在中低端水平。未来如果美国继续对我国头部企业精准打压，将对我国高端产业发展造成压力。

三是美国还在技术交流等方面采取压制手段，阻止我国技术进步。当下我国还存在诸多核心技术短板，生态尚不健全，需保持对国际先进技术的跟随，同时频发的国际经济与政治摩擦，给我国开展对外学术和技术交流带来一定阻力，这将会削弱技术外溢对我国信息化发展的助力。

四、新形势下信息化发展需要新的思路和目标

长期以来，我国积极融入国际产业生态与标准，逐步形成一套较为有效的信息化发展路径与模式。在电子商务、社交媒体、云计算等领域，领先的头部企业在全球的影响力日益凸显。新冠肺炎疫情加速释放线上市场，使企业加速实现信息化转型。而中美贸易摩擦带来的风险，使我国在原有模式下的信息化转型遇到巨大阻力。当前我国正处于关键的抉择时期，需要审慎分析下一步信息化发展的挑战与机遇，制定系统化的应对思路。

（一）新冠肺炎疫情对我国信息化发展的影响

新冠肺炎疫情使得线下产业活动被压缩，同时也加快了各行各业的信息化改造和数字经济的深度发展，这也促使信息产业开始加快探索未来发展路径。

疫情使信息化驱动力加速释放。首先，对于餐饮、电影、商超等行业，疫情迫使这些行业不得不开展信息化改造，适应新的市场趋势。其次，对于那些

已经有信息化布局，但还未深度转型的领域，疫情也迫使这些行业加快向线上转型。如在线教育行业、在线会议等领域，疫情期间的投资规模和市场规模都快速扩大，相关产业实现加速变革。最后，对于已经成熟的数字经济领域，也由于疫情的推动，在一定程度上到了产业规模的极限。例如电子商务、外卖等领域，疫情期间线下购物份额被极大压缩，并转化为线上交易，使长期的发展潜能在短期内快速释放，未来一段时间企业的传统业务增长趋缓。

疫情后信息化培育新动能呈现出两条新的主线。一条主线是信息化发展将加速从消费互联网向产业互联网过渡。在疫情推动下，随着传统线上交易业务增长放缓，下一步发展势必寻求更具增长空间的领域。我国产业互联网处于起步阶段，信息技术与产业各环节融合的空间广阔，需求巨大，未来势必催生出多样化的应用和产品形态，带来新的产业发展路径与模式。另一条主线是以 5G 为代表的新基建，将为信息化发展带来新的基础环境，能够激发出新的应用场景，带来信息化的再次深度发展。应把握我国在疫情防控中争取的先发复苏窗口期，充分利用我国在重点产业和新基建方面的比较优势，大力深度挖掘产业需求结合点，构建产业和经济增长的新空间，争取在一批新兴产业上实现全球引领。

（二）中美战略博弈带来的影响

随着中美贸易摩擦不断升级，中美关系在信息领域将面临两种可能的走向：一种是美国在关键领域对我国施压，造成我国技术产品和供应链局部中断；另一种是美国在各领域全面持续施压，造成供应链大量中断。

对于供应链部分中断的情况，美国可能会在关键领域对我国龙头企业进行打压，有限度地封锁我国在核心软硬件、工业软件、半导体等短板领域的关键技术与产业生态。短期来看，这将使我国面临高端领域供应不足的困境。但我国通过国产化替代和国际合作的方式，可实现平稳过渡。在这一过渡过程中，我国关键信息产业领域的存量市场不会受到明显影响，只会损失一定的高端市场份额。例如在电子商务、本地生活等领域，落后一代至两代的手机终端并不会影响相关业务实现，而制造端的设计和生产，使用现有授权版本的工业软件和28纳米制程的芯片，也可以满足大多数应用需求。长期来看，美国有限打压的状态会促使我国谋求自主发展，通过国际合作、投资和人才引进等方式实现关键技术领域的自给自足；并且随着我国高端技术的不断进步，将会拓展出新的国内外市场，甚至实现对美反超。

在全面打压情形下，美国将对我国高端技术和企业进行全面压制，但同时美国也将失去中国的巨大市场，其自身高科技产业也将面临重创而无法持续良性发展。如此一来，虽然我国要面临自主发展困难，但同时美国的高科技产业也会加速衰落，甚至有可能形成我国加速赶超的局面，而这是美国信息产业界不愿意接受的。总体上判断，美国更倾向于通过有限打压的方式，一方面，为维护自身的滚动发展，仍然需要中国市场；另一方面，持续压制我国产业向高端发展，对高端产品和龙头企业进行精准打压。

在当前局势下，我们在战略上要保持清醒和定力，从中美的核心利益诉求出发，制定科学的应对思路。短期来看，目前中美贸易摩擦对我国存量经济的影响不大，主要是制约了高端产业的发展。因此我国当下应坚持自主发展思路，加快完成信息化的全面转型，夯实产业基础；依托扎实的产业和市场基础，抓住中美战略博弈带来人才回流和龙头企业培育本地供应链意识增强的机遇，逐步培育高端产业，稳步提升我国科技和经济竞争力。中长期来看，在技术创新、人才培养、体制机制、国际合作等方面综合施策，为自主发展营造良好的发展环境，积蓄足够的力量。

（三）新形势下推进信息化的思路

新一轮科技革命和产业变革与我国加快转变经济发展方式形成历史性交汇，为实施创新驱动发展战略提供了难得的重大机遇。与此同时，中美战略博弈日益加剧并向纵深发展，美国的技术和产品断供增大了我国技术创新和产业升级的难度。在此关键历史节点，要系统性研判产业和国际态势，科学谋划，统筹布局，深化释放新一轮技术与产业革命所蕴含的经济动能。具体而言，要充分发挥我国的超大市场和体制机制优势，充分发挥市场的资源配置作用，加快推进我国信息化深度转型。同时，也要把握好开放合作和信息安全的平衡，营造良好的国内外发展环境。总的发展思路是加速转型、需求牵引、技术创新、开放合作、市场驱动、政府支持和保障安全。

一是要积极拥抱信息化，通过信息化系统转型来培育国际竞争新优势。我国市场广阔，具有规模优势；劳动力素质不断提升，工程师红利开始显现；产业门类齐全，应用场景丰富，新的技术和产业创新发展模式能够在我国快速落地，有望成为全球重要的产业和创新中心。利用信息技术来改造和提升传统优势产业，提升我国产品和服务的数字化、网络化和智能化水平，使数字化、网络化和智能化成为我国新的竞争优势。这是我国转型升级难得的战略机遇。

二是要通过加快经济社会系统的信息化转型来为信息技术创新和新产业发展带来空间。信息技术具有迭代创新和马太效应的特点，率先进行应用对于技术的发展具有至关重要的作用。当前信息化进入一个新的时代，即以5G和产业互联网为引领的新时代。我国具有5G技术的领先优势，具有世界最大制造业基地所蕴含的最为丰富的产业互联网应用场景，如果能够在应用上先走一步，那么直接拉动的新需求以及派生演化出的新应用将大大促进我国信息技术的创新和产业生态培育。我们必须具备抓住这个历史机遇的紧迫感。

三是要加快补齐核心技术短板，拓展优势领域。在中美贸易摩擦不断升级的背景下，单纯的技术融入已不再适合我国深化发展，必须加快补齐核心技术短板。要大力支持在集成电路、工业设计软件、应用软件领域的研发与应用，通过政府引导、市场参与、企业落地快速提升产业能力，加快突破制约我国高端产业发展的技术瓶颈。要拓展优势领域，在更多领域做出长板。当前我国5G技术和互联网应用产品“出海”效果良好，表现出较强的产业竞争优势，但在“出海”过程中也面临一些国际封锁困难。这既有国外不正当竞争的问题，也暴露出我国优势点偏少的问题。在优势点偏少的情况下，难以与国际产业链形成紧密挂钩，这致使我国在遭遇封锁时缺少更多的反制手段。从更长远和更大的视角来看，中国作为世界第二大经济体和最大的制造业国家，也要发挥自身技术与产业的比较优势，为全球创造更多的公共技术与产品，引领新一轮国际竞争的产业新方向。因此，中国要在消化吸收已有技术的同时，解决“卡脖子”问题；更要把握前沿技术和产业发展机遇——面对新的应用，要兼容国际主流技术和生态，研发更为先进的技术架构，培育新的生态体系。这是我国真正解决“卡脖子”问题和在技术领域实现战略反超的关键所在。

四是要保持与国际技术体系接轨，开放发展，力争成为全球价值链不可替代的战略参与者。当前全球产业链分工日益细化，没有任何一个国家可以只靠自身能力在高科技领域实现完全自主化。美国对中国的技术研发企业进行“围剿”，使技术交流和产业合作环境日益恶化。越是在这种状态下，我们越要继续走“开放合作、自主可控”的信息化发展道路，坚持走国际化合作路线，保持产业发展活力与竞争力。要借鉴韩国、日本等亚洲国家技术发展经验与教训，加大投入力度和研发强度，对接国际技术体系和国际标准，成为全球产业链不可或缺的环节。对于国外“卡脖子”的环节，政府要加大投入进行研究开发并推动国产化产品的商业化应用；对于美方列入禁售清单的企业，政府应该为其纾困。但对于其他商业化企业而言，还是应利用两个市场、两种资源来加快发展，利用全球的成果来提升产品的国际竞争力和企业的研发实力。

五是要充分发挥市场在资源配置中的基础性作用，调动方方面面、上上下下的积极性。成功的信息产品和技术路线大多是在市场竞争中，由无数企业和用户自发选择演化而成的，不是某个企业按照预定设计“构建”起来的。推动信息产业发展，需要充分发挥市场的资源配置作用，这样才能培育核心竞争力。要完善政策环境和行业监管制度，破除政策障碍，进一步释放体制机制对产业发展的制约。加快培育产业生态，引导头部企业将发展重点转向产业生态建设。增强对创新资本、人才、科技等要素的激励，调动其积极性。

六是要建设良好的市场环境，组织力量开展基础研发并助推新产品、新系统、新生态的市场导入。作为后发追赶型国家，必须发挥好政府的作用，特别是要充分发挥我国超大规模的市场优势和政府组织力强的优势，在基础研究、基础设施建设、网信安全、新产品新系统市场导入等市场容易失灵的领域，依托国家资源加以推进，以国家力量带动解决基础性、关键性和引领性的问题。

七是要提高对信息安全的重视程度，构建完善的国家和产业信息安全环境。信息安全和信息化发展是国家信息化战略的“一体两翼”：没有发展，安全没有保障；没有安全，发展不可持续。在中美战略博弈的大背景下，必须兼顾信息安全和发展，增强产业发展的安全可控能力。当前我国的互联网技术防护体系较为成熟，基本上自主可控。在网络内容安全方面，也达到了国际领先，能够有效管控跨境数据流动。但工业安全仍处于初级阶段。我国工业软件大多依赖国外进口，在生产应用中长期缺少专门的安全防护软件，相关的安全防护机制也不够完善，存在很大的联网风险。要深度强化信息安全意识，巩固网络安全防护体系，在工业安全领域加快建设安全防护体系，从安全培训和制度建设切入，逐步完善技术防护体系，稳步推进工业信息安全体系建设。

（四）新形势下的信息化发展目标

短期目标是“十四五”期间，要有效应对中美战略博弈带来的冲击，持续推进信息化，培育经济新动能，不断提高产业技术能力。

在应用层面，政府要优化制度环境，加强人才、金融等要素支撑，助力我国在消费电子、电子商务、社交媒体、本地生活、智能制造等信息化优势领域的应用生态持续繁荣，市场规模稳步扩张，以优势应用不断带动增长新动能。

在产业层面，要加大投入，引导产学研形成合力，力争在半导体、核心基础软硬件、工业基础软件等重点“卡脖子”领域构建可国产化、运行完整的产业链，要在操作系统等领域实现稳定可靠的自主产业生态，为产业自主发展夯实基础。要在5G、互联网、消费电子等长板领域持续加大投入，保持技术和市场优势。此外还要确立和推进多个重大创新技术领域，积累新一轮产业创新发展的技术储备。

在基础设施建设方面，继续大力发展新基建，推广5G、大数据、人工智能等相关基础设施建设，争取在“十四五”期间全面完成核心经济带的新型基础设施建设并投入运营。

在对外合作方面，要坚持并加大全球化合作。在坚持和扩大已有的国际交流与合作的基础上，在“卡脖子”和关键技术领域构建起脱离美国体系的产业链合作体系，并向国内引进一批领先的国际技术组织。同时也要大力拓展周边国家市场，谋求发展新空间。

在安全防护层面，要继续深化完善国内网信安全法规和技术防护体系，进一步降低信息安全泄露风险。要尽快建立和推出工业信息安全防护的法规制度与技术体系。同时健全对外安全审查的制度体系，全面构筑起具有强防护作用的制度和技术体系。

中长期目标是到2030年前后，将中国打造成在重点领域数字化转型的示范者、信息技术创新的策源地、全球信息产业价值链不可或缺的参与者和标准规则的制定者。

在应用层面，实现经济社会领域全面的智能化转型，在政府、社会治理、制造业、服务业等领域实现全面升级，构筑智能社会新局面。政府领域全面实现数字政府和数字政务，以数字化提升决策和管理能力。社会治理领域实现社会信息的全面信息化流通和大数据分析，实现普惠和高效的社会福利。制造业领域形成以智能制造和机器人为支撑的发展模式，提升全社会的生产效率和物质供给。服务业领域以智能化打通线上与线下，实现更加优质的用户体验。同时，配套完善的对内和对外相关政策制度，制定更具包容性和鼓励性的政策，建立双边和多边合作协议，为企业“出海”提供规则参考，并保障企业“出海”权益。

在产业层面，要成为全球产业链不可或缺的环节，并进入高端价值链体系。在半导体、操作系统、通信、人工智能、大数据等重点领域打造成熟的自主产业生态，并在多领域形成互通的产业生态。半导体领域的设备制造、原材料生产等环节实现自主供给，并成为国际产业链的必要组成部分。在操作系统和软件生态领域形成辐射全球的产业生态。在通信领域持续保持技术领先，持续在5G、6G领域引领全球产业。构建起融入全球产业体系的可持续发展模式。同时，在若干创新领域实现“弯道超车”，构建一批具有显著成效的产业发展新模式新业态。

在基础设施层面，要形成全国覆盖、运行可靠的基础设施体系，保障核心经济区快速有序发展，并推动农村经济和产业发展进入转型升级新阶段。新基建领域，要打造国际领先的标杆性新基建体系，形成依托新型基础设施高效发展的产业增长新模式。

在对外合作方面，进一步提升我国在全球交流合作中的领导性地位，建设新一批以高校、研究机构、企业等主体为核心的全球合作与创新中心；并在优势领域形成以我国产业和技术为核心的全球生态体系。

在安全防护层面，形成健全完善的国内外安全防护体系，并在全球范围内建立安全合作机制与协定，加入并成立一批国际合作组织，构筑起互通互认、安全可靠的国际安全合作网。

五、完善政策举措，加快信息化转型，培育经济增长新动能

要实现上述发展目标，需要在创新生态、制度体系、基础设施三大领域的建设上施行突破性的政策举措，同时在开放合作、安全防护等方面综合施策。

（一）健全和优化创新生态体系

新一轮信息革命不断向前发展，并且创新节奏不断加快。要推动经济社

会信息化智能化转型，必须有更加完善的创新生态体系支撑。要立足当前，在短期内克服关键短板，保障我国信息产业在国际摩擦中平稳运行；也要着眼长远，建立激励有效、资源互通、协作创新的体制机制。

一是继续进行国际重大科技攻关，着力攻克核心短板。芯片设计制造、核心元器件、关键基础软件、工业软件等关键领域的技术短板已成为我国在国际竞争合作中的软肋。下一阶段要继续实施专项计划，并加大投入规模。研发指标的设定要对标全球的先进水平，并对技术的发展进行超前的布局，使研究成果届时能够达到国际先进水平，为攻克“卡脖子”技术打下基础。

二是推动建设产学研合作联动的创新生态。信息产业的创新和发展日益需要跨学科、跨主体的资源互通和协同合作。要整合优势资源，成立一批产学研合作联盟，加强各主体间的交流合作，在各领域推广培育创新合作的理念，促成良性的多主体协同创新生态。继续完善首台套和集中采购等政策，助力国产化技术和产品的落地与发展。建立企业进口关键产品的供应链安全评估制度，以推动国内企业采购国内生产的满足功能需求的产品，畅通内部市场循环。

三是建立开放的创新体系。推动国家重大科研设施和创新平台的开放与共享。要加快建设基于规则的开源社区，加快探索和建立由我国企业参与乃至主导的规则化开放创新体系。要与全球技术和创新组织开展密切合作，增强我国在全球产业链中的话语权。

四是进一步完善知识产权保护制度体系，激发企业和个人的创新活力。细化并推动实施侵权行为的认定规则，加大处罚力度，提高各类侵权行为的违法成本，保护创新主体的权益。通过专项行动，主动出击，严厉打击各类侵权行为。建立维权机制，通过设立举报平台和知识产权保护中心等方式，为创新主体提供服务，简化维权流程，降低维权成本。完善知识产权收益分配制度，优化个人和中小企业的知识产权收益机制，激发多主体参与创新。

五是加强人才的引进和培养。要抓住中美战略博弈形成的人才回流的历史机遇，以包容和多元化的方式引进信息化领军人才。对于具有引领产业能力的人才，要一人一议，给予充分的待遇支持。对于成熟的技术团队，要整体引入，让产业跟随优秀团队，在实践中学习，在实践中进步。尤其是中美贸易摩擦不断升级的情况下，更要加大对优秀人才和团队的引进，夯实技术与产业竞争能力。加快高端人才的培养。加快高等教育相关学科改革调整的步伐，围绕信息化技术和相关产业发展、基础研究等方面的需要，大力加强高校对有关人才的培养，特别是改革教学内容和教学方法，加快高素质人才培养和创新型人才培养。同时畅通高校、科研机构和企业间人才流动渠道，鼓励通过双向挂职、短期工作、项目合作等方式加强人才共享，形成有效、完善的合作培养机制。

六是加大财税和金融对创新的支持。要进一步扩大国家集成电路基金等专项基金的规模。在基金管理绩效的考核上，要把为完善产业链、为“卡脖子”技术攻关和商业化应用提供支持作为重要的考核指标。发挥科创板等多层次资本市场作用，支持优质企业上市融资。优化科创板制度，改革同股同权的上市管理模式，支持多样化股权结构的企业在A股上市。大力支持科创企业参与市场融资，加快企业成长速度。拓展鼓励首台套政策惠及范围，鼓励新产品应用。对于有实际成效的首台套产品，要予以采购和税收扶持，鼓励创新应用进入市场，增强自主产业市场竞争力。扶持中小企业健康成长。在新冠肺炎疫情后，创新型中小企业复工复产面临多方面困难，更要深入了解企业发展过程中面临的难题，为企业提供多样化支持，如税收减免、专项补助、融资担保等，帮助那些具有发展潜力的中小企业渡过难关，保持经济多样性和可持续发展。

（二）完善行业监管和数据管理体系

要在行业监管、数据治理等制度建设上破旧立新，以制度创新来释放新一轮技术与产业革命所蕴含的巨大能量。

首先，要建立包容审慎的行业监管体制。要顺应当前快速发展的信息产业，逐步调整和优化行业监管政策，加快释放经济增长新动能。

一是对于可能会造成民众生命健康安全和重大经济金融风险的技术应用，要坚守底线思维，明确相应红线，必要时采取果断措施加以取缔。近年来，我国在互联网金融（P2P）、比特币等数字货币交易、区块链代币发行（ICO）等新兴业务领域及时地采取果断措施，减少了社会公众的损失。今后，要充分应用大数据和人工智能技术建立行业评估监测模型，强化系统化监管机制，加强实时监测和预警，杜绝恶性事件发生。

二是对新业态、新模式在成长过程中引发的个案性新问题，坚持包容审慎原则。新业态、新模式量大面广，不仅在传统服务行业大量出现（即所谓的产业互联网），如网约车、共享单车等，制造业领域也在大量涌现（即工业互联网及工业互联网平台）。在其发展初期，应该采取鼓励支持的态度，允许其发展壮大，不要因为一些局部的个案而否定整个创新业态、创新模式，要在发展过程中注重引导并培育良性竞争环境。

三是对平台治理机制加以完善和创新。当前我国各行各业都已经形成相对稳定的平台化格局。在这个格局中，大型平台企业克服了地域性、行业性限制，且具备传统公权力和政府职能部门无法发挥的功能与作用。这要求我们对于传统的市场管理方式进行相应改革，政府机关要由对单个市场主体的日常监管转移到对平台的监管上来，从单个行业的封闭监管向多行业综合协同监管转变，从属地化监管向区域性甚至全国性监管转变。为此，第一，要求创新机制，要求大型核心平台承担更多的市场管理职责与权限；第二，加强对大型核心平台的日常监管，建立主体职能部门牵头、各相关职能机构协同配合的监管机制，强化营商环境建设；第三，为协调区域之间的利益分配、调动各地方政府的积极性，在不强求平台企业在地方设立分公司或子公司的同时，可以考虑进行一些税收的地区间转移。另外，在监管上，要求各地区尽量能够采用一致性监管，避免给平台的发展增加不必要的成本。

其次，推动数据要素市场培育和数据治理体系建设。

一是加强数据确权。数据确权面临权益归属判别困难的问题。破解这一问题，首先是保护个人数据隐私，加快个人数据和隐私保护标准化体系建设，完善互联网环境下信息收集、处理、存储、共享和管理等过程中个人数据和隐私保护标准，建立覆盖信息全生命周期的标准体系。其次，要在工业大数据等领域建立相应的数据权属体系，切实保护数据的产权。

二是促进数据要素的开放和共享，推动数据要素流转的多元化机制。对于政府数据，要加快建立开放和管理体系，加强政府数据的开放规则和标准建设，持续开展政府数据内部共享与对外开放，不断释放政府数据对于我国大数据产业发展的基础性作用。对于平台企业的数据，要完善和创新管理模式。平台企业集聚了越来越多的社会数据资源，在明确、强化平台企业数据采集规范和加强个人隐私保护的同时，不断推进平台数据的开放共享进程，要求各商业平台之间加强互联互通，公平公正地对待各类市场主体，营造有效的市场竞争环境。为加强平台监管，要建立健全针对互联网平台的数据共享和开放机制，强化平台数据治理体系建设，为此可以考虑设立国家平台数据共享交换中心。要完善跨境数据流动制度与管理机制，建立必要的国际合作协定，促进各领域健康有序地实现跨境数据合作。

三是要完善配套制度建设。要构建数据管理体制，建立统筹个人数据和隐私保护、市场平台监管和数字经济发展等诸多事宜的综合型数据管理机构或协调机构，加强数字领域发展与安全监管的统筹。要完善数据流通和治理体系的技术支撑。近 20 年来，数据（信息）资源管理科学获得快速发展，特别是元数据和主数据技术产品体系的建立使我们得以构建完整的数据治理体系，要充分利用这些科学的认知工具和技术手段来为当前数据管理体制提供参考。

（三）构建多方协作的新基建发展体制机制

新一代信息基础设施建设不仅创造需求，拉动当期的经济增长，而且为未来的产业变革提供支撑。新一轮信息基础设施建设技术要求高、投资规模巨大，要充分融合政府与社会资源，以多方协作的模式，探索更加有效、普惠的发展机制。

一是要优先建设重点领域，营造产业应用基础环境。新基建涉及领域广泛，相关产业链环节众多，因此在各领域都要根据经济社会发展的阶段性需求，明确重点发展方向，有节奏、有成效地稳步推进建设。在通信领域，加快推动5G基站建设，为5G应用提前备好“实验场”。在大数据和人工智能领域，重点发展数据存储和计算能力，布局建设数据中心，积极应对数据量爆发和数字经济国际化发展的局面。在制造业领域，加快建设通用型工业互联网平台，提升制造业资源配置效率和产业协同能力。

二是完善管理机制，鼓励多主体参与。新型基础设施建设涉及多方主体，各类基础设施建设与管理模式不尽相同。建设过程中，对于具有高端技术需求的项目，鼓励具有技术优势的企业参与建设，提高工程质量。在运营管理上，要改变政府垄断的管理和运维模式，支持有能力、有贡献的企业包括民营企业参与基础设施的建设、运营和维护。

三是发挥社会资本优势，探索多元化融资模式。对于建设周期紧迫、利润回报高的项目，要发挥社会资本流动性高的优势，鼓励社会资本参与建设。对于建设投入大、回收周期慢的项目，要有效利用金融手段，为建设企业提供金融担保、财税支持等优惠。对于产业需求巨大的基础设施，鼓励相关企业参与集体投资，通过公私合营等方式帮助其实现投资回报。

（四）坚持开放竞争，强化国际合作

当前全球化与逆全球化趋势互相拉锯，向国外学习先进技术和科学知识仍然是我国技术创新和产业升级的关键途径之一。高科技产业已经形成国际产业链紧密合作、协同发展的产业规律，我国要顺应产业规律，以全球协作为发展主线，并持续提升自身产业链价值，力争较快成为全球产业链、价值链上不可或缺的一环。

一是形成开放的国际合作体系，形成相互依存的产业合作关系。首先，要加强国际学术合作与技术交流。通过学术会议、人才交流、联合创新、技术共享等多种方式，加强与国际科学界和知识界的交流合作，始终保持相互学习交流状态。其次，要主动对接国际标准，发展全球协同的技术和产业标

准。不但要积极融入国际标准，加快产业升级，也要深化产业合作，依托我国在5G、互联网等领域的技术和产业优势，参与国际标准制定和技术合作。最后，要支持国际学术界将国际科学、技术和标准组织包括加强开源生态的注册地从美国转移到欧洲、日本等国，鼓励并吸引科学、技术、标准和开源生态组织在中国注册或设立办事机构。

二是主动开放，以自身的开放带动开放性创新体系和产业体系的建设。首先，要吸引国外投资者来华投资芯片设计制造、核心元器件、关键基础软件、工业软件、机器人等产业，加快提升我国的产业供应能力，也可以对合格的外国投资者开放，通过集成电路大基金来投资中国的信息产业。其次，要逐步放开外资来华投资运营大数据。建议研究评估分阶段、分步骤开放部分云计算服务的可行性，如PaaS（平台即服务）、SaaS（软件即服务）的可行性。最后，要稳步有序地推动跨境数据流动，可在上海临港新片区、海南自贸港以及杭州等数字经济发展前沿地区建立数字特区，对电子商务、工业互联网等领域放宽数据流动的限制。

三是要为全球的技术创新和产业发展作出贡献，提升国际认可度与话语权。要加大研究投入，在新的领域培育出新的技术和商业模式，为全球的技术创新和发展作出引领性贡献。在国内推动新基建的同时，要基于经济可行的原则推动“一带一路”沿线国家的数字化转型，为相关国家的信息化发展和数字化转型作出贡献，也为中国新技术应用拓展市场。

（五）重视信息安全，防范信息化带来的负面影响

信息技术和信息化是一把“双刃剑”，信息化应用尤其是互联网应用的发展，在推动经济发展和现代化进程方面产生了很重要的积极意义。同时，也应清楚地认识到，信息化也带来了一些负面影响。要做好相应的政策对冲，降低技术应用过程中带来的经济、社会和国际关系的不确定性风险。

一是要加强网络信息安全方面的立法、技术、内容和应用支撑，构建安全可控的信息化基础设施。网络信息安全是整个网络空间和网络虚拟社会有

序运行的重要前提，要重视网络信息安全，构建安全自主的网络信息空间。在内容安全方面，针对互联网信息泄露、信息追溯困难等问题，要继续保持高水平的技术防护，同时要细化完善相关法规制度，进一步提升信息安全防控与管理能力，深化保障国家、公民等各级主体的信息安全。针对网络意识形态安全问题，要同步完善技术和法规监管，保持对各类主体发布信息的监督管理，持续净化网络环境。

在工业信息安全方面，要针对各类工业软件和设备系统的运行问题，甚至是缺少基础性防护软件等问题，予以针对性解决。采取法规和制度性保障措施，构建基础性工业信息安全防护体系。在技术层面，加快建立防护体系，为工业互联网健康可持续发展提供保障。

要严防国内外网络攻击，加强网络自身的抗风险、防攻击能力。要加强对国外应用和服务的安全审查，在制度层面强化对外部风险的防范。要加快推动安全可控的信息化基础设施建设，在采购、建设、运营等各环节完善安全审查技术和制度并严格推行。

二是要缩小信息化带来的贫富差距。经济平台化、网络化产生新的收入分配效应，客观上形成了数据鸿沟和技术壁垒，对后发经济体的发展以及低端劳动力的就业和收入带来严峻挑战，加剧南北差异和贫富差距等问题。对于数据鸿沟问题，可通过提升落后地区的教育水准，整体上缩小各地区的数字化认知水平的差异，缓解数据鸿沟和信息不对称。对于职业分化问题，可通过劳动力培训和转岗、设置新型职业岗位等方式，优化就业结构。对于收入不平衡问题，可通过调整税收体系的方式缩小贫富差距。

三是要控制平台垄断的负面影响。随着互联网应用的普及和发展，占据头部地位的互联网平台在数据垄断乃至舆论引导等方面都已形成较大影响，同时也对中小企业创新有一定的抑制作用。未来，一方面要发挥平台在技术创新中的带头作用，鼓励支持平台企业和中小企业协同创新；另一方面要加强对平台在数据使用和舆论引导方面的管理，防止超级平台滥用数据、操控舆论等情况出现。

参考文献：

[1] Michael Kremer，“Population Growth and Technical Change，One Million B.C. to 1990，” Quarterly Journal of Economics，1993，3（August），pp. 681–716; DeLong，J. Bradford，“Estimating World GPD，One Million B.C. – Present”，1998.

[2] Acemoglu，Daron，Philippe Aghion，Leonardo Bursztyn and David Hémous，“The Environment and Directed Technical Change，” American Economic Review. 2012，102（1）：131–66.

[3] Fried，Stephie，“Climate Policy and Innovation：A Quantitative Macroeconomic Analysis，” American Economic Journal：Macroeconomics. 2018，10（1）：90–118.

[4] 康铁祥 . 中国数字经济规模测算研究 [J]. 当代财经，2008（3）：118–121.

[5] 许宪春，张美慧 . 中国数字经济规模测算研究：基于国际比较的视角 [J]. 中国工业经济，2020（5）：23–41.

[6] 熊彼特著，邹建平译 . 经济发展理论 [M]. 北京：中国画报出版社，2012.

[7] 中国信息通信研究院：《大数据白皮书（2019）》。

[8] 普华永道：《2017 全球 AI 研究报告》。

分报告一

信息化对国民经济发展的影响研究

近年来信息化对国民经济的影响日益加深。本文以信息化对国民经济的影响为研究对象，建立分析框架，以经济增长和经济转型升级为基础视角讨论信息化与经济发展的相互作用。首先通过理论与量化角度研究信息化对经济增长的直接与间接贡献，综合各类信息产业指标，构建区域信息化水平评价体系，基于生产函数法建立内生信息化产业发展模型，利用中国2010 ~ 2018年省级面板数据，测算得出同期中国信息化产业发展对GDP的平均贡献为17.60%，其中信息化与各类产业融合带动的增长占总体经济的10.97%。之后从需求结构、要素结构、产业结构和区域结构讨论信息化对经济转型升级的带动作用，结合历史发展和国际经验，剖析当前我国信息化发展的主要问题，并提出相关政策建议。

一、信息化与经济发展的相互作用

（一）信息化与经济发展的关系与发展脉络

信息化水平与经济发展密不可分，相辅相成，主要表现为以下几个方面。首先，信息化水平是经济发展的重要内容和表征指标。世界银行主编的《1998/99年世界发展报告：知识与发展》指出，当今世界，国与国之间、地区与地区之间的发展差距主要表现为信息差距和知识差距。经济发达地区的信息化基础设施更加完善，方便信息与知识的社会化传播，不仅可以有效促进技术进步，也能够使劳动力快速获取新兴产业和新增岗位所需的生产技能，优化要素结构，提高生产效率。经济欠发达区域的信息化水平较低，基础设施投资相对落后，信息化对经济的直接拉动作用效果甚微。而薄弱的通信产业也阻碍了知识的便利共享，延缓了技术升级，进一步拉大了“穷国”与“富国”之间的经济发展差距。

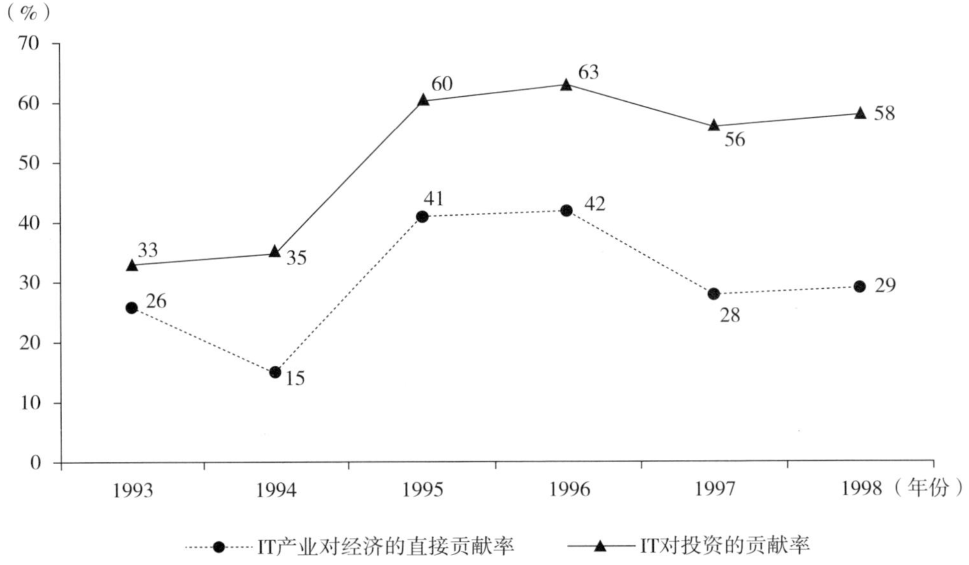

图 1.1　20 世纪 90 年代 IT 产业对美国经济的贡献

资料来源：作者根据公开资料和论文整理。

其次，信息化是经济增长的重要动力。20 世纪 90 年代，美国信息经济快速发展，形成举足轻重的“新经济”。其间，IT 产业占制造业的比重仅为 8%，但对经济的贡献率平均都在 30% 以上，超过钢铁、汽车、建筑业总和，投资的贡献率更是一度超过 60%（见图 1.1）。

信息技术的渗透和融合对经济增长有贡献的同时，也存在“信息技术生产率悖论”问题。信息技术生产率悖论，又称“生产率悖论”（Productivity Paradox）、“索洛悖论”，最早是由 Strassman 在研究美国企业时发现的，即 IT 投资和投资回报率之间关联性较弱。20 世纪 80 年代，美国企业投资 1 万亿美元用于信息技术建设，然而美国的生产率增长却进入低谷时期。

综上，有必要研究信息化对经济发展产生的影响，明确信息产业在不同时期、不同行业和不同地区发挥的具体作用。

（二）信息化促进经济发展呈现新的特点

随着经济的快速增长和产业结构转型升级，在信息技术日益发展的基础上，信息化已经融合渗透到经济社会的各个领域，并呈现从后台到前台、从辅助者到组织者、从技术支撑到带动引领等趋势。具体表现为经过多年培育，从早期 ICT 产业依靠生产电子计算机、服务器、网络通信设备等后台基础设施实现增长，到如今增长主要来自社交媒体、电子商务、慕课①、网络金融等前台多元化互联网应用；从早期辅助工业生产的 SAP、ERP 等信息化管理系统，到如今组织社会化生产运营的工业互联网生态体系；从早期为企业管理和营销提供技术支撑的“黄页式”网站，到如今带动新兴产业发展，引领未来社会形态的大数据、人工智能、5G 与区块链服务等业态不断涌现。因此，信息化在赋能经济增长时也为社会带来了新产业、新模式与新机会。

（三）高质量发展对信息化提出新要求

中国经济进入新常态，即在经济结构对称态基础上的经济可持续发展，既要保证 GDP、人均 GDP 的稳步增长，也要以增长促发展，实现经济结构优化升级。因此，高质量发展的新经济对信息化提出了新要求，即突破信息关键、前沿、核心技术是建设创新型国家的核心内容；加强信息基础设施网络建设是建设现代化经济体系的基础要求；善于运用互联网服务和信息化手段是全面增强党的执政本领、实现国家治理能力现代化的重要保障。以此为基础，大力发展信息技术，实现信息化对社会生产的全面融合，找准新经济增长点，为经济转型和可持续发展提供重要保证。

① 慕课（MOOC），即大规模开放在线课程，是“互联网 + 教育”的产物。

（四）本研究框架与思路

本文以信息化对国民经济的影响为研究对象，通过理论分析和实证研究测度信息化对国民经济的贡献度，从要素结构、需求结构、产业结构、区域结构等方面分析信息化对经济转型升级的影响。在此基础上试图构建信息化对国民经济作用的基本分析框架，并结合国际国内发展经验，剖析当前信息化促进国民经济发展过程中的主要矛盾和问题，提出进一步提高信息化对国民经济高质量发展促进作用的政策建议。

基于以上研究思路（见图 1.2），本文首先从理论上探讨信息化与经济发展的相互作用，构建评估信息化水平的指标体系，实证验证信息化对经济增长和经济结构转型升级的促进作用，最后提出相关政策建议。

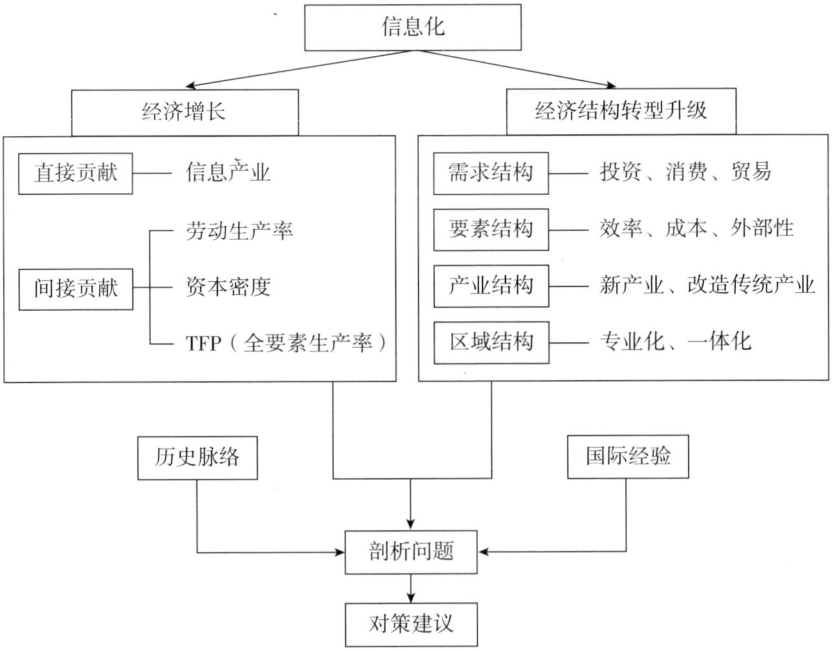

图 1.2　研究思路

资料来源：作者自绘。

二、信息化推动经济增长

（一）从理论视角来看，信息化对经济增长的影响全面深刻

信息化在新一轮科技革命中处于核心地位，多年来也一直是发展经济学理论研究的前沿课题和主要研究对象。Acemoglu 指出，经济发展理论经过多年发展，形成了多个经济发展动态分析模型，主要包括索洛增长模型、新古典增长模型、代际交替模型以及技术发展和技术应用模型。从理论角度分析，信息化对经济的促进作用主要体现在以下几个方面。

一是信息化发展有效减少市场摩擦、降低不确定性。大数据、人工智能、物联网等信息技术将生产和需求两端的所有要素紧密联系起来，大规模地应用于生产、分配、交换、消费各环节以及制造与服务等各场景。信息化进程大幅度降低了信息不对称性和市场摩擦成本，提高了资源配置效率，减少了经济活动的不确定性。

二是信息化具有很强的溢出效应。正如 Oliner 等和 Stiroh 研究指出，ICT 技术的应用赋能生产部门中各要素，具有明显的正向溢出效应和经济外部性。

三是信息技术提升全要素生产率（TFP）。在柯布—道格拉斯生产函数中，全要素生产率主要包括经营管理水平、劳动力素质、技术进步等因素，而信息技术的发展和应用对其中每个因素都具有很强的推进作用。因此，信息化成为促进生产力发展的重要力量，信息化水平直接决定了全要素生产率的高低。

（二）信息化对经济增长的具体表现

信息化对经济增长的贡献可以分为直接贡献和间接贡献两部分。直接贡献表现为信息产业或数字产业增长对经济的直接拉动，其作用程度可以由数字经济增加值来衡量，相关产业分类包括基础电信业、电子信息制造业、软件和信息技术服务业、互联网行业等大类。间接贡献表现为通过改变传统生

产方式、提高全要素生产率、加速知识转移等方式，提升资源配置能力和生产效率，间接带动经济规模扩张，其作用程度可以通过计算索洛剩余中的信息化作用部分，或根据产业关联来测度数字溢出衡量。

在信息经济的测度中，对这两种作用有多个不同的定义，如中国信息化百人会提出的数字经济基础部分和融合部分，牛津经济研究院提出的数字技术产业和数字溢出，以及中国信息通信研究院采用的数字产业化和产业数字化部分。但上述表述在内涵上异曲同工，都在描述信息化对于经济增长的直接和间接作用。

（三）信息化对经济增长的直接贡献

信息技术的出现满足了人类对信息交流、处理及使用的潜在需求，为满足这种需求而进行的信息产品生产和信息服务将对一国的经济增长产生直接贡献。根据中国国家统计局发布的数据，2005 ~ 2017 年中国全社会信息产业投资逐年增加，信息传输、软件和信息技术服务业的固定资产投资额由 1561.6 亿元增长至 6987.4 亿元，涨幅达到 347.4%。对这种直接贡献的测度方法大体可以分为国民经济核算和增加值测算、相关指数研究、卫星账户研究三类。其中，相关指数研究从某一侧面或综合多个维度来观察信息化的作用，较难直接量化贡献和进行横纵向比较。卫星账户研究是较为理想的直接反映国民经济各行业从事信息化特征活动情况的方法，但限于统计数据，目前较难实现宏观层面信息化卫星账户的编制。当前，测度信息化影响，应用较为广泛和可行的是国民经济核算和增加值测算方法（见表 1.1）。

表 1.1　测度信息化贡献的三类主要方法

	典型方法	优点	缺点
国民经济核算和增加值测算	马克卢普、波拉特、OECD、BEA	国际通行，可直观衡量直接贡献，可开展横纵向比较	编制方法和标准不统一，部分指标存在高估或低估
相关指数研究	新经济指数、知识经济指数、信息化发展指数、“互联网 +”指数等	灵活、多维度	难以直接量化贡献和进行横纵向比较

续表

	典型方法	优点	缺点
卫星账户研究	OECD 数字经济卫星账户框架，澳大利亚、南非、马来西亚数字经济卫星账户	较为理想的测度指标，直接反映信息化活动特征	目前统计数据难以支持

资料来源：作者根据公开资料整理。

在信息化测度指数方面，我国逐渐采用的表征和测度信息化的指标有信息资源丰裕度（信息要素）、信息资源（基础设施）指数、信息服务业产值、互联网网站 / 网民相关指标、信息化发展指数（中国信息化年鉴）、“互联网 +”指数（腾讯）等。其中较为典型且应用较广的是国家信息化测评中心的六类信息化指标（信息资源开发、信息网络建设、信息技术应用、信息产业发展、信息化人才 / 智力资源、信息化政策）、信息要素（信息资源量、信息基础设施拥有量、劳动者信息素质量）和国民经济行业统计中的信息服务以及邮电业务量等。

国民经济核算和增加值测算方法的主要思路是通过国民经济统计核算的细分门类，通过估算、测度等算出数字经济的增加值，从而得到对经济的直接贡献。比较经典的测度理论与方法有 Machlup（1962）的知识产业测度理论与方法，Porat（1977）的信息经济测度理论与方法，经济合作与发展组织（OECD，1996、2011、2012、2015）对知识经济、信息经济、互联网经济、数字经济的测算框架，美国经济分析局（BEA）的数字经济测算框架等。

早期应用较为广泛的是 Porat 提出的信息经济测度方法。该方法以信息产品或服务是否进入市场交易为标准，将国家信息部门划分为一级信息部门（向市场提供价格信息商品或服务，参与市场交换的厂商部门）和二级信息部门（满足政府或信息企业内部消费而提供的信息生产与服务的部门）。经其测算，1967 年美国国民生产总值的 46% 是由信息活动创造的。此方法后来在 OECD 国家中广泛应用，但由于过分夸大信息经济规模，且计算相对复杂，在后续的研究中应用较少（见表 1.2、表 1.3）。

表 1.2　　Porat 第一信息部门门类

信息部门	信息行业
知识生产与发明行业	研究与开发产业、发明性产业（民间）、民间信息服务
信息分配和通信行业	教育、公共信息服务、正式通信媒介、非正式通信媒介
风险经营	各类保险业、各类金融业、投机经纪业
调研与调控行业	调研与非投机经纪业、广告业、非市场调控机构
信息处理与传递服务行业	非电子处理业、电子处理业、电信业务基础设施
信息产品行业	非电子性消费或中间产品、非电子性投资产品、电子性消费或中间产品、电子性投资产品
某些政府活动	联邦政府中的一级信息部门、邮政服务，州和地方教育
基础设施	信息建筑物及租金

资料来源：Porat 信息经济测度理论与方法，表 1.3 同。

表 1.3　　Porat 非信息产业内部典型的准信息产业

假设产业类别	投入	产出
电子数据处理	电子计算机、外围装置、程序设计、咨询	电子数据处理服务
广告	艺术家、照相排版技术、电视影片装置	广告、宣传
书信打字员	秘书、打字机、纸张	复制品
复印	静电复印机、机械操作人员、纸张	信、商业电函
印刷	印刷机、装订机、印刷装订技术人员	印刷物
直接邮递	地名印刷机、计算机、档案、印章机、信封	邮政服务
研究开发	研究室、电子数据处理、科学家、技术人员	新知识、发明专利
杂志剪贴	报纸、杂志、办事员	新闻信息服务
经营管理	管理职员、通信、电子数据处理、经营咨询	计划
会计	会计员、簿计、计算机设备、电子数据处理、通信	会计信息
法律	律师、通信、电子数据处理	法律咨询
专利、著作权	知识生产（著作、唱片、发明）	专利费
图书检索	图书、档案、橱柜、图书管理员	信息积累、检索

目前应用较为广泛且影响较大的方法是 OECD 数字经济测算框架和 BEA 数字经济核算方法，澳大利亚、新西兰、加拿大等国家官方机构的测算均对

上述研究进行了借鉴。根据 BEA 的核算方法，数字经济的形成要素应该包括数字化赋权基础设施、电子商务、数字媒体三部分。而随着平台经济的兴起，电子商务又可进一步细分为数字化平台实现和货物服务等数字经济交易产品。

在 BEA 数字经济核算方法基础上，测算出 2017 年中国数字经济增加值达到约 5.3 万亿元，占 GDP 比重达到 6.46%。同一口径下，大概是美国的 58.1%（见图 1.3）。

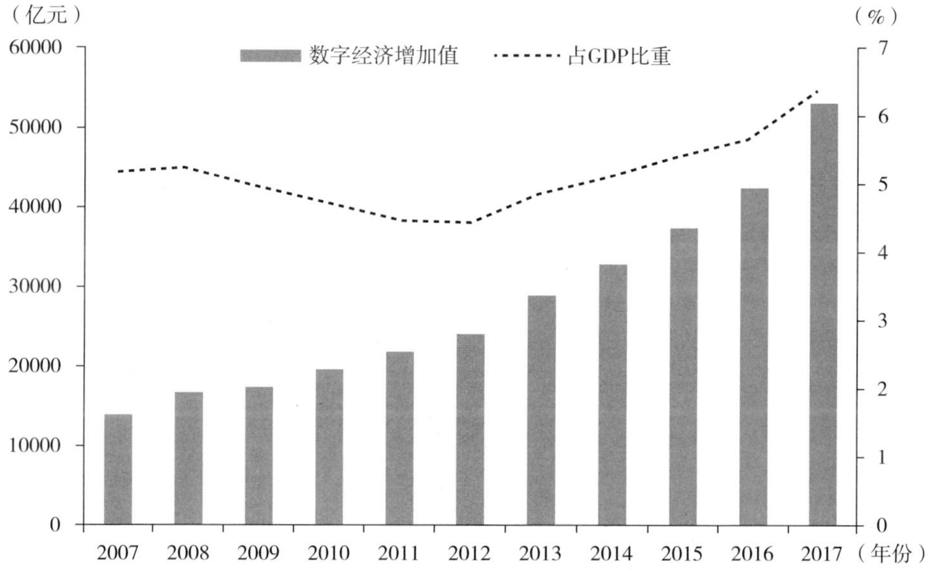

图 1.3 用 BEA 数字经济增加值测算中国数字经济增加值

资料来源：作者根据论文资料整理。

部分国内学者使用 BEA 数字经济核算方法，采用中国投入产出表数据，将各产业部门的信息化投入作为中间产品计算得到数字经济规模占到 GDP 总体规模的 6% ~ 8%。例如康铁祥通过投入产出表数据及实证方法得出 2005 年中国信息化产业对经济的直接贡献为 7.6%；许宪春等通过将国民经济行业分类中涉及数字经济的产业逐一筛选，测算出 2017 年中国信息化产值对国内生产总值的直接影响为 6.46%。但是这些测算只列出了信息化投资给经济带来的直接增长效应，没有量化数字经济对生产效率提升的贡献程度。

（四）信息化对经济增长的间接作用

信息化对经济增长的间接作用主要通过改变传统生产方式、提高全要素生产率、加速知识转移等方式提升资源配置能力和生产效率来实现。测度信息化的间接作用有生产函数法、投入产出法和数字溢出测度法三种方法。

生产函数法主要是在生产函数中将信息化的作用单独剥离出来，即将信息化作为与资本和劳动力并列的要素从索洛剩余中独立出来，进而测度其影响。其基本思路是信息技术改变传统的生产方式，从而改变社会资本密度、劳动生产率和全要素生产率，最终对全社会的生产函数产生影响。

投入产出法的基本思路是利用投入产出表计算发生直接贡献的各类行业对其他行业的关联效应。这种方法需要将信息化直接作用的各类行业与投入产出表进行对接，测度其关联作用。

数字溢出测度法是牛津经济研究院根据数字经济中呈现的行业内边做边学、行业间竞争以及跨行业供应链传导等溢出效应提出的一种测度数字经济间接效应的方法。借鉴该分析方法，利用全球经济数据库（TED）可以测算不同维度的数字溢出。根据牛津经济研究院测算，2016 年全球主要经济体数字溢出规模是直接贡献的 3.5 倍。

三、信息化对经济影响的测度

本文综合以上三种方法，利用中国 2010 ～ 2018 年省级面板数据，并结合实证手段，尝试测度信息化对经济增长的总体影响，再使用 BEA 方法和 TED 方法测算同期信息化对经济的直接贡献和间接贡献。

（一）信息化指标构建

为度量信息化对经济总体发展的影响和贡献，本文将社会信息化发展的主要表现分为信息化基础设施、信息化业务体量、信息化媒体形态和电子商务规模四个部分，以此为基础框架完整构建一套信息化指标体系，经过专家评定后用于评价中国各省、自治区、直辖市的信息化水平。信息化指标体系的详细构建方法参见表 1.4。

表 1.4　　信息化指标构建

一级指标	一级权重	二级指标	二级权重	数据来源
ICT 基础设施	25%	移动电话交换机容量	10%	《中国电子信息产业统计年鉴》
		移动电话基站	10%	《中国电子信息产业统计年鉴》
		光缆线路长度	10%	《中国电子信息产业统计年鉴》
		有线广播电视传输干线总长	10%	《中国统计年鉴》
		移动电话普及率	10%	《中国电子信息产业统计年鉴》
		互联网普及率	10%	《中国电子信息产业统计年鉴》
		移动互联网普及率	10%	《中国电子信息产业统计年鉴》
		每百人使用计算机台数	10%	《中国电子信息产业统计年鉴》
		有线广播电视普及率	10%	《中国统计年鉴》
		采用信息化管理的企业占比	10%	《中国第三产业统计年鉴》
ICT 业务量	25%	电信业务总量	20%	《中国电子信息产业统计年鉴》
		软件产业业务收入	15%	《中国电子信息产业统计年鉴》
		移动互联网接入流量	20%	《中国电子信息产业统计年鉴》
		研发人员全时当量	15%	《中国统计年鉴》
		研发经费	15%	《中国统计年鉴》
		ICT 发明专利数	15%	《中国统计年鉴》
ICT 媒体	20%	域名数	40%	《中国电子信息产业统计年鉴》
		每百家企业拥有网站数	40%	《中国电子信息产业统计年鉴》
		电子出版物价格指数	20%	《中国统计年鉴》
电子商务	30%	电子商务销售额	40%	《中国电子信息产业统计年鉴》
		有电子商务交易的企业占比	20%	《中国电子信息产业统计年鉴》
		通过互联网开展有关经营活动的企业占比	20%	《中国第三产业统计年鉴》
		通过互联网进行宣传和推广的企业占比	20%	《中国第三产业统计年鉴》

资料来源：作者整理设计。

（二）模型方法

信息化水平与信息化投资的关系最密切，并受到“路径依赖”和“知识溢出”两种效应的影响。其中，“路径依赖”表示本期信息化程度依赖于前期发展水平，例如信息化发展从个人计算机带来的数字化 1.0 时代，到互联网带来的网络化 2.0 时代，再到多元信息技术带来的万物互联 3.0 时代，每个阶段的发展和突破都是基于上一阶段的技术、知识与投资积累；“知识溢出”表示本期各类非信息产业间的信息化程度受前期社会总体信息化水平的影响，例如计算机产业与互联网技术的革新是制造业实现工业自动化的基础。

基于上述理论，本文在 Acemoglu 等和 Fried 提出的内生技术增长模型基础上，建立内生信息化产业发展模型，讨论信息化投资如何带动生产效率提升，并量化数字经济对于经济增长的总体影响。模型给出信息化水平（B_{jt}）与信息化基础设施投资（I_{jt}）的相关关系：

$$B_{jt}=B_{jt-1}\,[1+\gamma(I_{jt})^{\eta}\,(\frac{B_{t-1}}{B_{jt-1}})^{\phi}]$$

其中，I_{jt} 与 B_{jt} 分别表示第 t 期 j 地区的信息化投资和信息化水平。$B_t=\frac{1}{N}\sum_{j=1}^{N}B_{jt}$ 表示第 t-1 期社会总体的信息化水平；γ 为信息化投资效率，η 表示信息化投资的边际收益规模，ϕ 反映了信息化在不同产业之间的溢出效应。

为了计算模型中各参数的具体数值，进一步对上述模型做如下处理。并采用中国 2010 ~ 2018 年省级面板数据，测算各区域的信息化水平。

$$\ln(\frac{B_{jt}}{B_{jt-1}}-1)=\ln\gamma+\eta\ln I_{jt}+\phi\ln\frac{B_{t-1}}{B_{jt-1}}$$

发展经济学理论的重要奠基人熊彼特认为，经济发展理论的核心是建立一种新的生产函数，也就是说，把一种从来没有过的关于生产要素和生产条件的“新组合”引入生产体系。在众多生产函数形式中，被广泛使用的是柯布—道格拉斯生产函数：

$$Y=A_t\,L^{\alpha}\,K^{1-\alpha}$$

式中，α 是劳动力产出的弹性系数，1–α 则是资本产出的弹性系数。该函数表示，决定工业系统发展水平的主要因素是投入的劳动力数 L、固定资产 K 和综合技术水平 A_t（即全要素生产率）。

随着数据信息在生产各环节中的作用不断提升，越来越多的研究者①认为信息化的发展已经使得信息本身（或信息化程度）成为一种重要的生产要素进入生产函数。在这一框架下，将信息化要素从柯布—道格拉斯生产函数中的索洛剩余中剥离，拓展为：

$$Y_{jt}=A_{jt}\,K_{jt}^{\alpha}\,L_{jt}^{\beta}\,B_{jt}^{\theta}$$

其中，Y_{jt} 表示 j 区域 t 期的总产出，θ 表示生产函数中信息要素的产出弹性系数，即信息化对 GDP 的总体贡献度。据此构造以下计量模型：

$$\ln Y_{jt}=\ln A_{jt}+\alpha\ln K_{jt}+\beta\ln L_{jt}+\theta\ln B_{jt}+\varepsilon_{jt}$$

（三）结果与比较分析

根据以上模型，本文使用 2010 ~ 2018 年中国省级面板数据，测算得出 θ 取值为 0.176，即信息化产业发展对 GDP 的平均贡献为 17.60%，与其他学者和机构公开发布的数据接近。例如中国信息化百人会发布的《2017 中国数字经济发展报告》中指出，2016 年中国数字经济总体规模为 34009 亿美元，占同期 GDP 比重的 30.3%；华为技术有限公司和牛津经济研究院共同发布的《数字溢出：衡量数字经济的真正影响力》报告中指出，2016 年全球数字经济总量达 11.5 万亿美元，占全球 GDP 的 15.5%，其中数字经济在发达经济体中的占比为 18.4%，高于发展中经济体 10.0%；夏炎等采用投入产出法得出 2014 ~ 2016 年中国数字经济增加值占 GDP 比重分别为 14.3%、16.0% 和 17.3%。

本文采用 BEA 提出的方法，分解信息技术对各产业部门产值的直接贡献并进行加总，测算得出 2018 年中国信息产业增加值为 6.07 万亿元，对经济的直接贡献为 6.60%；同时使用世界大型企业联合会（The Conference Board）提

① 例如，腾讯研究院在 2020 年 6 月发布的研究成果。详见：https：//www.tisi.org/14625.

供的数据计算得出同期信息化服务产值占总体经济比重的 6.65%。

综合两种方法，我们得出中国信息产业对 GDP 的平均直接贡献为 6.63%，据此得出信息化对社会经济的间接影响为 10.97%。

上述结果表明，信息化对经济的影响逐渐增强，带动作用持续扩大，信息化投资具有明显的乘数效应，并已经成为助推中国经济增长的主要驱动力。

四、信息化促进经济转型升级

新一代信息技术，如 5G、人工智能、物联网、云计算、大数据、区块链等，对经济转型升级起着至关重要的作用。它们从需求结构、要素结构、产业结构和区域结构等各个方面促进新经济的转型升级。

（一）信息化促进需求扩张

信息化对需求结构的影响主要表现在对投资、消费、进出口贸易的促进作用上。信息基础设施和产业生态链投资是高质量发展阶段投资的重点领域，电子商务等新兴消费热点领域提升了消费的贡献，服务贸易、跨境电商等的蓬勃兴起也改变了传统的进出口贸易结构。

近年来，线上零售交易总额快速增长，其增长率明显高于全社会消费品零售总额增长率。信息化的发展使人们无须前往商店就可以购买商品，能够不受时间、空间的限制挑选数量众多的商品，因而极大地减少了人们购物的交易成本，提高了人们的消费需求。

从转变投资方向来看，信息化发展将进一步引导政府和企业投资信息网络特别是新一代信息技术领域，并不断完善经济社会发展环境。尤其重要的是，信息化应用需求将直接促进传统制造业以及服务业的信息化投资建设，而电商平台企业的市场竞争，将不断加大在现代物流体系建设以及云计算技术方面的投资。2018 年，京东商城计划在未来 3 年时间里向东北地区投资 200 亿元以振兴当地经济；同年，苏宁易购拟定了未来 3 年的 100 亿欧元全球采购计划，推动实现全球化战略；2020 年，阿里巴巴计划在未来 3 年共计投资 280 亿美元以提升云基础设施规模与基础技术。上述投资都将有力地加速中国经济的转型升级。

（二）信息化提升要素配置效率

信息化对要素结构的影响主要表现在增强要素配置效率、降低要素流动成本和发挥要素正外部性上。信息化弱化了传统地理空间的作用，地区性资源可以通过网络平台实现跨区域快速流动和高效配置，客观上大幅提升了要素配置效率，破除了要素流动的障碍，降低了要素流动成本，同时还对知识、创新等要素的区域溢出起到促进作用，增强了要素区域配置的正外部性。

（三）信息化推动产业结构升级

信息化对产业结构的影响主要表现在提升信息产业贡献、改造升级传统产业和催生新经济新产业等方面。信息产业规模越来越大，对经济的贡献不断加大，在传统 ICT 产业带动能力不断增强的基础上，“互联网 +”的快速融入促使传统产业发生革命性的变化，很多传统劳动密集、资本密集产业开始向技术密集产业转型。工业互联网的生态体系逐步形成，进一步推动产业信息化转型，促进产业价值链升级，推进了各类产业与信息技术的加速融合。同时，新经济快速涌现，基于新一代信息技术的各类创新层出不穷。例如大数据与人工智能技术的演进推动了新媒体形态和自动驾驶服务的迅速发展，区块链技术的革新促使互联网金融模式推陈出新，并为数字货币的诞生提供了基础。

（四）信息化促进区域结构优化

信息化对区域结构的影响主要表现在推进区域经济转型和促进地区专业化分工上。首先，产业信息化有助于在区域内形成主导产业，提高区域辅助产业并催生区域新兴产业。中国信息服务市场一直保持增长态势，在高速增长的带动下，三网融合[1]发展势头良好，为传统产业模式的升级带来新机遇与新挑战。信息化带来的新模式和新产业日益成为一些区域的主导产业，也使部分落后产业和过剩产能面临淘汰。例如，作为中国传统重工业基地，东北地区的经济增速随着全国发展重心向轻工业转型而逐渐下滑。但是在信息化的推动下，结合区域特征和人文特色，自媒体与电子商务开始成为东北地区新的经济增长点。其次，信息化与区域经济的融合降低了区域交流合作的门槛和成本，使一体化资源配置成为可能。从需求角度分析，消费互联网与电子商务的发展可以促进商品在更大范围内流通，破除地域限制，扩大企业经营的客户群体，满足消费者的多样性需求。在需求扩张的拉动作用下，供给侧企业以工业互联网为依托，发挥自身比较优势，逐渐形成了专业化分工。资本、劳动力、技术等要素禀赋的流动性也在信息化的推动下得到增强，各地可以因地制宜结合自身资源、要素与产业配置优势实现高效生产，社会整体福利得到全面提升。

综上，区域发展信息化建设有助于优化当地产业结构，有利于形成区域网络化的发展格局和专业化分工。

五、结论与讨论

本文通过建立信息化对国民经济影响的分析框架，从经济增长和经济结构转型升级角度讨论信息化与经济发展的相互作用，并通过构建信息化水平指标评价体系，在内生增长理论的基础上采用生产函数法测度了中国信息化产业发展对 GDP 的平均贡献为 17.6%，其中直接贡献为 6.63%，信息化与各类产业融合带动的增长占总体经济的 10.97%。

中国信息化发展日益成为新一轮产业革命的原动力和主引擎，但是仍面临很多问题与挑战。例如信息化基础能力存在不足、基础研究落后、产业生

① 三网指电信网、计算机网和有线电视网。

态链滞后、核心技术设备缺乏储备等问题制约信息化发展与产业融合；信息化监管规制、培训体系与经济发展不协调、区域信息化水平差异大等原因导致要素禀赋不能充分流动，不能充分发挥信息化带动产业升级的特有优势。针对上述问题，本文提出如下政策建议。

一是优化信息技术培训体系，加强劳动力流动，优化区域要素结构。随着中国工业进程的发展，大量农村剩余劳动力向城市流动进入工厂，助力国家实现由农业国向工业国的转变。跨过刘易斯拐点后，中国迎来信息革命，大量制造业工人开始从工厂流入互联网、电子商务、共享经济等信息产业。政府应完善信息化新产业、新技术和新模式的培训体系，降低产业转型造成的结构性失业，稳定就业市场，促进经济发展。

二是政府通过财政补贴、税收返还、减税降费等财政政策鼓励相关产业发展信息技术，探索产业信息化融合方向。被信息化替代的行业会逐渐退出历史舞台，造成社会失业率短暂上升。在产业结构调整时期，政府应出台补贴政策，降低替代行业或行业内被替代岗位的福利损失，消除传统产业进行信息化替代的顾虑，同时储备核心技术，提高社会生产效率和社会总体福利。

三是政府应因地制宜，在各地区选择适当变量与指标，建立区域信息化水平评价体系，并构建标准统计模型，评估信息化对经济增长的影响和贡献，为政策出台提供量化依据。

参考文献：

[1] Acemoglu，D.，Introduction to Modern Economic Growth，Princeton：Princeton University Press，2009，p.17.

[2] Motraghi，M.，The e-lance economy[J]. harvard business review，1999，77（1）：171-171.

[3] Oliner S. D.，Sichel D. E.，Information Technology and Productivity：Where are We Now and Where are We Going? [J]. Journal of Policy Modeling，2003，25（5）：477-503.

[4] Stiroh K. J.，“Information Technology and the U.S. Productivity Revival：What Do the Industry Data Say?” The American Economic Review，2002，92（5）：1559–1576.

[5] Corrado C.，Haskel J.，Jonalasinio C. S.，et al.，“Knowledge Spillovers，ICT and Productivity Growth，” Oxford Bulletin of Economics and Statistics，2017，79（4）：592–618.

[6] Acemoglu, Daron, Philippe Aghion, Leonardo Bursztyn and David Hémous, “The Environment and Directed Technical Change，” American Economic Review. 2012，102（1）：131–66.

[7] Fried，Stephie，“Climate Policy and Innovation：A Quantitative Macroeconomic Analysis，” American Economic Journal：Macroeconomics. 2018，10（1）：90–118.

[8] 刘华，肖挺，夏杰长 . 制造业信息化对行业生产率的影响：基于 DEA-Malmquist 指数的省级面板数据分析 [J]. 情报杂志，2013（03）：170–176.

[9] 康铁祥 . 中国数字经济规模测算研究 [J]. 当代财经，2008（3）：118–121.

[10] 许宪春，张美慧 . 中国数字经济规模测算研究：基于国际比较的视角 [J]. 中国工业经济 . 2020（5）：23–41.

[11] 龙飞 . 信息化对工业经济增长影响的实证研究——基于全国 31 省域面板数据分析 [J]. 商业经济研究，2016（9）：175–176.

[12] 夏炎，王会娟，张凤，郭剑锋 . 数字经济对中国经济增长和非农就业影响研究：基于投入占用产出模型 [J]. 中国科学院院刊，2018，33（7）：707–716.

分报告二

基于新一代信息技术的新业态和新模式研究

信息技术是新一轮科技革命中创新最活跃、交叉最密集、渗透最广泛的领域，对各国经济社会发展产生着根本性、全局性的影响，成为重构国家综合实力的重要力量。新一代信息技术的深刻变革和广泛渗透，不仅带来新的产品、技术、工艺和设备，而且会对生产方式产生重要影响，带来产业分工和产业组织特征的重大变化，从而涌现出大量新业态和新模式。随着以数字化智能化制造为主要内容的新产业变革的到来，新业态和新模式的存在形式将进一步演化发展。这种演化机理对我国产业升级提出了重大挑战。因此，全面分析、总结特定行业的新业态和新模式的形成、发展特点及其对于经济发展的影响，以及存在的问题，并结合典型国家的发展战略，对于研究我国的具体问题具有重要的理论价值和实践指导意义。

一、基于新一代信息技术的新业态和新模式内涵的界定

（一）基于新一代信息技术产业的界定

1. 新一代信息技术产业的界定

当前，对新一代信息技术产业的定义尚未统一，理论界仍未形成一致意见。当前的研究主要是依据中央文件精神展开的。

国内最早用于界定新一代信息技术产业的文件是 2010 年 10 月国务院出台的《国务院关于加快培育和发展战略性新兴产业的决定》，旨在“加快建设

宽带、泛在、融合、安全的信息网络基础设施，推动新一代移动通信、下一代互联网核心设备和智能终端的研发及产业化，加快推进三网融合，促进物联网、云计算的研发和示范应用。着力发展集成电路、新型显示、高端软件、高端服务器等核心基础产业。提升软件服务、网络增值服务等信息服务能力，加快重要基础设施智能化改造。大力发展数字虚拟等技术，促进文化创意产业发展”。

2. 新一代信息技术产业类别

为了引导与发展新一代信息技术产业，2011 年 3 月 16 日发布的《中华人民共和国国民经济和社会发展第十二个五年规划纲要》中，提出将其作为七大战略性新兴产业之一，并大力发展。新一代信息技术产业分为六个方面，分别是下一代通信网络、物联网、三网融合、新型平板显示、高性能集成电路和以云计算为代表的高端软件。“十三五”时期，又提出要重点培育形成以集成电路为核心的新一代信息技术产业。新一代信息技术产业范畴详见表 2.1 所示。

表 2.1　新一代信息技术产业范畴

产业分类	产业概述
下一代通信网络	下一代通信网络以软交换为核心，能够提供包括语音、数据、视频和多媒体业务的基于分组技术的综合开放的网络架构，代表了通信网络发展的方向
物联网	物联网是通过射频识别（RFID）、红外感应器、全球定位系统、激光扫描器等信息传感设备，按约定的协议，把任何物品与互联网相连接，进行信息交换和通信，以实现对物品的智能化识别、定位、跟踪、监控和管理的一种网络
三网融合	三网融合是指电信网、计算机网和有线电视网通过技术改造，能够提供包括语音、数据、图像等综合多媒体的通信业务
新型平板显示	新型平板显示技术包含多个方面，不仅仅局限于显示技术本身。目前的关注热点主要有微型显示、立体显示、电子纸、LED 背光、高端触摸屏和平板显示上游器材等
高性能集成电路	集成电路是现代信息产业和信息社会的基础，是改造和提升传统产业的核心技术
云计算	云计算的核心思想是将大量用网络连接的计算资源统一管理和调度，构成一个计算资源池向用户按需提供服务。提供资源的网络被称为“云”

资料来源：中投顾问产业研究中心。

3. 新一代信息技术产业链分析

目前，新一代信息技术仍然是各个国家发展新型产业链的重要技术，未来将进一步奠定基础性与引领性作用。新一代宽带网络、智慧地球、云计算等新技术新应用，有望成为推动整个数字产业突破式发展的重要力量。新一代信息技术同时还将带动互联网、物联网、电子商务、文化创意等多个产业强劲增长（见表 2.2）。

表 2.2　　新一代信息技术产业链分析

产业分类	上游	中游	下游
下一代通信网络	芯片制造、网络测试	网络设备制造、终端制造、系统集成服务、内容提供、服务提供、应用软件开发等	电信运营服务
物联网	芯片制造、传感器设备、执行器设备、RFID、二维码、智能装置等的设备制造	系统集成、信息处理、云计算、解析服务、网络管理、Web 服务等	电信运营服务、管理咨询服务、M2M 服务、原始设备制造服务等
新型平板显示	ITO 导电玻璃、偏光片、掩膜、彩色滤光片、镀膜设备、衬垫料、液晶材料等	TN 面板、VA 类面板、IPS 面板、CPA 面板（ASV 面板）、电阻式模块触摸屏、红外模块触摸屏等	电脑、通信、仪器、音响、工业、车用、消费电子
高性能集成电路	单晶片、多晶片、外延片、单晶棒、芯片粘接材料，感光树脂材料、陶瓷 / 塑料材料等的研制	芯片制造、高性能集成电路制造设备研制、芯片封装测试设备研制	计算机制造、消费电子、通信设备、工业控制、智能卡等
云计算	OS、数据库、虚拟化、信息安全、芯片制造设备、服务器设备、存储设备、网络设备	云平台开发、系统集成、云应用服务、云计算服务、云平台服务	云平台、云计算用户服务

资料来源：作者整理。

（二）基于新一代信息技术新业态和新模式内涵的界定

1. 基于新一代信息技术新业态内涵的界定

所谓新业态，包含“业”和“态”两个方面的含义。在日常生活中，人们熟悉的“业”主要是指与工农业、服务业等相关的概念。但是，随着工业革命的不断推进，三大产业发生了翻天覆地的变化。例如，农业可以细分为种植业、养殖业和林业等；传统工业又可以分为轻工业和重工业两类；服务业则可分解为生活服务业、生产性服务业等。这些产业分门别类，在它们特定的市场体系中具有各自不同的运营方式和业务流程，具有可以界定的核算边界以及相关业务标准。进而，它们与一定的企业核算、商务模式（盈利模式）相关联，从而形成不同的运营状态，即与“业”务相联系的形“态”。

因此，基于新一代信息技术的新业态内涵可界定为：随着物联网、云计算、大数据、移动互联网以及 AR/VR（增强现实 / 虚拟现实）、区块链、人工智能、深度学习等新一代信息技术的应用，从传统产业中不断发展、衍变、演化出新环节和新的活动形态，以满足多样化的产品或服务需求。新业态有三种具体表现形式：（1）“企业 + 互联网”，即企业依托互联网开展新的生产经营活动，如网络约车、共享单车、众包和众创平台等；（2）“产品 + 服务创新”，即商业流程、服务模式或产品形态的创新，如创业空间、车库咖啡、网上下单配送等；（3）“服务 + 延伸”，即提供更加灵活、快捷的个性化服务，如个性化定制时尚消费品、化妆品、服装等。

新一代信息技术的不断应用与融合发展，推动着新业态不断涌现。（1）信息技术的发展逐渐形成了电子信息产业，从而引发了产业形态和模式创新。20 世纪后期飞速发展的电子信息产业是新业态出现的重要背景。从个人电脑到互联网，再到云计算、物联网和大数据，以及目前方兴未艾的基于 5G 的移动互联网，电子信息产业发展的每一个阶段都催生出了大量的新业态。（2）许多新业态是由信息技术和第一、第二产业共同催生的。尤其在制造业，信息技术与研发、营销等生产性服务环节相互融合，大大提高了这些环节的效率，但同时使产业链两端（生产服务环节和加工制造环节）相互分离，新产业加速分工，带来了大量新业态。（3）信息技术自身的发展和与制造业的融合互动，强化了产业链不同环节之间以及不同产业链之间的互动关系，企业之间的关系网络也在互联网技术支持下发生变化，而这种变化同样会催生新业态。

2. 基于新一代信息技术新模式内涵的界定

基于新一代信息技术发展而产生的新模式是指，为实现用户价值和企业持续盈利目标，利用互联网、云计算、大数据、移动互联网等新一代信息技术对企业经营的各种内外要素进行整合和重组，形成高效并具有独特竞争力的商业运行模式。具体表现为：（1）“互联网 +”产业创新融合，如网络支付、社交平台、购物平台等；（2）生产经营要素重新组合，如把网络和硬件融入服务形成的网络游戏、网络视频、网络阅读、网络音乐等；（3）新的经营组织方式，如提供消费、娱乐、休闲等一站式服务的大型购物中心（广场）、城市商业综合体等。

例如，在网约车方面，网络公开资料显示，2018 年滴滴出行已经覆盖了我国 400 多个城市，为近 4 亿用户在出行上提供了便利。截至 2020 年，每日订单已经突破 2000 万份。在旅游方面，截至 2020 年，携程已有注册会员 2.5 亿名，携程 App 在移动端上的下载量突破 17 亿次。这些新兴的商业模式在为消费者提供便利实惠服务的同时，也降低了社会总成本，提供了大量的就业岗位，并进一步刺激居民消费，进而引领我国经济发展向消费驱动、高质量发展转变。

（三）基于新一代信息技术的新业态和新模式统计分类探索

2018 年 8 月，国家统计局印发了《新产业新业态新商业模式统计分类（2018）》，该分类将国民经济行业中具有“三新”模式特征的类别整合梳理，分层编码，形成体现“三新”特征的统计分类标准。分类采用线分类法和分层次编码方法，将“三新”有关活动划分为大类、中类和小类三层。分类包括了先进制造业、互联网与现代信息技术服务、新技术与创新创业服务、现代生产性服务活动、新型生活性服务活动、现代综合管理活动等新业态、新模式方面的内容（见表 2.3）。

表 2.3　　2018 年我国与信息技术相关的经济活动统计分类

行业门类	具体产业
先进制造业	新一代信息技术设备制造、高端装备制造、先进钢铁材料制造、先进有色金属材料制造、先进石化化工新材料制造、先进无机非金属材料制造、高性能纤维及制品和复合材料制造、前沿新材料制造、生物产品制造、生物质燃料制造、生物制造相关设备制造、新能源汽车及相关设备制造、新能源设备制造、节能环保设备和产品制造

续表

行业门类	具体产业
互联网与现代信息技术服务	现代信息传输服务、互联网平台（“互联网 +”）服务、互联网信息及其他服务、软件开发生产服务、数字内容设计与制作服务、现代信息技术服务、网络与信息安全服务
新技术与创新创业服务	研发服务、技术推广服务、质量检验（测）技术服务、知识产权服务、相关专业技术服务、其他现代技术服务、创新创业服务、追溯技术服务
现代生产性服务活动	先进制造业服务、现代贸易物流服务、现代互联网金融及其他金融服务、现代商务服务、人力资源服务
新型生活性服务活动	现代医疗服务、健康管理与促进服务、现代养老服务、现代家庭服务、互联网教育服务、新型便民服务、新型住宿服务、新型餐饮服务、现代体育休闲服务、文化娱乐服务、现代旅游服务、现代零售服务
现代综合管理活动	城市智能管理服务、现代城市商业综合管理服务、农林牧渔业跨行业融合服务

资料来源：国家统计局《新产业新业态新商业模式统计分类（2018）》。

从表 2.3 我们可以得出，新业态与新模式的核心是利用现代信息技术手段，将其融会贯通并加以应用，以互联网、云计算、大数据、AR/VR、区块链、人工智能、深度学习等新一代信息技术的重大创新与融合应用为代表，带动整个产业形态、生产形式、组织方式、商业模式等的深刻变革，产生一系列新业态和新模式。当下，最能代表经济形势以及未来发展方向的便是“三新”经济。

二、基于新一代信息技术的新业态和新模式形成背景

新一代信息技术主要包括物联网、云计算、大数据、人工智能，是信息技术的纵向升级与横向渗透。之所以被称为新一代信息技术，是因为：第一，通过射频识别、红外感应器、全球定位系统、激光扫描器等信息传感设备，将其嵌入和装备到电网、道路基础建设、建筑、供水系统、大坝、油气管道等各种物体中，保证信息的交换和通信；第二，进行“物联网”与互联网的

“连接”，整合人类社会资源以及物理系统，利用计算能力超强的中心计算集群与计算技术、算法等，对网络内部的各个节点包括人员、机器、设备等进行动态的管理与控制；第三，利用更精准、更高效的动态管理与控制，提高人类的生产生活效率、资源利用效率以及生产力水平，保证人与大自然的和谐相处，达到“智慧”状态。新一代智能技术促进了物联网的不断延展，使数字产业焕发出新的生机。

移动互联网、物联网、云计算、大数据等新一代信息技术在经济社会各个领域的广泛渗透，催生了网络约车、移动办公、互联网金融、智能家庭、远程医疗等一批新业态，传统商业模式逐渐被取代，新模式快速成长，为我国服务业转型发展注入强大动力，促进了我国经济发展。从全国情况来看，新业态新模式已经渗透到人们经济生活的方方面面，包括衣食住行、教育培训、制造服务、医疗诊断等众多细分领域，在培育经济发展新动能、促进就业方面发挥了重要作用。工信部的有关数据表明，我国的移动支付交易规模在 2017 年已接近 150 万亿元。第三方研究机构的数据同样表明，中国移动支付的渗透率已经达到 77%，位居全球第一。新业态新模式在重新创造产品和服务的同时也为中小企业提供了更好的平台，以满足它们对成本、效率等方面的要求。

新业态和新模式作为技术变革推进产业发展的实现形式，主要受到技术变革、需求变化和产业竞争格局三方面因素的影响。一是技术变革。技术变革是推进新业态和新模式出现的重要力量，在信息技术革命背景下，信息技术自身的发展，特别是信息技术与制造业的融合互动，强化了产业链不同环节之间以及不同产业链之间的互动关系，企业之间的关系网络也会在互联网技术的推动下出现重要变化，这些变化都会催生新的产业形态和模式。二是需求变化。在市场和产业发展过程中，消费者的需求是动态变化的，且随着时空的变换，其需求结构会发生根本性的转变，而这些转变有助于企业制定战略、明确细分市场和进行资源配置。由于不同细分市场的顾客需求有所不同，因此，企业所提供的产品和服务，其价值主张和满足程度也有所不同，一旦需求发生变化，企业就会抓住机会拓展新的业态和模式。所以，消费者需求变化是新业态和新模式的重要推进因素，同时，新业态和新模式的发展也会创造新的需求，为新业态和新模式拓展新的发展空间。三是产业竞争。同一产业内的市场竞争和经营压力，迫使企业不断审视自身的商业模式，并寻求可持续发展的创新路径，拓展新的业态和模式。随着产业竞争模式由原来的资本竞争、价格竞争转向知识竞争、创新竞争，必然推进新业态和新模式的出现。

与前几次技术革命推进产业发展的实现路径相比，以新一代信息技术革命为基础的新业态和新模式形成新的趋势性特征。（1）互联网成为核心基础设施。互联网早已不是仅用于沟通的基础设施，它与水、电、公路一样，已成为支撑新业态和新模式发展的基础。随着高速光纤网络的覆盖范围不断扩大，5G 网络逐步实现广域连续覆盖，加上北斗导航定位系统规模服务和国际互联互通力度的加大，将不断带动大批新业态和新模式的产生与发展，这将成为我国新的经济增长点。（2）数据成为新业态和新商业模式发展的一种新资源。随着互联网、移动互联网以及物联网技术的发展，数据逐渐成为炙手可热的新资源。它与传统的自然资源不同，这些数据资源会越来越多，变成一种廉价资源，但是蕴藏在其中的价值是无法估量的。而以知识、创新、ICT、IT（互联网技术）、DT（数据处理技术）、人工智能为主要特征的新业态和新商业模式更多地依靠这种新资源。（3）新兴融合业态大量涌现。随着新一代信息技术的发展，传统行业逐渐与互联网紧密联系，在产品形态、销售渠道、服务方式、盈利模式、主营业务等方面实现产业变革，出现了许多“线上 + 线下”的新零售模式以及其他的新机遇。即使与互联网融合程度不高、关系不太紧密的行业，例如农业、制造业等传统生产型领域，也涌现出一批“互联网 +”新业态新模式。（4）共享无处不在。共享经济旨在降低成本，提高效率，实现经济剩余资源的匹配，成为进一步推动经济发展的新助力。在互联网的帮助下，共享经济得到了新的实现方式，针对共享经济的新业态新模式开始出现，且规模逐渐扩大，逐渐占据了市场。共享经济涵盖多个领域，成为一种以协同消费、协作经济、点对点经济为特征的全新商业模式。

当前，大数据带来的常见的新商业模式主要有3种。（1）企业数据自营模式。企业自身拥有海量数据和大数据技术，同时具备一定的分析能力，能够根据数据分析结果改进现有产品或预测未来，从而使企业持续获得利润。但不是所有的企业都适用这一商业模式。这种商业模式的成功运行建立在4个条件之上。首先，数据来自公司内部，可以是生产经营信息或管理信息；其次，拥有先进的大数据技术，能够对信息进行充分的挖掘和提炼；再次，具备高效的分析能力，能够对数据分析结果进行准确评价；最后，具备数据决策能力。（2）数据租售模式。通过一定的媒介，将广泛收集、精心过滤的数据销售或者租赁给客户来获取报酬的方式，就是数据租售的商业模式。这需要企业具有强大的收集数据和整合萃取信息的能力，以此形成数据采集、信息萃取、价值传递的完整链条。（3）数据平台模式。通过建立平台，实现数据的分析、分享和交易等功能，为用户提供方便快捷的个性化平台服务来获取利润。数据平台模式主要包括数据分析平台模式、数据分享平台模式和数据交易平台模式。数据分析平台模式是指通过灵活租赁的方式为用户提供数据存储、数据运算和数据分析的平台服务。数据分享平台模式是指平台服务商凭借其拥有的数据资产，为用户提供云数据库、数据推送、数据集成等服务，同时开放数据接口、提供开发环境，供开发者进行基于数据的应用开发，从而获取利润分成。数据交易平台模式是指第三方平台提供商为数据所有者和需求者提供数据交换、交易服务的平台。

数据分析平台模式要求用户掌握一定的数据分析技能，用户只需将数据上传到平台上，便可使用平台上面的分析工具进行数据分析。数据分享平台模式需要平台服务商具有强大的数据采集能力和分析能力，便可轻松运行。数据交易平台模式适用于技术创新型企业，因其拥有先进的平台技术，能够自如地利用平台进行数据处理和交易；由于这种模式是由技术驱动的，只要技术不断创新，未来将不可估量。

三、新一代信息技术下新业态和新模式演化机理及趋势

当前，信息技术革命仍在继续，而且正在孕育新的、更大的突破。以信息技术深度融合应用为基础的革命（包括数字化智能化制造、网络化新能源等），被部分专家称为“第四次工业革命”，也有专家称为“新产业变革”。其蕴含的生产方式和产业组织特征又一次出现重大变化，进而推进产业形态和模式出现新的变化。新一轮信息技术革命背景下形成的产业形态和模式，将出现新的发展方向和趋势。

（一）新一代信息技术下的新业态和新模式演化机理

新一代信息技术革命不仅带来新的产业、产品和生产工艺，而且会对生产方式产生重要影响，使产业分工和产业组织发生重大变化：在产业分工方面，主要表现为产业发展形态、产业分工形态、产业链特征的变化；在产业组织方面，主要表现为产业内企业之间的组织关系以及企业内部组织特征的变化，会形成不同类型的新业态和新模式。

1. 产业分工变革中的新业态和新模式

（1）产业发展形态变化中的新业态和新模式。新一代信息技术革命背景下的新业态和新模式的主要推动机制，就是新一代信息技术与制造业的融合发展。这种融合主要体现在信息技术与制造业中的研发设计、营销服务等生产性服务环节的深度融合，形成了以生产性服务业为主导的制造业服务化发展方向。服务型制造业成为重要的制造业发展形态和模式，主要表现形式有：一是服务型制造企业，一些大型制造企业集中资源发展高控制力和高附加值的研发设计和营销服务等生产型服务环节，把低附加值的加工制造环节外包给中小企业，实现了制造企业的服务化转型；二是服务型制造中心城市，随着生产性服务环节控制力和附加值的快速提升，生产性服务业的专业化发展水平不断提高，推动高端生产性服务业的快速发展和在经济中心城市集聚，

经济中心城市功能从制造功能为主导，转变为以服务功能为主导，形成以生产性服务业为主导的新的制造中心产业体系。

（2）产业分工变化中的新业态和新模式。新一代信息技术革命导致的产业分工特征变化，主要是从产业间分工和产业内分工向产品链不同环节分工的转变，同一产品生产过程中不同环节在不同区域布局，主要体现在产品链两头的研发设计、品牌营销和中间加工制造环节之间的跨区域布局，形成新的业态和模式。如以“两头在内、中间在外”“两头在外”加工贸易为主要特征的代工企业都是产业分工特征变化的典型模式表现。一些企业根据不同区域的资源要素差异，把高端要素密集的研发设计和营销服务环节布局在中心城市，而把中间的加工制造环节转移到更具有低端要素比较优势的区域。这在上海、北京、深圳等大城市尤为明显。

（3）产业链细分与整合中的新业态和新模式。新一代信息技术与制造业的融合互动，推进产业链的不断细分和不同产业链之间的整合重组，形成新的业态和模式，具体形式如下。

一是产业链细分中的新业态和新模式。最具有代表性的是数字文化创意产业。数字文化创意产业的新业态主要包括数字文化旅游、游戏电竞、新媒体、动漫及衍生产业、数字营销和智能营销、数字创意设计等。①数字文化旅游。随着技术的逐渐成熟，基于文化旅游资源的数字化，通过互联网平台、AR/VR 等技术的综合运用，催生“文化旅游 + 科技”的新业态。②新媒体。在自媒体、短视频、网络直播、网络综艺等新的内容创作模式下，人人都是内容创造者以及内容的传播者。近两年来，其成为新的互联网产业风口，其中具有代表性的互联网平台有抖音、快手、斗鱼等。③游戏电竞。据中国音数协游戏工委（GPC）、伽马数据（CNG）联合发布的《2018 中国游戏产业报告》显示，2018 年，中国游戏用户数量达到 6.26 亿人，年产值 2144.4 亿元，占全球市场的23.6%，其中手机游戏1339.6亿元、电脑客户端游戏619.6亿元、网页游戏 126.5 亿元，休闲类游戏以及重度 IP 主机游戏依旧是各大游戏公司的主要战场。电子竞技成为近几年的重要发展方向，已初步形成较为完整的产业链，包括上游内容授权、中游衍生内容制作、下游直播平台以及由电竞带动的电竞俱乐部、游戏陪练、电竞社交等产业。④动漫及衍生产业。动漫及衍生产业包括动画制作、在线漫画平台、动漫社交、动漫衍生品等。⑤数字营销和智能营销。大数据和科技不断发展进步，数字营销越来越成为驱动品牌影响力的重要因素。大数据驱动的自动化营销 / 营销云将是最受欢迎的营销技术，AI（人工智能）驱动下的智能营销将会成为未来趋势。⑥数字创意设计，主要包括工业设计和人居环境设计两大类。借助数字科技，创意设计产业拥有了更加广阔的想象空间。

二是产业链纵向整合中的新业态和新模式。在信息技术革命下，市场应用的强大牵引力对制造企业整合上下游产业链的能力也提出了更高要求，如苹果公司开创了“智能终端 + 内容分发渠道 + 应用软件与数字内容服务”的纵向整合，锁定了消费者、聚集了开发者、抑制了竞争对手；谷歌收购摩托罗拉后，随即与英特尔开展深度合作，实现了“芯片 + 系统 + 终端”的全产业链整合。

三是产业链横向整合中的新业态和新模式。一方面软件企业通过并购，开始向互联网、硬件等非软件领域延伸，如微软并购 Skype，将业务领域延伸到互联网；另一方面硬件企业积极寻求战略转型，力图借软件加快自身向服务转型，如 IBM 曾提出 200 亿美元规模的并购计划，并购对象包括业务分析、云计算、智慧城市、电子商务、数据安全等领域，加快向全业务综合集成服务提供商转型。

四是新的商业模式会大幅影响传统业态的发展。大量新商业模式的出现将会形成新的业态，如网上购物、网络约车、网上订餐等，其快速发展会冲击传统产业，迫使它们改变原有的发展路径以提升企业竞争力。例如，淘宝网的发展极大地冲击了国内线下实体店的地位，不少实体店商家已作出改变；亚马逊等网站对美国超市产生重大影响，随后，几乎所有的美国大型超市都实现了在线销售；微信以免费的形式冲破了几大运营商对短信收费的垄断地位，支付宝电子支付的便捷与余额宝快速理财的优惠对传统银行业形成冲击。

总而言之，新技术、新模式、新业态和新经济之间是渐次递进、相互影响的。

2. 产业组织变化中的新业态和新模式

（1）企业之间组织关系变化中的新业态和新模式。新一代信息技术与制造业的融合发展，带来产业组织特征的重要变化，特别是企业之间关系结构的变化，形成新的业态和模式。这种过程主要是通过供应链的整合实现的。资金流、物流、信息流是掌控产业供应链整合的三大重要资源，不同类型核心企业通过对这三种重要资源的有效配置，带动供应商、制造商、分销商直到最终用户的供应链的整合重组：从采购原材料开始，到制成中间产品以及最终产品，最后由销售网络把产品送到消费者手中。主要形式有：一是消费服务性核心企业推动的供应链整合。以消费服务性核心企业为主导而形成的供应链，本质上属于需求拉动式，通过其供应链整合与集成带动供应商、制造商、分销商共同协调发展。具有品牌影响力和市场销售能力强的消费服务类商家，往往可以获取较大部分的产业供应链中的价值增值。二是以电子商务公司为核心企业的供应链整合。信息技术不仅是供应链整合和全球采购的一项技术，而且由此诞生了大批电子商务公司，并直接领导和影响了全球性的供应链整合。随着电子信息技术的发展，特别是互联网技术发展及其功能特征不断开发，电子商务企业不断创造新的业态和模式，推动供应链的整合重组。

（2）企业内部组织结构变化中的新业态和新模式。现代大型公司的出现可以追溯到20世纪初的美国，根据钱德勒1977年的考证，新技术的产生和市场的扩展造就了大型企业。大型企业的出现不仅反映了人类生产活动规模的扩大和技术含量的提高，同时也带来了企业制度和企业组织结构的重大变革。信息技术与制造业的融合发展，改变了企业内部不同部门之间的交易费用结构，导致大型企业内部科层结构的变化，重要表现就是推动了企业战略性决策和经营性决策的分离。它们分别由总部和下属的生产、经营单位承担，形成了“总部＋生产基地”的企业组织特征变化。由于战略管理、研发、中试、营销策划、资本运作等企业总部所需要的信息、高端人才、资本、技术等要素，不同于企业产品生产制造过程中需要的土地、能源、材料以及一般加工工人等常规要素，在发展水平差异比较大的不同区域，两类资源的禀赋差异很大，使企业总部在中心城市集聚发展，形成总部经济。发达的总部经济对主体经济能起到强有力的辐射带动作用，这主要通过总部企业对产业链资源的跨区域集中配置，建立覆盖区域乃至全球的生产、营销网络来实现。

（二）新一代信息技术深度融合应用下新业态和新模式的演化态势

1. 产业形态和模式发展方向与趋势

（1）产业分工方式变化中的新业态和新模式变化趋势。在新产业变革背景下，推动产业分工层面新业态和新模式变化的主要因素是，新产业革命中形成的个性化定制和以就地生产为主导的生产方式变革。数字化制造充分体现了这种变化。这种变化的核心是信息技术与制造技术深度融合，也就是研发设计和营销服务环节的融合。而新产业变革背景下的数字化制造将加速新一代信息技术在加工制造环节的应用。这种融合将导致产业分工方式的重大变革，使产业形态和模式创新形成新的发展趋势。信息技术与产业链两端的融合并没有改变制造业的基本模式和形态，而新一代信息技术与加工制造环节的融合将从根本上改变制造业的发展模式，形成新的制造模式、市场组织模式和资源配置模式，推动大规模的业态创新和模式创新。

随着产业分工方式的进一步变化，新业态和新模式呈现出新的演化态势。一是制造业与服务业融为一体。基于信息技术革命的信息技术与产业链两端的融合，使生产性服务业与制造过程分离，形成以生产性服务业为主导的制造业服务化发展形态。新产业变革背景下新一代信息技术在加工制造环节的应用，使制造过程与生产性服务业从分离走向整合，制造业与服务业融为一体，制造过程就是一个服务过程，服务业和制造业将成为同一产业形态中包含的两方面特征。二是新一代信息技术与加工制造环节的融合，将使研发设计、营销服务等产品链两端与中间的加工制造环节从分离走向一体化融合。个性化定制和就地生产要求产品链的不同环节一体化，而数字化制造为这种一体化提供了技术基础，使产品链环节的纵向整合成为重要的发展方向。在产品链纵向分离基础上形成的“两头在内、中间在外”模式和“两头在外”的代工方式，都将出现重要变化。三是在纵向产业链从分离走向整合的过程中，横向产业链从规模化整合转为分散化生产，大批量产品相同产业链环节的集聚，转变为个性化产品不同生产过程的分散化。发达国家与后发国家之间将从纵向的产业链分工，转变为新型的横向产业间分工。

（2）产业组织特征变化中的新业态和新模式变化趋势。新产业革命背景下产业组织特征变化的重要方向，是扁平式、合作性对集中型、层级式的替代，这种替代将对产业形态和模式创新带来重要影响。制造业数字化基础上的个性化定制，必然形成扁平式、分散化的生产组织方式。个性化定制要求对消费者的需求作出快速反应，直接面对分散的个性化需求的生产过程将是分散的，不同产品的生产过程是包含设计、制造和销售的完整过程，而且这种生产过程在物理空间上是相互独立的，在网络型支撑平台上形成一种网络型的扁平式关系，而不是集中型的层级性关系。具体而言，一是新一代网络技术的发展和广泛应用，将使不同类型和不同地区的生产过程在网络空间实现相互关联，物理空间的集聚将转变为网络空间集聚。新产业革命中的网络化新能源产业充分体现了这种变化，可再生能源的生产、储存都是在分散的建筑物中进行的，是通过能源互联网实现交换和消费，是一个网络型的生产组织方式。另外，大型企业将转变为平台型企业，通过研发平台、营销平台和信息平台实现与大量中小企业的连接，平台化将成为重要的生产组织方式。二是扁平式组织结构将成为重要的企业体制特征。分散化、扁平式的市场组织方式不仅表现在企业之间的关系层面，同时也对企业内部的体制特征带来重要影响，职能部门间的纵向分离将改变，扁平式的企业管理体制逐步形成，这种变化将在很大程度上改变总部经济的发展方向。

2. 新业态和新模式演化发展与产业升级模式转换效应

随着新一代信息技术革命下新业态和新模式的形成及进一步演化，新业态和新模式将对一个国家或地区产业升级模式产生显著影响。

（1）新业态和新模式演化与产业升级路径转换。在传统的工业化理论和实践中，把培育支柱产业或主导产业作为推动本地区产业优化升级的关键；在产品链分工背景下，产业链环节成为决定区域产业竞争优势的主导因素；在信息技术革命引发新业态和新模式不断出现的背景下，决定区域产业发展优势的关键是新兴的产业业态和模式。从推动区域产业升级路径角度看，实现了从培育支柱产业或主导产业，到转变为培育重点产业链环节，再到培育产业新业态和新模式的转变。培育新业态和新模式成为产业升级的重点，推动了产业升级方向和路径的重要变化。从未来发展趋势看，新业态和新模式不断涌现将成为新一轮产业革命演进的主要形式。新一轮产业革命的核心可能不是重大的技术突破，而是在现有技术基础上，通过产业业态和模式创新，引发新一轮产业革命变化过程。对政府而言，既需要把握信息技术革命背景下新业态和新模式的特征与规律，也需要根据新一轮产业革命发展方向，把握新业态和新模式的发展趋势变化，根据本地区特点超前谋划下一步新业态和新模式发展的重点方向。

（2）新业态和新模式演化与产业内涵边界转换。新一代信息技术革命下新业态和新模式的大量涌现，对传统意义上的产业内涵边界划分形成挑战。一是产业划分边界进一步拓展。新业态和新模式的导入使产业划分边界进一步延伸。以制造业为例，现代制造业的边界不再局限于制造实体产品或物质产品的行业，而是产业、业态及模式并存的新体系、生产加工与制造服务协同发展的新体系、“硬产品”和“软实力”相结合的新体系。二是产业领域进一步分工细化。随着产业融合进程的加快，产业分工更趋细化，由此形成更多新领域。以信息服务业为例，除软件等传统领域外，还应密切关注移动互联网、网络电视、位置服务、视频聚合、网络社交、个人应用软件服务等新领域。一大批新业态新模式孕育而生（新零售、共享经济、新医疗、旅游新业态等），传统的商业模式渐渐退出舞台。主要表现在：①新零售。2017 年 7 月 8 日，首家无人超市在杭州开业，吸引了大批的游客慕名而来，催生了“新零售”这一新概念。经过“互联网 +”的改造，零售业呈现出了一番新的面貌，线下商场逐渐走出低谷。门店资源是线下零售的核心，它具有场景化消费的特点，能够使用户亲自体验，也能够提供更好的导购服务，使顾客更加了解产品。而线上的电商平台则具有支付快捷、价格透明、送货上门等优势。两者之间刚好形成互补，使消费者能够享受到线下体验和线上购买的一体化服务。②共享经济。共享汽车、共享充电宝、共享单车等共享经济在浙江省内一直保持着快速发展，无论是衣食住行、教育培训还是制造服务、医疗诊断，都有共享经济的影子。它对浙江培育经济发展新动能起了巨大的作用。③新医疗。目前，浙江省着力推动传统医疗服务模式和健康管理模式的深刻变革，催生远程诊断、智慧医疗、个性化治疗等新型健康服务业态和模式，完善健康服务产业链，打造健康服务产业集群。④旅游新业态。一方面，旅游新业态新模式在产融互动的推动下蓬勃发展，"互联网＋旅游"促进旅游产业在更大程度上实现跨界，让游客通过互联网相关住宿经营平台租赁闲置住宅，且实时掌握住宅动态、租赁价格，还可与房东直接进行沟通交流。另一方面，以政府引导为前提、企业主体为关键、用户体验为核心、共建共享为目标的旅游新发展理念逐步形成。

（3）新业态和新模式演化与产业管理体制转换。新一代信息技术革命下新业态和新模式的快速发展，需要培育形成与其相适应的制度环境，特别是新一代信息技术革命中包含的扁平式、分散化的生产方式，意味着垂直式社会结构的变化，将需要在体制机制层面提供必要的理念支撑，形成产业发展与产业管理体制的良性互动，实现新的现代化发展目标。此外，新业态和新模式发展的基础是生产方式和产业组织特征的重要变化，培育科学合理的生产和消费方式，对推进新业态和新模式的发展具有重要意义。生产方式变化不仅反映了技术特征的变化，同时也是在适应体制机制变化的过程中形成的。体现新业态和新模式特征的科学合理的生产和消费方式，不仅需要在发展理念、社会文化等方面协同推进，同时也需要发挥市场机制的作用，这将为新业态和新模式的健康快速发展提供重要保证。

现有的产业管理体制主要体现了不同产业之间的分类管理。新业态和新模式的大量出现，使产业之间的边界进一步模糊，体现了不同产业之间的融合。根据产业划分的管理体制需要作出重大改变。比如制造业和服务业将进一步融合发展，很难再分成不同的部门进行管理；制造业和信息产业之间的融合也进一步深化，也需要实现一体化的管理。如何从基于不同类型产业的管理体制转变为不同业态和模式的管理体制，将是需要关注研究的重要问题。只有政府各部门之间分工明确、政策协调，才能使不同扶持政策有效对接，避免多头监管或监管真空。

四、发达国家基于新一代信息技术新业态和新模式发展及启示研究

（一）发达国家基于新一代信息技术新业态和新模式的发展战略

美国一直以来都是全世界最大的高科技产品和高技术服务的出口国，其半导体、芯片制造设备和软件的市场份额在世界上居于首位。近年来，美国政府对数字技术、生物医药、纳米技术等基础研究和技术前瞻性领域的支持不断增加，同时对虚拟技术、大数据等高新技术的发展十分重视。美国公司的商业模式正在从基于现金流的传统模式过渡到基于企业价值的现代商业模式，从单一的商业模式过渡到智能型商业模式。

欧盟十分重视新技术与实体经济的相互结合和深度应用，数字化制造、智能电网、3D 打印技术、电动汽车等是其主要内容。新技术对欧盟的新业态新商业模式产生了巨大的影响，其中包括模块化生产模式，大规模定制制造模式等结构扁平化、分散合作式的商业模式。

日本极为重视新能源技术的开发，促进了“LED 菜园子”、新能源汽车等新业态新模式的发展。发达国家新业态、新模式和新产业的发展状况详见表 2.4 所示。

表 2.4　发达国家及地区基于新一代信息技术新业态、新模式和新产业的发展状况

	新业态	新模式	新产业
美国	亚马逊、脸书、苹果、手机游戏、Paypal 支付	智能型、乘法型网络平台模式，电子商务模式，众筹融资模式	新产业：网络游戏、网络媒体、金融信息服务。优势产业：半导体、芯片制造设备及软件
欧盟	汽车行业的模块化横向矩阵 MQB、3D 打印机	模块化生产模式，大规模定制制造模式等结构扁平化、分散合作式商业模式	优势产业：商用飞机、汽车、智能设备制造业
日本	新能源汽车、LED 菜园子	企业跨界融合模式	优势产业：电子设备、汽车制造

资料来源：作者整理。

（二）发达国家基于新一代信息技术新业态和新模式发展的几点启示

1. 发达国家促进新业态和新模式发展的政策启示

为了应对第三次工业革命的浪潮，美、英、日、德等发达国家纷纷将科技创新作为未来的发展布局。美国将创新驱动发展作为新业态新模式公共政策的核心。第一，通过立法以及政策来保障创新驱动。从《复兴与再投资法》《美国创新战略：推动可持续增长和高质量就业》和《竞争法》等与美国历年的国情咨文等法律政策来看，美国政府始终把科技创新作为刺激经济增长、提升国家竞争力的核心。第二，制定完善的资本支持措施，以推进创新政策落地。可将风险投资引入高新技术企业，从而形成较为完善的风险投资机制。第三，政策上要有远瞻性，瞄准未来发展趋向，同时注重全球化培育资源，扩大创新驱动效应。

德国新业态和新模式公共政策的重点始终服务于培植“德国制造”的核心竞争力。第一，政府的有关创新战略和政策都是围绕“德国制造”核心竞争力所制定的。第二，为推动德国的产业升级，制定与之相适应的“经济结构转型”政策。政府把“经济、生态和社会协调发展”作为其指导思想，始终把“企业管理、科技开发和职业培训”作为其政策的关注重点。第三，完善市场制度框架以及公共服务体系。德国在联邦政府的支持下，建立了德国技术转移中心，并在制度的支撑下为科技创新提供了较为完善的市场制度框架，为创新联盟的形成与发展创造良好的外部条件。

2. 发达国家促进新业态和新模式发展的启示

（1）通过新技术与制度优化的有机结合，为新模式和新业态提供发展空间。发达国家把新工业技术、技术标准、配套设施建设与制度优化有机结合，催生了新的模式和业态。德国的协会组织协调建立了工业 4.0 平台，同时逐步制定了工业 4.0 的标准和规范。在美国，工业互联网联盟由 IBM、Cisco、Intel、AT&T、GE 等全球领先企业共同创立。在法国，政府大力支持电动汽车的发展，并为此出台了一系列扶持政策，如每购置一辆电动汽车，购买者可获得至多 7000 欧元的补贴。

（2）主动适应新技术革命的发展，凸显跨界竞合模式。发达国家的跨国企业要更加主动地去迎接新技术革命的潮流，加强跨界之间的合作与竞争，寻求新的利润增长点。在法国，施耐德公司在多次转型中没有失去方向，一直对这个时代的潮流保持着高度的敏感，已经成为全球能效管理专家。在美国，微软通过其在技术上的优势和能源公司密切合作，使其软件在能源领域相比于其他公司有着绝对的优势。在日本，松下电器的业务已不光是家电领域，它在住宅能源、商务策划等领域也有涉猎。这将有利于其未来的发展。索尼公司参股奥林巴斯，与其联合研发医疗内窥镜，并在该领域占据了极大的市场份额。

（3）重视新技术与新产品的有机结合，形成新的商业模式和业态。在移动互联网时代，企业想要成为行业的领先者，必须获得更多的收入和更大的用户基数，所以企业需要结合新平台，去对应用、服务、内容进行创新，获得更大的优势。苹果公司之所以成功，很大一部分原因是它在使用新技术来提供时尚设计的同时，将新技术和商业模式相结合，将硬件、软件、服务一体化，通过产业链的整合、产品平台的开放，形成“智能终端 + 内容分发渠道 + 应用软件与数字内容服务”的新模式。

Airbnb（爱彼迎）公司通过建立网络平台，整合空置房屋资源，为旅行者提供房屋租赁服务。这一创意完全颠覆了传统的酒店服务行业，帮助数百万旅客寻找到了更加便宜的住所，也为业主创造了实实在在的收入。日本在

2013年推出的“LED菜园子”，将LED灯作为培植蔬菜的光源，带动了建筑业、电器业的发展，开辟了新的业务领域。

五、加快发展基于新一代信息技术新业态和新模式的对策

（一）为我国新业态和新模式的发展创造更好的环境

我国政府重点从四个方面作出了明确部署：一是大力推进高速光纤网络的建设。光网覆盖、接入能力等关键指标已远超“宽带中国”战略目标。二是加快构建新一代无线宽带网。重点是推动5G网络向城镇和人口密集行政村延伸覆盖，同时加快5G研发和优化频谱资源配置。亮点是对平流层通信和卫星通信等空间设施进行部署，打造天地一体信息网络。三是统筹发展应用基础设施。加强物联感知、云计算中心、大数据平台、内容分发网络等应用基础设施的部署。四是加强国际合作。围绕“一带一路”倡议，加强国际连接和互联互通，增强网络通达性和业务接入能力。

为了促进新业态和新模式发展，我们最主要的任务就是“培土施肥”，创造更加有利的环境，以支持其发展。政府及其相关部门需要尽快推出一系列政策措施，以支持中小企业的发展创新；简化审批流程；由市场决定资源配置；产业未来的发展方向由市场和企业自主决定。同时，好的配套条件是必不可少的，完善的信贷政策、监管制度以及行业准入标准都会对其起到重要的支持作用。

一是注重改造升级传统产业，以培育新业态和新模式。打造、创建、培育、发展新兴业态需要充分利用传统产业的优势要素，以传统产业为基础，孕育新业态。同时对传统产业现有的资源（人才、技术、土地等）进行充分利用，从现有的生产要素配置上、新项目的开发上向新业态、新商业模式发展。

二是注重产业新优势和新动能的培育。想要快速推动服务行业优质高效的发展，势必加快改造提升传统产业，同时培育壮大新兴产业。大力推广“互联网+”行动，通过广泛运用物联网、大数据、云计算等新一代信息技术，

使不同领域融合发展，以催生更多的新业态、新模式。

三是创新政府管理和服务，简化和清理制约“互联网 +”领域融合性产品和服务发展的前置审批事项。坚持包容审慎监管原则，充分考虑新业态和新模式的特殊性，量身定制监管制度，加强事中事后监管。建立领导联系制度，重点协调解决企业成长阶段的突出问题。

（二）改革体制机制，完善保障政策

一是加快政府职能转变，为新业态和新模式发展营造良好环境。要进一步坚持推进简政放权、放管结合、优化服务，针对市场主体期盼，加快转变政府职能、提高效能，营造公平竞争的市场环境和激励创新的制度环境，为创业创新清障搭台。要正确处理政府与市场的关系，大力推进行政审批制度改革，并从金融、财税、科技、教育等多方面入手，为新业态发展营造良好环境。

每个地区都要根据自身发展的实际情况，出台一系列有利于新业态和新模式发展的政策，鼓励各类资本对新业态进行投资。同时，各级财政部门把对新业态发展的资金支持纳入年度计划，重点扶持具有发展潜力和市场需求的企业。

二是加大金融支持力度。在政府产业投资基金政策框架下，围绕新经济不同产业领域，设立新业态和新模式企业培育发展子基金，鼓励和引导社会资本积极参与，助力新业态和新模式企业成长发展。加快引进国内外知名创投机构和优秀管理团队，构筑天使投资基金、创业投资、私募股权投资基金等多层次的股权投资基金体系，促进科技创新与资本对接。优先将符合条件的新业态和新模式企业纳入计划加以培育，加快推进企业在境内外上市和并购重组。

三是加大人才培育的政策支持力度。优先将新业态和新模式企业人才列入国内人才培育计划，给予企业高级经营管理人才、专业技术和技能人才奖励，提升企业引才留才竞争力。新业态和新模式企业员工因股权激励等产生的应征个人所得税，可享受递延纳税政策；企业或个人以技术成果投资入股新业态和新模式企业，符合规定条件的，可选择享受所得税递延纳税政策。

（三）加快培育优势新业态和新模式产业集群

一是坚持创新驱动。通过不断推进科技创新，着力于重大关键核心技术的突破，推进创新成果转化为应用。为了实现经济维持中高速增长和产业迈向中高端水平两大目标，必须依靠创新驱动来打造发展新引擎，培育新的经济增长点。同时，在充分利用国家支持产业发展相关政策的基础上，遵循产业集群形成、演进升级的内在规律，综合考虑各地的区位优势、产业基础和资源禀赋，积极推动上下游企业分工协作、以品牌企业为主导、以专业市场为导向的新业态和新模式集群建设，提升新业态和新模式的核心竞争力。

二是建立新业态和新模式企业培育库。制定新业态和新模式评价标准体系，采取企业申报、投资机构推荐等方式，遴选一批新业态和新模式企业构建企业培育库，实施动态更新和跟踪管理，定期发布企业名单。

三是突出新业态和新模式企业创新主体地位。加大对新业态和新模式企业科技创新的支持力度，按其实际发生的研发费用的20%给予研发后补助，最高不超过1000万元，并支持新业态和新模式企业积极承担国家级、省级重大科技攻关专项，按项目要求履行地方资金配套责任。鼓励和支持企业立足产业前沿，加强与国内外高等院所合作，建设重点实验室、工程实验室、工程（技术）研究中心等各类创新载体。对新业态和新模式企业自主研发具有知识产权的创新性产品和服务，享受政府支持采购的相关优惠政策。

（四）推进“互联网+”行动计划

一是深化互联网在生产领域的融合应用。加快发展工业互联网，大力推广智能制造、网络化协同、个性化定制、服务化延伸等新模式和新业态。

二是拓展生活及公共服务领域的“互联网+”应用。加快行业管理体制创新，促进智慧医疗、教育、交通等益民服务走入人民生活，积极发展共享经济，促进消费升级。

三是促进“互联网 +”新业态创新。重点是以体制机制创新推动共享经济发展，建立适应共享经济发展的监管方式。此外，还对“互联网 +”工程作出专项部署，要求深入推进“互联网 +”11 项重点行动，建设跨领域融合创新支撑服务平台。

分报告三

区块链对国家信息化发展的战略性影响分析

一、概述

（一）什么是区块链

1. 概念

区块链起源于比特币。区块链技术是比特币的底层技术，但区块链不等同于比特币。区块链可以定义为一个共享的和多节点的分布式数据库。区块链可根据私有化程度或许可规则划分为不同的类型。按私有化的程度，可以分为公有链、联盟链和私有链。其私有化程度由低到高，而去中心化程度则由高到低。具体来说，公有链是完全去中心化的，任何人都不能更改或者控制数据。联盟链由多机构共同进行管理，各机构都需负责部分节点，数据由机构共同记录。私有链为某个机构控制。另外，联盟链和私有链的加入需要经过管理者许可。区块链按种类可分为公有链和许可链。表 3.1 为区块链分类的具体比较，图 3.1 为区块链的模式。

表 3.1　　公有链、联盟链和私有链的比较

类型	公有链	联盟链	私有链
定义	链上的所有人都可读取、发送交易且能获得有效确认的共识区块链。通过密码学技术和 POW、POS 等共识机制来维护整个链的安全。	由若干个机构共同参与管理，每个机构运行着一个或多个节点。其中的数据只允许系统内不同的机构进行读写和发送交易，并且共同来记录交易数据	写入权限仅掌握在一个组织手里。读取权限或者对外开放很有限
参与者	任何人	预先设定或满足条件后进来的成员	中心控制者决定参与成员

续表

类型	公有链	联盟链	私有链
中心化	去中心化	多中心化	中心化
特点	保护用户免受开发者的影响； 所有数据默认公开； 低交易速度	低成本运行和维护； 高交易速度及良好的扩展性； 可更好地保护隐私	交易速度非常快； 更好地保护隐私； 交易成本大幅降低甚至为零

资料来源：作者整理。

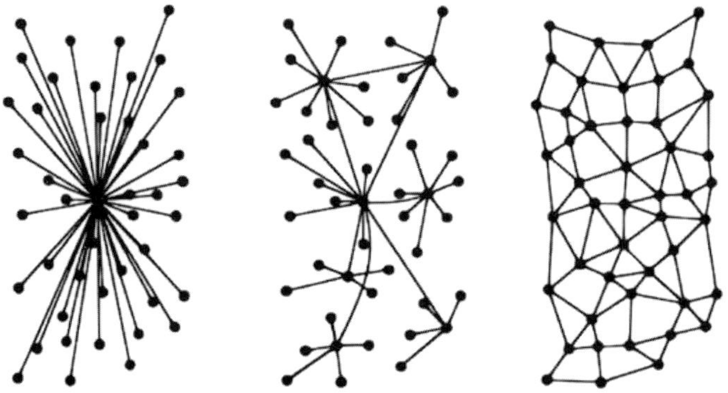

图 3.1　区块链的中心化与去中心化模式

资料来源：作者整理。

2. 核心技术

区块链的核心技术有以下三个。

一是分布式账本。分布式账本技术（Distributed Ledger Technology，DLT）实时记录参与者之间的交易信息，且不可篡改，具有透明、共享和去中心化的特征。

二是共识机制。共识机制主要有三种，即工作量证明、权益证明、授权股份证明和 Pool 验证池。它们的具体比较见表 3.2。

表 3.2　不同共识机制的比较

名称	含义	优点	缺点
工作量证明	通过评估工作量来决定获得记账权的概率。工作量越大，就越有可能获得此次记账机会	完全去中心化，节点自由进出	造成大量的资源浪费； 共识达成的周期较长，不适合商业应用

续表

名称	含义	优点	缺点
权益证明	通过评估持有代币的数量和时长来决定获得记账权的概率	不会造成过多的电力浪费，在一定程度上缩短了共识达成的时间	还是需要挖矿，本质上没有解决商业应用的痛点
授权股份证明	持币者投出一定数量的节点，代理他们进行验证和记账。为了激励更多人参与竞选，系统会生成少量代币作为奖励	大幅缩小参与验证和记账节点的数量，可以达到秒级的共识验证	整个共识机制还是依赖于代币，很多商业应用不需要代币存在
Pool 验证池	池可以想象成一个保存着各种需要对象的容器。对这些对象进行复用，从而提高系统性能	不需要代币也可以工作，在成熟的分布式一致性算法基础上，实现秒级共识验证	去中心化程度不如比特币；更适合多方参与的多中心商业模式

资料来源：作者整理。

三是哈希算法。哈希算法（Hash Algorithm）是一种从任意文件中创造小的数字的方法。输入任意长度的字符，通过哈希算法输出一个给定长度的结果（见图 3.2），主要用于文件传输和交易的加密工作。

INPUT	HASH
Hi	639EFCD08ABB273B1619E82E78C29A7DF02C1051B1820E99FC395DCAA3326B8
Welcome	53A53FC9E2A03F9B6E66D84BA701574CD9CF5F01FB498C41731881BCDC68A7C8

图 3.2　哈希算法输入与输出结果示例

资料来源：作者整理。

哈希算法满足加密算法的一系列特性，比如：

- 确定性：一次输入通过一次哈希算法得出的结果永远是相同的；
- 唯一性：不同的输入永远不会计算得到相同的哈希值；
- 快速计算：计算要非常快速；
- 单向性：给出一个哈希值，永远无法反向计算输入值；
- 如果有很小的变动，结果就会天差地别。如图 3.3 所示，把“This is a test”中的“This”的大写换成小写，哈希值就变得完全不一样。

INPUT	HASH
This is a test	C7BE1ED902FB8DD4D48997C6452F5D7E509FBCDBE2808B16BCF4EDCE4C07D14E
this is a test	2E99758548972A8E8822AD47FA1017FF72F06F3FF6A016851F45C398732BC50C

图 3.3　哈希算法的小差别大改变性质示例

资料来源：作者整理。

（二）区块链再审视：合乎伦理与价值的比较和态度

厘清从比特币诞生至区块链技术兴起过程中的技术演进逻辑及其发展过程（如图 3.4 所示），正确把握区块链技术未来发展方向，正确区分出比特币兴起与区块链技术应用过程中的合理与不合理、合法与不合法、有价值与无价值的部分（如表 3.3、表 3.4 所示），可以为营造良好的、健康的区块链技术应用生态环境奠定基础。

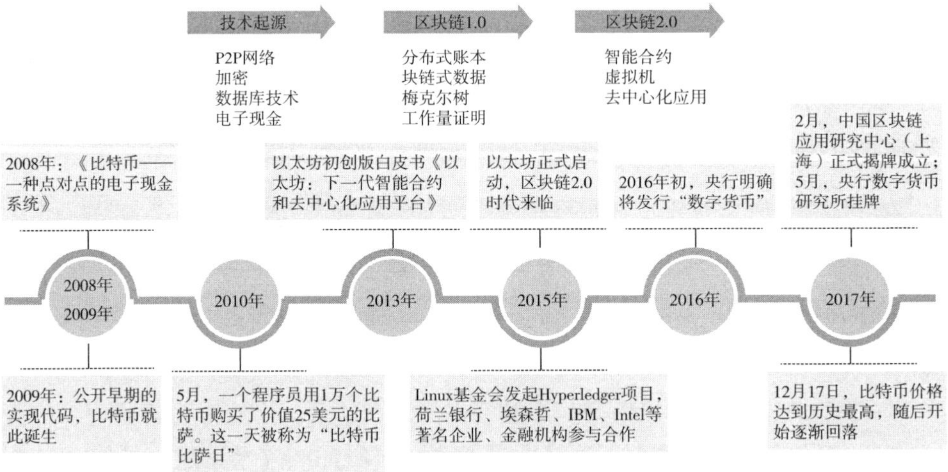

图 3.4　区块链的历史演进历程

资料来源：作者整理。

表 3.3　　合法、合理与价值

	合法	合理	价值
比特币	交易过程完全公开公正	依据稳定的算法和规则进行交易，可溯源	稀缺，总量衡定在 2100 万枚
区块链	技术合法	如果没有参与者同意，任何人不能停止、撤销或篡改交易	真钱、真数、真物、真人、真权

资料来源：作者整理。

表 3.4　　不合法、不合理与价值损耗

	不合法	不合理	价值损耗
比特币	尚未完全被各国政府认定为合法货币	不能作为基本计价单位流通	算力要求很高，损耗大量电力能源
区块链	--	目前，技术效率较为低下	

资料来源：作者整理。

基于区块链的比特币起源与中心化技术，使区块链天然地自带货币金融属性，从而在数字货币、支付、供应链金融以及各金融相关业务中具有广泛的应用前景。货币金融属性的作用在于改善现有的货币体系、实现普惠金融和打造全球支付新体系。

无论是区块链还是基于区块链技术的加密货币，都有其合理与不合理、合法与不合法、有价值和损耗价值的地方。我们既要看到区块链对现有生产关系、就业市场与数字金融资产市场的全面革新，也要认真审视其在法律合规、投机性行为与资源损耗方面的缺点。

无论是国家还是社会，无论是企业还是个人，都应在审慎中保持乐观的态度，积极拥抱新一代信息技术创新的福利，也要谨慎对待新一代信息技术创新的风险。我们提倡在正确的个人价值观和经济社会科学观下对区块链持开放向上的态度，时刻准备迎接未知的风险。而这恰恰也是关键社会历史变革和人类文明进步时刻应该保持的态度和精神。

二、区块链对信息化建设的影响

信息化发展日益迅速，尤其是现在信息平台的增加使信息的获取越来越容易。然而便利的同时也存在诸多的问题，需要一一解决。区块链的出现与发展解决了信息化中的许多问题。换言之，区块链是对信息化的进一步完善，可以助力信息化建设，促进资源整合与信息共享。

（一）区块链技术能有效整合资源，保证信息质量，促进信息共享，降低信息化运营成本

目前，区域间信息共享平台多样，但难以统一，往往同类信息存在于不同的信息平台中。信息查找方面的工作量变大。虽然工作量增加了，但查找的信息并不全面，从而衍生了信息不对称的问题。信息共享平台的不统一成为信息共享的一大阻碍。现如今区块链技术可以有效整合区域内的资源。区域间的信息资源共享打破了信息平台的限制，加快了信息共享的速度。区块链技术的智能合约机制保证数据的质量，同时整合资源并进行有效分类，增加信息传输渠道，对采集的信息进行深度加工。一旦交易数据满足事先设定的智能合约，合约机制会强制各方完成合约条款内容，从而降低运营成本。

（二）区块链技术的可追溯性、不可篡改性和去中心化保障信息的准确性

一条有效信息在传递过程中往往经过多重传递，很容易被篡改，而篡改信息的责任人很难找到，更难以追责，相关的权责机制难以形成。区块链技术的可追溯性和不可篡改性则保障了各类信息的准确性。此外，信息化具有中心化的特点，因而存在单一中心节点被单方面控制而记录错误数据的情况，从而产生不同层次、不同主体之间信息不对称的问题；而区块链技术去中心化，弱化数据在单一中心存储，可避免信息传导错误。

区块链在信息化建设中扮演着重要的角色，日益成为信息化发展的助推者，如能充分发挥其优势特点，将有效降低信息结网成本与认证成本。同时，区块链技术利用其共识性、可追溯性以及不可篡改性，可充分保障信息化过程中信息的真实性、安全性与可靠性。利用区块链技术，一些传统企业可以分布式自治组织经验，提高企业的生产率。区块链改革不仅针对单个企业，同时还能均衡不同利益集团，为信息化建设对实体经济的发展作出一份独特的贡献。然而，现阶段智能合约在技术上不能自动完成与外界信息的交互，当触发智能合约的条件为链外信息时，区块链无法自主完成智能合约的执行。在这种情况下，对于上链数据，也不能保证其真实性，因为数据在上链之前存在被篡改的可能。如果没有第三方公证机构，则无法保证上链信息的真实性，这是所有区块链项目面临的难点。

总体而言，尽管目前区块链技术还有暂时无法克服的技术性缺陷，但它仍然是信息化建设过程中的助力者，同时也意味着信息化建设到了一个新的阶段。

三、国内外的区块链治理政策

世界各国对待区块链的政策态度并不相同，有的国家加强监管，有的国家进行产业政策扶持，积极推动区块链产业布局，很少有国家反对区块链技术。我们不仅要了解我国政府对区块链技术的立场，还需及时掌握其他国家对该新兴领域的态度和布局。为此，我们梳理了包括美国、欧洲、东亚等世界主要国家和地区的区块链治理政策，为我国政府制定区块链政策提供参考。

（一）我国的区块链治理政策

目前，我国对于区块链技术高度关注，并加大对区块链产业的扶持力度。国务院与中央各部委、北京上海广州深圳等地方政府、各行业协会先后发布了一系列与区块链相关的文件（见附表 1）。我国正积极迎接区块链技术的这股浪潮。各级地方政府积极发展区块链产业。海南自贸区自贸港设立区块链试验区，开展对区块链产业的布局。

（二）美国的区块链治理政策

美国是世界大国，其对区块链的政策可能会影响其他国家的区块链政策。总体上，美国对区块链和加密货币的政策经历了从起初的敌视到逐渐合法化、强化监管的过程。同时，政府也开始推广区块链技术的应用。

比特币早期被用于毒品、枪支、色情等非法买卖的匿名黑市交易。美国政府基于反黑和安全考虑对比特币进行监管。2014 年 3 月 26 日，美国国家税务总局（IRS）发出通知，将比特币看作一种财产而不是货币。

2017 年 1 月，美国金融业监管局（FINRA）对数字货币行业公司行为作出较多限制，比如用户资金、证券、净资本、账目、清算与结算、AML（充分了解你的客户）和 KYC（反洗钱）、数据隐私、交易报告、会计报表、业务连续性计划等。

2017 年开始，美国证券交易委员会（SEC）一改之前对加密货币不监管的态度，积极加强对加密货币的监管。2017 年 3~8 月，接连终止了 Gemini、SolidX、CIAO Group、First Bitcoin Capital Corp、American Security Resources Corp 公司的证券交易。此外，SEC 还将建立一个网络小组和零售战略特别小组。基于分布式账本技术和 ICO（首次币发行）的违规行为将会成为网络小组重点关注的对象之一。

美国政府对比特币的监管也越来越严格。2018 年 1 月，美国政府表示，不管消费者把比特币作为投资还是货币使用，都得缴税。截至 2018 年 4 月，已经有 80 多家公司收到调查传票。2018 年 2 月，SEC 主席杰伊 · 克莱顿出席参议院银行、住房和城市事务委员会听证会。该会议的主题是“虚拟货币：SEC 和 CFTC 的监管角色”。2018 年 3 月，美国马萨诸塞州监管机构积极阻止创业公司销售令牌和数字货币，叫停了 5 家公司 ICO 项目。随着社会公众和政府对区块链技术及比特币的理解逐步加深，美国政府开始推广区块链技术的实际应用。

（三）欧洲主要国家的区块链治理政策

1. 德国

德国政府对区块链技术的态度比较开放。2019 年德国政府发布《德国国家区块链战略》，认为未来区块链技术是互联网的重要组成部分，要重视区块链在数字经济领域传递信用的潜力，打造通证经济（Token Economy）之路，扩大德国数字经济主权。德国政府还制定了一系列区块链战略监管政策，用于鼓励投资、鼓励创新，促进包容性增长。德国政府对区块链一直表现出友好态度，柏林被称作欧洲区块链蓝海中心。德国不仅扶持创业企业，还探讨区块链项目的合规问题。具体而言，到 2021 年底，德国政府要采取以下 5 个方面措施：（1）保障稳定与刺激创新：金融领域的区块链技术；（2）促使创新走向成熟：推进项目和监管沙箱项目；（3）明确区块链投资的框架条件；（4）应用技术：数字化的公共行政服务；（5）传播信息：知识、网络与合作。德国政府采取的这些措施，将使德国成为区块链技术创新者与投资者的首选地区。

2. 英国

英国对数字货币的态度比较积极、宽容，支持区块链技术发展。英国金融行为监管局（FCA）于 2016 年 5 月 9 日正式启动了监管沙盒机制（Sandbox）。而美国在实验监管沙盒后发现监管沙盒成功案例远少于失败案例。于是美国指出，英国发展监管沙盒的真正原因是降低监管不确定性和监管恐惧。美国证券交易委员会（SEC）认为监管沙盒不一定能鼓励创新，反而会降低创业者创新的意愿。2019 年 9 月，英国 Nesta 基金承认监管沙盒存在诸多问题，但他们认为虽然数字货币本身并不在其监管范围内，但数字货币的使用在其监管范围内。英国官方认为进行数字货币监管是必要的，加密货币资产理应被视为“特定投资”。他们将会用自己的方式，让英国重返全球金融中心地位，比如将分布式账本技术集成到政府管理中，保障政府的隐私和安全。2018 年，英国法律委员会第 52 份年度报告披露，其正在将智能合约的使用编入英国法律，以使英国法律更适应现代技术的发展。

3. 俄罗斯

俄罗斯对区块链的态度可谓一波三折。最初俄罗斯对比特币和区块链采取了迥然不同的态度：对比特币和加密货币，持反对态度；对区块链技术，则充满热情。其后，为了推动经济发展，俄罗斯政府不再一味地阻止数字货币，俄罗斯银行还启动了有关数字货币的试点计划。但此项服务并没有广泛实施，只有大型私人客户才会享受此类服务。2017 年 5 月 9 日，俄罗斯联邦信息技术和通信部宣布将于 2019 年实现区块链合法化。2018 年 2 月，俄罗斯总统普京与俄罗斯联邦储蓄银行总裁 Herman Gref 提到俄罗斯监管机构和银行采用区块链技术的必要性。2020 年，俄罗斯区块链市场的潜在投资者开始逐渐退出。因为这些投资者认为区块链技术在很多领域并不适用，而只在金融公司和支付系统上才能发挥最大作用。与此同时，俄罗斯对其他数字技术（比如人工智能、物联网等）却越来越热衷。

（四）东亚主要国家的区块链治理政策

1. 日本

相比于美国、英国、德国、俄罗斯，日本起初对于比特币和区块链技术持更加开放的态度。日本的比特币交易开始于 2015 年。在日本许多商场里，都可以通过刷比特币来支付。2017 年 11 月，日本政府发起 ICO，以振兴地方经济。日本政府放弃了原来的资金结算法管理方式。2018 年 9 月，日本金融厅（FSA）加强了对数字货币交易所登记审查的程序，进一步提高了注册数字货币交易所的审批门槛。

总体而言，日本对数字货币的监管正在趋严，并在此背景下积极探索区块链技术的开发和应用。

2. 韩国

目前韩国也是全球区块链最活跃的国家之一。然而，韩国在刚开始拒绝承认比特币的货币地位。韩国不仅拒绝承认比特币的货币地位，还一直严格监管加密货币产业，比如禁止匿名交易、禁止未成年人和政府官员从事交易等。

2017 年 9 月，韩国政府全面禁止了 ICO。但在 2017 年 12 月，就出现了解除对 ICO 全面禁令的提议。2018 年 6 月，韩国政府宣布解除 ICO 全面禁令，但同时发布了一系列监管政策。

韩国政府对于加密货币的战略意图是将其塑造成一个可行的领域，以领导由区块链驱动的第四次工业革命。韩国政府也实施了一系列的优惠政策，以支持区块链技术的发展。2018 年 1 月，韩国政府宣布对所有的加密货币交易所征收 22% 的企业税和 2.2% 的地方所得税。2018 年 7 月，韩国政府称第四产业技术投资公司最多可得到 40% 的税务减免，目的是扩大对区块链、量子计算机等技术和创业公司的支持。

（五）全球区块链治理政策分析

从世界主要国家的区块链治理政策演化分析可知，区块链已经引起了世界主要国家的极大关注。虽然世界各国对数字货币和以此为基础的新型支付方式的态度有所差异，但对于可以赋能实体经济与数字经济、保障信息质量的区块链技术，普遍持欢迎态度。即使是之前对区块链持否定态度的国家，也在积极转变态度。各国都在积极抢占区块链产业技术创新的制高点，力图引领新一轮的国际产业竞争。第一，在对数字货币的态度上，各国政府越来越注重数字货币的规范化发展，向合理监督、严厉监管的方向转变。第二，随着区块链技术日趋成熟，各国政府已经认识到区块链技术的发展潜力，都在加速研究区块链技术，注重区块链技术的开发与应用，并希望在这一新兴技术上取得突破。第三，2020 年以来，各国政府逐渐开始注重央行数字货币的发行，特别是发达国家。第四，各国加大对区块链技术扶持力度的同时，对其在数字货币领域中的应用更偏向于谨慎管理，诸如使用区块链技术沙盒等提供测试环境。第五，全球区块链数字货币联合监管的共识逐渐加强，出现了一些国际区块链自律组织。现有的全球性组织业已对区块链技术提供若干监管建议。

四、区块链与产业发展

区块链是新经济产业变革浪潮中势不可挡的发展趋势。当前，区块链在产业方面的应用尚处于布局阶段，多数产业对区块链的应用模式是“先布局、再浇灌”。但是这种“布局式”的发展模式仍以虚拟化方向为主，寄期望于合理布局，播下产业发展的“种子”，再进行真实的“浇灌”。但是，区块链的核心任务是为实体经济赋能，与实体产业相结合，推动实体经济发展。所以区块链技术要脱离目前的虚拟化方向，改为向实体经济靠拢。在当前阶段，如何融入实体经济，加速在实际商业场景中的落地应用，是区块链行业最关心的问题。当前全球区块链产业发展的现状是：整体上，区块链产业实现了飞速发展，企业数量激增；区块链的应用场景已从虚拟产业延伸到实体领域，并在公共服务与管理领域得到了很好的应用，区块链产业生态圈雏形渐成；除了区块链初创企业，全球范围内的互联网巨头纷纷加速进入，区块链产业迎来快速发展。

（一）区块链产业飞速发展，应用领域覆盖广泛

首先，与区块链产业相关的企业数量快速增长，营业规模未来上涨趋势可观。从 2015 年开始，全球陆续涌现出了很多与区块链技术相关的公司，公司数量开始爆发式增长。据中国信息通信研究院数据研究中心监测的数据显示，截至 2019 年 9 月，全球共有区块链企业 3078 家。

其次，涉及区块链公司的股权投资规模不断扩大，股权投资人更多地将资金投入有具体落地场景的项目，区块链领域的投资保持着稳步的快速增长趋势。目前区块链产业链图景如图 3.5 所示。

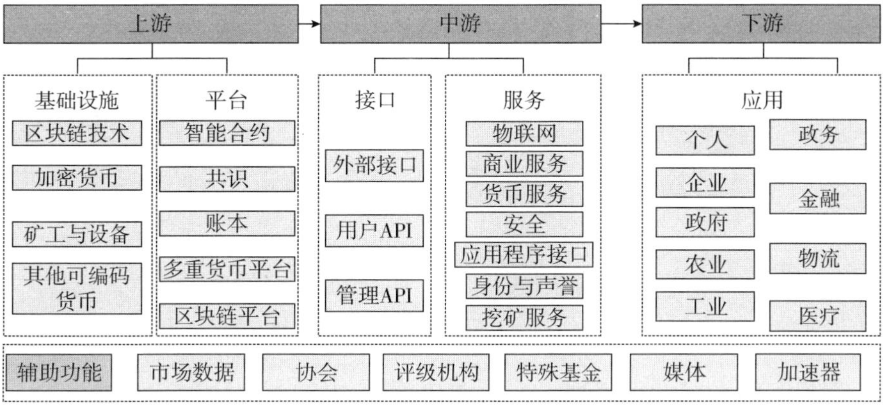

图 3.5　区块链产业链图景

资料来源：作者整理。

在全球范围内，不论是大型科技公司、初创公司、咨询公司或系统集成商，还是金融机构，都致力于将区块链业务拓展到整个产业链中，区块链产业生态圈已初具雏形。整个区块链产业生态圈不仅包含区块链产业生态圈的基础设施建设，如新技术的开发、硬件的设计和制造、平台的搭建和共享，以及区块链标准的制定等，还包括产业技术的落地和应用服务，以及产业发展的保障技术开发和机制设计。从区块链技术涉及的具体行业类型来看，区块链领域的行业应用类公司大多可分为虚拟产业和实体产业两种。

区块链技术在虚拟产业的应用主要集中在金融领域，具体包括以下方面。（1）支付清算。德勤金融服务中心在其发布的《银行业展望报告》中称，未来几十年内，区块链这项颠覆性技术将带来银行业的转型。深圳市开展“区块链＋发票”项目，解决了传统发票领域“假票真开，真票假开”的痛点，在多方参与的区块链中将支付信息融入发票流程。（2）信贷融资。国内银行将区块链技术应用于信贷领域，目的在于降低信贷成本和提升业务处理效率，帮助银行在贷前真正了解客户，贷中全面认识客户，以及贷后有效管理客户。（3）证券交易。为促进私人股权转让和出售方式的变革，2018 年 12 月，南京成立第一个由政府背书的区块链基金，该基金的经营范围涉及股权投资和创业投资两部分。

随着区块链技术的发展，区块链的应用已从以金融产业为代表的虚拟经济行业延伸至商品溯源、版权保护、电子凭证、制造业、能源、物联网、医疗和电子政务等实体领域，区块链技术与实体经济产业之间已逐步转向深度融合。

区块链技术亦被政府部门所采用。区块链助力公共管理行业突破发展瓶颈，实现时代大变革。具体应用领域包括以下方面。（1）电子政务服务。2019 年 1 月 11 日，深圳市政府进一步推出全市统一政务服务 App——“i 深圳”，利用区块链技术打造电子卡证平台。贵州省版权登记中心基于区块链技术开发了数字版权认证登记平台。（2）司法权益保护。南京市仲裁委员会成功实现了证据实时保全、电子送达、在线审理与裁决。江苏省公安厅在淮海经济区警务领域率先试点区块链共享协作模式。

（二）互联网巨头加速进入，区块链产业迎来快速发展阶段

图 3.6、图 3.7 梳理了 2018 年和 2019 年区块链技术重要应用场景的时间线，意味着区块链领域开始注入了磅礴的力量，形成了一定的市场厚度。

国际互联网四大巨头目前业已加速进入区块链产业。2015 年，微软为终端用户提供分布式账本技术。2019 年 12 月，微软基于区块链的平台微软 Azure 宣布推出新的通证化和区块链数据管理服务。谷歌是全球区块链领域最活跃的企业投资者之一。亚马逊网络服务公司（AWS）为各种项目提供专用的云基础设施及技术支持。Facebook 进军区块链产业将是 Facebook 挽回企业信誉、解决用户隐私问题的重要途径。2018 年 5 月，Facebook 高调宣布进军区块链领域，目的是改善现有货币体系，实现普惠金融，打造全球支付新体系。

我国互联网公司亦纷纷涌入区块链技术的研究和应用场景。2015 年，百度就推出了区块链开放平台“BaaS”。阿里巴巴在 2016 年也已开始布局区块链产业。腾讯集团在腾讯 FIT、腾讯云、腾讯智慧法律研究中心和腾讯财经线四

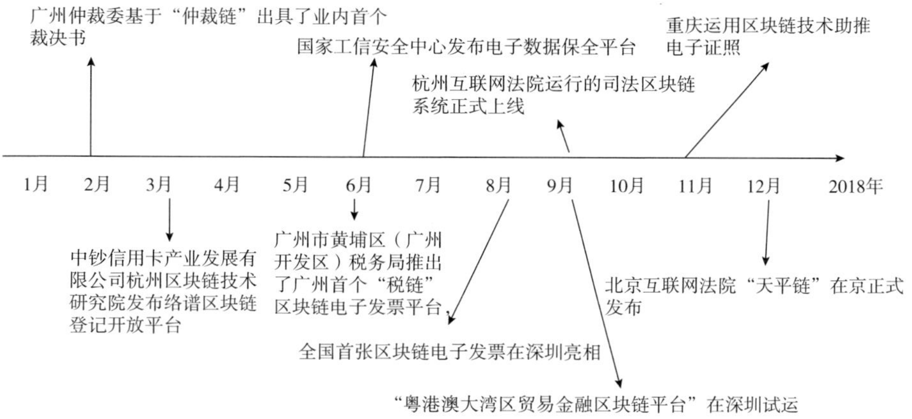

图 3.6　2018 年区块链技术重要应用场景

资料来源：作者整理。

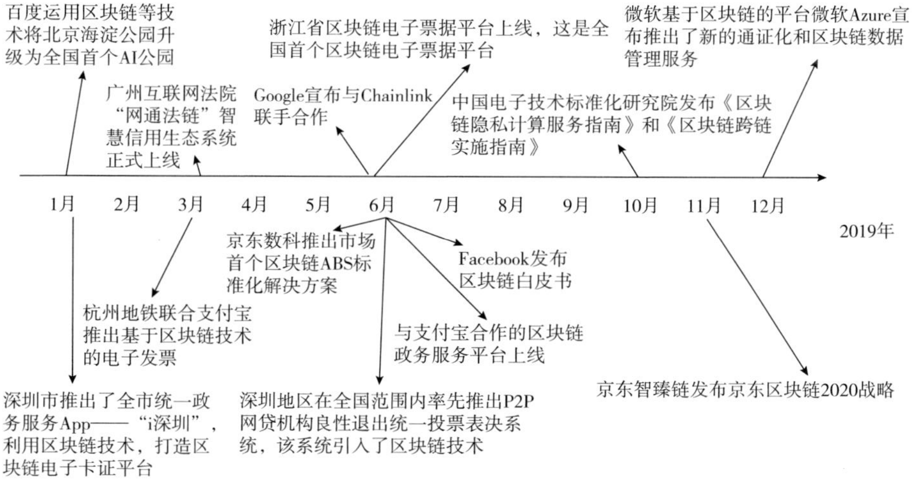

图 3.7　2019 年区块链技术重要应用场景

资料来源：作者整理。

个方面进行了积极布局。2018年，华为宣布区块链服务正式商用。同年11月，华为云区块链服务BCS正式上线华为云国际站点，面向全球用户发布。2020年，京东发布京东区块链2020战略——“从可信供应链到数字金融创新”。

五、区块链技术面临的问题与挑战

从区块链大规模的商业应用落地前提来看，区块链行业整体在高速发展，但是区块链技术的基础领域研究仍处于初级阶段，技术方面包括区块链体系结构、共识机制、数据隐私保护、各区块链之间跨链交易、智能合约等技术难点限制了区块链的发展。另外，区块链在各领域的应用情形亦存在大量问题。从区块链技术应用的合规合法使用来看，区块链技术去中心化分布式账本的特点，导致存在区块链技术监管主体性、区块链智能合约的法律约束性、数字资产的监管等方面的问题。

（一）技术问题

当前的区块链技术无法解决“不可能三角”问题，也就是说区块链运行过程中没办法同时兼顾去中心化、安全性、高效低能三个方面的要求。去中心化一般与区块链中的节点相关，节点越多，则表示该区块链去中心化程度越高。当前区块链技术的核心是分布式账本数据库，分布式账本的特点便是去中心化。由于完全去中心化需要大量节点参与，交易效率势必有所下降，记录成本亦会相应提高。区块链系统的安全性是共识机制设计的前提，区块链利用工作量证明机制来确保系统运作的准确与稳定。但工作量证明机制具有高能耗的特点。区块链单次工作只对特定的一项任务进行计算，闲置资源不参与运行，由于区块链链条上的信息量巨大，传输信息需要大量的电信资源，导致电信资源消耗巨大。除了高能耗，工作量证明机制的区块率效率问题也十分突出。在区块链运行结构中，数据上链最少要等待10分钟，形成主链则需要更长时间，所有节点同步数据亦需要大量时间。面对“不可能三角”

问题，目前主流区块链就其中某一特性作出妥协。

区块链技术除了难以克服“不可能三角”问题，还面临不可篡改问题。区块链上的所有信息都不能再次修改，只有修改链上规则，或者使用反向的交易信息。因此，在实际的区块链应用时应考虑通过设置外部机制来解决修正问题。另外，区块链系统面临算力攻击问题。尽管区块链采用分布式数据账本结构，保证了链上数据不可篡改性和防止数据丢失的问题，但是当有人拥有超过系统 51% 算力的情况下，他便可以利用算力优势攻击系统，从而修改或撤销区块链上的交易记录。

（二）法律监管问题

近年来国内外均有许多打着区块链或者 ICO 幌子实施金融诈骗的案例，金额巨大，这对与区块链相关的监管法律提出了迫切需求。但由于区块链的分布式存储、不可篡改等特性，立法上面临如下挑战。第一，用户匿名问题。由于区块链匿名交易的模式，在法律上很难追溯到参与交易的用户，若没有合理的监管方式，区块链很可能成为非法活动的温床；同时，有些犯罪分子利用区块链技术的用户匿名特性来进行洗钱活动，给现有的法律监管带来巨大挑战。第二，ICO 监管问题。目前不时爆出有些机构以 ICO 项目为幌子，利用信息不对称，炒作以及诱导投资者，非法吸收公众存款或者进行集资诈骗的违法活动，在一定程度上反映出 ICO 项目存在巨大泡沫，蕴含了巨大的风险。第三，区块链跨区域交易的资产流动与单一主权国家监管的问题。区块链交易通常是全球化的资产流动，而单一主权国家难以对转移之后的虚拟货币进行监管，因此如何有效协调全球区块链数字资产流动，如何解决单个国家司法与执法的问题成为亟须解决的问题。第四，区块链中的智能合约与消费者权益保障问题。在区块链中，已建立的智能合约很难实现毁约权、请求撤销权、合同修改权，因为合约的双方无法自动控制或者停止合约的执行。这使合约一方的消费者处于不利的地位。如果消费者得到瑕疵产品或是假冒伪劣产品，难以通过智能合约申请产品的售后和维修。

（三）产业生态问题

目前我国区块链在金融行业、政务服务、农业、智能制造等领域形成了丰富的应用生态，同时也面临如下问题。首先是区块链应用落地问题。区块链的不可替代优势还未真正体现，于是出现大家都在说区块链，却不知道区块链是什么的情况。其次是区块链产业标准化问题。区块链发展仍处于初级阶段，国际国内尚未形成完善的区块链技术标准体系。每个公司拥有自己的技术标准与代码，不利于引导从业者良性发展，不利于区块链产业的形成。再次是区块链技术还面临人才匮乏问题。专业人才的缺乏成为制约区块链发展的瓶颈，整个行业迫切需要引进大量专业人才。最后是区块链产业发展存在机会不平等问题。一些大企业利用自身优势过多享用了区块链所带来的好处，而一些新创企业难以在这样的环境中成长。区块链产业面临的最大挑战是基础设施不成熟，需要提升数据处理和数据存储能力。从长期来看，区块链技术是超时代的，它的发展还需要时间的检验。

六、区块链技术发展的政策性建议

目前区块链的发展陷入认知不完整、实用性受到怀疑以及发展不被看好的局面。大多数民众认为区块链属于投机类资产，将区块链技术与虚拟货币看作同等事物，并不真正了解区块链技术本身，这就造成了信任问题。而区块链技术又由于自身的局限性，并没有产生预期的价值。这导致区块链的未来发展不被看好。前文已梳理过，区块链技术发源于国外，美国、德国、英国、日本等国家都在进行区块链研究及应用，这为我国研究区块链提供了很好的思路和有益的经验，利于我国区块链技术平台标准建设。为应对和解决区块链面临的诸多问题，提出如下建议。

（一）加深对区块链技术战略意义的认识

首先理应认清区块链技术的本质。区块链技术是以往多个技术的综合创新，从技术角度来说，本质是处理数据的技术，并不能脱离现有技术而独自发展，因此需要数据库、互联网协议等技术支持。同时，随着技术发展以及场景探索，区块链技术会融入新的技术而成为新的技术综合体，会以一种“区块链 +X”的形态不断发展。

其次要明白区块链技术发展的战略意义。现今对区块链技术的应用，正如 20 世纪 60 年代互联网的应用一样，只有底层的逻辑以及十分缓慢的传输速度。从上文各国政府区块链发展政策可以清晰发现其重点在于推进区块链与具体产业的结合。随着物联网与云计算、雾计算、边缘计算的发展，产业领域未来数十亿台的物联网设备与 5G 网络的到来，区块链技术将以最优确权机制成为构建价值网络的有力支撑。

最后更应端正对待区块链技术的态度。对于区块链技术要做正确的引导宣传，提升全社会对于新技术的认知水平，要正确引导、普及科学知识，在全社会形成良好的科学技术认知风气。各大企业平台应坚守责任，做好相关技术指引，积极为各级政府部门在经济发展与社会发展上提供技术支持，以此促进全社会的价值创造与升级。

（二）加强对区块链技术发展的顶层设计

随着 5G 网络的到来，以及云计算的进一步升级，IT 行业面临巨大变革，区块链技术势必融合新的技术来进一步发展。在具体产业领域，区块链技术也面临改革的局面。在此情形下，区块链技术在价值社会的应用，需要政府联合学术机构、企业平台合力打造。

从政府层面来看，国家对区块链技术是支持的，采取一系列政策促进科技创新，但还应联合多部门作出更细更好的规划设计。从学术层面来看，应加强区块链技术的研究探索。通过 CiteSpace 科学计量统计软件对所有区块链文献进行分析，可以发现现在学术界对于区块链的研究集中于金融领域，多为科普知识类文章，对于技术的探索相对较少，对于与具体产业融合的探索也较少。根据国家知识产权局的数据，中国区块链技术的专利数量在全世界位居第一，占比 77% 左右，但大部分专利的评分在 43~50 分（满分 100 分），这表明大部分专利技术的经济价值和法律价值较低，难以用于实际。由此可见，要促进中国区块链技术的真正发展，需要多部门联合，切中肯綮，才能在技术浪潮中获取优势。

（三）促进区块链技术与具体产业领域切实结合

产业互联网随着物联设备的增加以及网络的发展，将会逐步改变现有的互联网格局。当海量的数据被生产出来后，大数据处理方式将面临升级革新。而传统的中心化处理方式面临带宽、处理速度、传输安全等技术难题以及管理上的难题。所以实施数据的安全性传输、分布式存储、本地化处理，与区块链技术的特性十分契合。促进区块链技术与具体产业结合，既保证信息数据处理及时，又防止信息数据过载，从而实现技术的深度有机融合和产业的高效发展。

从应用层面来看，公有链的发展道路较为狭隘，要实现公有链的发展，必须积极推进从“区块链 +”到“+ 区块链”的转变。一方面联盟链要开放，另一方面在满足国内市场需求方面进行监管细化，促进公有链合规且自主可控。联盟链也可以作为侧链与公有链结合。

（四）减小法律风险，合理监管

区块链技术在我国得到极大发展，但对于基于区块链技术搭建起来的公共链的负责人的确定，在法律上还没有作出严格规定。《中华人民共和国民法典》中对于民事主体的规定，作出延伸性规定，以此来减小基于区块链技术搭建的平台或者应用的法律风险，促进区块链行业健康发展。

在对区块链进行监管时，要防止出现类似“金融抑制”问题，以正确客观的方式引导区块链产业健康发展。制定区块链政策时须尊重市场规律，在风险可控的前提下鼓励各种区块链技术的创新，不能因为区块链的某些弊端而抑制区块链技术的发展。

参考文献：

[1] Nakamoto，S. Bitcoin，A peer-to-peer electronic cash system. White Paper，2008.

[2] Catalini，C. & Gans，J. S.，Some Simple Economics of the Blockchain. NBER Working Papers，2016，No.22952.

[3] Malinova，K. & Park，A.，Market Design with Blockchain Technology. Social Science Electronic Publishing，2016.

[4] Pinna，A. & Ibba，S.，A blockchain-based Decentralized System for proper handling of temporary Employment contracts. Social Science Electronic Publishing，2017.

附表 1　　中央、地方及行业协会政策文件

时间	发文单位	文件名	主要内容
2019 年 8 月	国务院	《关于支持深圳建设中国特色社会主义先行示范区的意见》	支持在深圳开展数字货币研究与移动支付等创新应用；促进与港澳金融市场互联互通和金融（基金）产品互认；在推进人民币国际化上先行先试，探索创新跨境金融监管
2018 年 12 月	福建省人民政府	《福建省口岸通关进一步提效降费 促进跨境贸易便利化实施方案》	应用区块链技术，实现主要国际贸易环节、主要运输工具、主要进出口商品全覆盖，实现一点接入、一次提交、一次检查、一键跟踪和一站办理
2018 年 10 月	工业和信息化部	《"十三五"国家信息化规划的通知》	将积极构建完善区块链标准体系，加快推动重点标准研制和应用推广
2018 年 9 月	南京市人民政府	《南京市优化营商环境 100 条》	将完善金融信用服务，在"我的南京"App 上，建设科技区块链金融征信平台
2018 年 9 月	江西省人民政府	《关于深化"互联网 + 先进制造业"发展工业互联网的实施意见》	加强重大技术攻关，加强边缘计算、人工智能、区块链等前沿技术在工业互联网中的应用研究和探索
2018 年 8 月	西安市人民政府	《西安市推进企业上市和并购重组"龙门行动"计划（2018–2021 年）》	大力支持以区块链等新技术为代表的上市挂牌科技企业创新发展，打造科创企业金融孵化"硅谷"
2018 年 8 月	长春市工信局	《长春市人民政府关于加快数字长春建设推动老工业基地全面振兴发展的意见》	持续推进互联网、区块链、大数据、人工智能、云计算等与实体经济广泛深度融合，积极培育新功能、新模式、新业态和新产品
2018 年 7 月	山东省委	《关于开展质量提升行动的实施方案》	积极探索区块链技术在质量体系建设中的应用
2018 年 6 月	工业和信息化部	《工业互联网发展行动计划（2018–2020 年）》	鼓励推进边缘计算、深度学习、区块链等新兴前沿技术在工业互联网的应用研究
2018 年 6 月	甘肃省人民政府	《甘肃省节能环保产业专项行动计划》	借助区块链等新技术，加速互联网与节能环保产业实体经济融合
2018 年 5 月	工业和信息化部	《2018 年中国区块链产业白皮书》	深入分析我国区块链技术在金融领域和实体经济的应用落地情况，系统阐述中国区块链产业发展的六大特点和六大趋势

续表

时间	发文单位	文件名	主要内容
2018年4月	国务院	《河北雄安新区规划纲要》	强调重点发展信息技术产业，要求超前布局区块链、太赫兹、认知计算等技术研发及试验
2018年3月	河北省人民政府	《关于加快推进工业转型升级建设现代化工业体系的指导意见》	提出积极培育发展区块链等未来产业，打造世界级高端高新产业集群
2018年3月	工业和信息化部	《2018年信息化和软件服务业标准化工作要点》	提出推动成立全国区块链和分布式记账技术标准化委员会
2018年3月	深圳市经济贸易和信息化委员会	《市经贸信息委关于组织实施深圳市战略性新兴产业新一代信息技术信息安全专项2018年第二批扶持计划的通知》	提出区块链属于扶持领域之一
2017年12月	广州市黄埔区人民政府	《广州市黄埔区广州开发区促进区块链产业发展办法》	整个政策共10条，核心条款包括7个方面，涵盖成长奖励、平台奖励、应用奖励、技术奖励、金融支持、活动补贴等
2017年12月	广西壮族自治区人民政府办公厅	《广西进一步扩大和升级信息消费持续释放内需潜力实施方案的通知》	大力发展软件和信息技术服务业，开展基于区块链、人工智能等新技术的试点应用
2017年10月	国务院	《关于积极推进供应链创新与应用的指导意见》	提出要研究利用区块链、人工智能等新兴技术，建立基于供应链的信用评价机制
2017年11月	国务院	《关于深化“互联网+先进制造业”发展工业互联网的指导意见》	提到促进人工智能、虚拟现实、区块链等新兴前沿技术在工业互联网中的应用研究与探索
2017年10月	深圳市人民政府	《深圳市扶持金融业发展若干措施》	提到重点奖励在区块链、数字货币、金融大数据运用等领域的优秀项目
2017年9月	中国人民银行等七部委	《关于防范代币发行融资风险的公告》	指出比特币、以太币等虚拟货币，本质上是一种未经批准非法公开融资的行为。要求即日停止各类代币发行融资活动，已完成代币发行融资的组织和个人应当作出清退等安排
2017年9月	北京市金融工作局、北京市发展和改革委员会、北京市财政局、北京市环境保护局	《关于构建首都绿色金融体系的实施办法的通知》	提到发展基于区块链的绿色金融信息基础设施，提高绿色金融项目安全保障水平

续表

时间	发文单位	文件名	主要内容
2017 年 9 月	深圳市人民政府	《深圳市人民政府关于印发扶持金融业发展若干措施的通知》	提出重点奖励在区块链的优秀项目
2017 年 9 月	互联网金融风险专项整治工作领导小组办公室	《关于对代币发行融资开展清理整顿工作的通知》	要求各省市金融办（局）全面停止 ICO 发行融资活动，建立代币发行融资的活动监测机制；对已完成的 ICO 项目要进行逐案研判
2017 年 8 月	国务院	《关于进一步扩大和升级信息消费持续释放内需潜力的指导意见》	提出开展基于区块链、人工智能等新技术的试点应用
2017 年 8 月	中国互联网金融协会	《关于防范各类以 ICO 名义吸收投资相关风险的提示》	指出国内外部分机构采用各类误导性宣传手段，以 ICO 名义从事融资活动，相关金融活动未取得任何许可，涉嫌诈骗、非法证券、非法集资等行为
2017 年 6 月	内蒙古自治区人民政府办公厅	《2017 年自治区大数据发展工作要点》	要求加强数据感知、数据传输、计算处理、基础软件、可视化展现、区块链及信息安全与隐私保护等领域技术和产品的研发，推动建设一批大数据企业技术中心、工程（技术）研究中心、重点实验室和应用中心
2017 年 4 月	北京市科学技术委员会、中关村科技园区管理委员会	《中关村国家自主创新示范区促进科技金融深度融合创新发展支持资金管理办法》	开展区块链前沿技术示范应用，按照签署的技术应用合同或采购协议金额的 30% 给予企业资金支持
2017 年 4 月	上海市互联网金融行业协会	《互联网金融从业机构区块链技术应用自律规则》	包含系统风险防范、监管等 12 条内容，这也是国内首个互联网金融行业区块链自律规则
2017 年 3 月	上海市宝山区人民政府办公室	《2017 年宝山区金融服务工作要点》	提到跟踪服务庙行区块链孵化基地建设和淞南上海互联网金融评价中心建设
2017 年 1 月	工业和信息化部	《软件和信息技术服务业发展规划（2016–2020 年）》	提出区块链等领域创新达到国际先进水平等要求
2017 年 1 月	国务院	《关于创新管理优化服务培育壮大经济发展新动能加快新旧动能接续转换的意见》	在人工智能、区块链、能源互联网、智能制造、大数据应用、基因工程、数字创意等交叉融合领域，构建若干产业创新中心和创新网络

续表

时间	发文单位	文件名	主要内容
2016年12月	北京市金融工作局与北京市发展和改革委员会	《北京市“十三五”时期金融业发展规划》	将区块链归为互联网金融的一项技术，鼓励发展
2016年12月	国务院	《国务院关于印发“十三五”国家信息化规划的通知》	“区块链”首次被作为战略性前沿技术写入该文件
2016年11月	深圳市金融办	《深圳市金融业发展“十三五”规划》	提到支持金融机构加强对区块链新兴技术的研究探索
2016年10月	工业和信息化部	《中国区块链技术和应用发展白皮书（2016）》	总结了国内外区块链发展现状和典型应用场景，介绍了国内区块链技术发展路线图以及未来区块链技术标准化方向和进程
2016年8月	北京市金融工作局	《北京市金融工作局2016年度绩效任务》	推动设立了中关村区块链联盟

专项：制造业政策文件

时间	发文单位	文件名	主要内容
2019年10月	黄埔区工业和信息化局、广州开发区经济和信息化局	《广州市黄埔区 广州市开发区加快区块链产业引领变革若干措施实施细则》	对提供区块链示范项目信息服务的企业或机构，区块链应用示范累计建设达到30个节点、50个节点以上，且有效交易量累计达到1000笔、5000笔以上，一次性给予奖励30万元、50万元
2019年10月	昆明市工业和信息化局	《支持数字经济发展的若干政策（试行）》	开展区块链、物联网、自动驾驶、健康医疗、智慧城市、超高清视频应用等典型场景的示范应用
2019年2月	国家互联网信息办公室	《区块链信息服务管理规定》	规范了我国区块链行业发展所发布的备案依据，意味着我国对于区块链信息服务的“监管时代”正式来临
2018年10月	海南自贸区		海南自贸区自贸港区块链试验区正式在海南生态软件园授牌设立。这也是目前为止第一个区块链试验区，意味着海南自贸区自贸港发展区块链等数字经济产业正式拉开序幕
2018年9月	上海市杨浦区人民政府	《促进区块链发展的若干政策规定（试行）》	对区块链行业的发展给出了12条政策支持，包括开办费补贴、办公用房补贴、联盟支持、融资支持等，有限期为3年

续表

时间	发文单位	文件名	主要内容
2018年8月	广西壮族自治区人民政府	《关于印发广西数字经济发展三年行动规划（2018–2020年）的通知》	探索区块链技术应用场景，推动区块链与数据交易、金融、物流、医疗、能源等行业的广泛深度融合
2018年7月	四川省委	《关于积极探索区块链技术发展应用的决定》	抢占数字经济发展制高点，积极探索增强现实（AR）、区块链技术发展应用
2018年6月	湖南长沙经济技术开发区	《长沙经开区关于支持区块链产业发展的政策（试行）》	提出200万元企业扶持资金，为入驻企业提供不超过300平方米的办公场地，免租3年
2017年11月	重庆市经济和信息化委员会	《关于加快区块链产业培育及创新应用的意见》	提出到2020年，力争全市打造2~5个区块链产业基地，引进和培育区块链国内细分领域龙头企业10家以上、有核心技术或成长型的区块链企业50家以上，引进和培育区块链中高级人才500名以上，初步形成国内重要的区块链产业高地和创新应用基地
2017年11月	浙江省人民政府办公厅	《浙江省人民政府办公厅关于进一步加快软件和信息服务业发展的实施意见（代拟稿）》	需要加快云计算、大数据、区块链等前沿领域的研究和产品创新
2017年11月	国务院	《关于深化"互联网+先进制造业"发展工业互联网的指导意见》	提到促进人工智能、虚拟现实、区块链等新兴前沿技术在工业互联网中的应用研究与探索
2017年10月	国务院	《关于积极推进供应链创新与应用的指导意见》	提出要研究利用区块链、人工智能等新兴技术，建立基于供应链的信用评价机制
2017年9月	青岛市市北区政府	《中国链湾白皮书》	计划成立全球区块链中心，建设青岛"全球区块链+"创新应用基地。同时通过税收优惠、房租补贴等吸引区块链企业入驻
2017年8月	国务院	《关于进一步扩大和升级信息消费持续释放内需潜力的指导意见》	提出开展基于区块链、人工智能等新技术的试点应用
2017年6月	山东省青岛市市北区	《关于加快区块链产业发展的意见（试行）》	力争到2020年，形成一套区块链可视化标准，打造一批可复制推广的应用模板，引进和培育一批区块链创新企业

续表

时间	发文单位	文件名	主要内容
2017 年 6 月	贵阳市人民政府	《支持区块链发展和应用的试行政策措施》	主要在主体、平台、创新、金融和人才五方面对区块链产业提供政策扶持
2017 年 5 月	宁波市经济和信息化委员会	《宁波市智能经济中长期规划（2016–2025）》	加大区块链、人工智能等技术的推广应用
2017 年 2 月	南京市人民政府	《市政府办公厅关于印发“十三五”智慧南京发展规划的通知》	明确提出要使区块链等一批新技术形成突破并得以实际应用
2017 年 2 月	贵州省大数据发展领导小组	《贵州省数字经济发展规划（2017–2020 年）》政府报告	提出建设区块链数字资产交易平台，构建区块链应用标准体系等目标
2017 年 1 月	工业和信息化部	《软件和信息技术服务业发展规划（2016–2020 年）》	提出区块链等领域创新达到国际先进水平等要求
2016 年 12 月	贵阳市政府新闻办	《贵阳区块链发展和应用白皮书》	白皮书计划 5 年建成主权区块链应用示范区

专项：金融业政策文件

时间	发文单位	文件名	主要内容
2018 年 12 月	北京市西城区政府	《关于支持北京金融科技与专业服务创新示范区（西城区域）建设若干措施》	对人工智能、区块链、量化投资、智能金融等前沿技术创新最高给予 1000 万元资金奖励
2018 年 11 月	中关村管委会、北京市金融工作局和北京市科学技术委员会	《北京市促进金融科技发展规划（2018–2022 年）》	将区块链纳入北京“金融科技”发展规划的范畴
2018 年 1 月	江西省人民政府	《赣江新区建设绿色金融改革创新试验区实施细则》	提到推广运用大数据、云计算、区块链等金融科技，服务绿色金融发展
2017 年 10 月	深圳市人民政府	《深圳市扶持金融业发展若干措施》	提到重点奖励在区块链、数字货币、金融大数据运用等领域的优秀项目
2017 年 9 月	江西省人民政府	《关于印发江西省“十三五”建设绿色金融体系规划的通知》	鼓励发展区块链技术、可信时间戳认定等互联网金融安全技术，应用于金融业务场景
2017 年 9 月	深圳市人民政府	《深圳市人民政府关于印发扶持金融业发展若干措施的通知》	提出重点奖励在区块链的优秀项目

续表

时间	发文单位	文件名	主要内容
2017年7月	江西赣州区		设立区块链金融产业沙盒园，在企业入驻、技术扶持、运营、金融等方面予以扶植
2017年4月	上海市互联网金融行业协会	《互联网金融从业机构区块链技术应用自律规则》	包含系统风险防范、监管等12条内容，这也是国内首个互联网金融行业区块链自律规则
2017年3月	南京市人民政府	《南京市“十三五”金融业发展规划》	强调要以大数据、云计算、人工智能及区块链技术为核心，推进金融科技在征信、授信、风险控制等领域的广泛应用
2016年12月	浙江省人民政府办公厅	《关于推进钱塘江金融港湾建设的若干意见》	推进钱塘江金融港湾建设，积极引进区块链企业入驻

资料来源：作者整理。

分报告四

人工智能对我国经济发展新动能的深刻影响与政策分析

近年来，在移动互联网、大数据、超级计算、传感网、脑科学等新理论新技术以及经济社会发展强烈需求的共同驱动下，以深度学习、跨界融合、人机协同、群智开放、自主操控为特征的新一代人工智能技术不断取得新突破，与经济社会各领域加速融合，展现出巨大的应用潜能，正在逐步对科技创新、经济发展、社会进步、国家安全、国际竞争等领域产生影响。作为革命性技术，人工智能以智能化的方式广泛联结各领域知识与技术能力，释放历次科技革命和产业变革积蓄的巨大能量，成为全球科技和经济发展的重要引擎。

一、人工智能发展概述

随着人工智能 60 多年来的理论与应用发展，其内涵与外延不断深化，应用前景也越来越明朗。一些国家在此过程中逐步加码布局。在当今各类先进技术快速发展、国际经济社会竞争日益加剧的时代背景下，人工智能正在逐步成为新一轮科技革命的重要驱动力量，为经济和社会发展带来显著的促进作用。

（一）新一代人工智能发展的历程

全球人工智能的发展经历了三次浪潮。

第一次浪潮（1956 ~ 1974 年）：基于符号学和逻辑推理的方法，人工智能技术能够实现解决简单代数应用题、证明几何定理和简单人机对话等应用。但受制于当时算法计算复杂度过高、适用问题边界有限的缺陷，人工智能并未达到人们的预期，因此陷入低谷。这一时期的人工智能应用还只能在实验室阶段进行，并未广泛进入大众视野，也未能产生合适的商业应用。

第二次浪潮（1980 ~ 1987 年）：“专家系统”的理念进入人们的视线。这一时期的人工智能应用已经能够帮助一些大企业进行决策分析，并创造了一定的商业价值。但由于其应用所需的设备成本高昂、技术维护难度大等原因，并未实现规模化的商业应用。与第一次浪潮相比，依然面临算法复杂度高、应用场景不足等问题，因此又一次进入沉寂状态。

第三次浪潮（2006 年至今）：以深度学习为代表的算法取得突破性进展。得益于 20 世纪 90 年代以来数据和计算能力方面的进步，人工智能迎来第三次爆发式兴起。这次兴起不仅突破了以往的技术瓶颈，使图像识别、自然语言处理等技术性能达到实用水平，同时在数据、算法、算力三方面打通了协同发展的壁垒，解决了以往规模化应用所面临的困难，因此广泛进入实用领域。人工智能在多个领域被快速应用，形成了规模化的商业应用。

新一代人工智能的蓬勃发展，带来了巨大的经济和社会价值。研究者对其关注度不断提高，并展开多角度的研究，以期充分挖掘其发展潜力，积极推动社会进步。

（二）新一代人工智能发展的特点

新一代人工智能发展以数据、算法、算力为重要基础支撑。此次浪潮兴起得益于对数据、算法、算力三方面问题的解决，分别可归因于：2006 年 Geoffrey Hinton 联合 Yann LeCun、Yoshua Bengio 对深度学习理论做出的突破性研究；半导体芯片和云计算领域发展带来的计算能力的提升；互联网产业快速发展产生的海量数据。在算法突破、算力提升、数据积累三方面因素的共同促进下，人工智能走出实验室，开始向各行各业渗透，产业生态正在加速形成，并表现出巨大的潜力。

一是创新要素快速聚集。新一代人工智能以其革命性的技术能力，吸引了来自产学研各界的广泛关注，各类行业与场景都对其智能化能力呈现出积极的需求。在应用需求的推动下，人工智能产业快速聚集了大量资金、人才、政策等创新要素和资源。这些创新要素的聚集，带来了人工智能领域创新和创业成果的大量涌现。全球范围内，政府、高校和商业组织等各类主体都在积极开展创新活动，推动人工智能在各领域中的应用。高校、研究所、科技企业等科研组织通过发展基础研究和学科建设，推进人工智能领域的知识创新。商业组织作为推动人工智能应用落地和创造商业价值的核心力量，高度重视人工智能的技术和商业创新，不仅通过自身研发投入探索新的技术和商业模式，也通过多方合作、开展竞赛、投资并购等方式寻求多元化的创新途径。政府和社会组织采取机构合作、科技竞赛、应用试点等方式，发动多方资源，推动人工智能技术与应用的自主发展。

二是应用交互方式的智能化。对比传统行业和产品的交互方式，人工智能技术第一次赋予了设备感知能力，让硬件设备可以具备"看得见""能理解""听得懂""会说话"的类人交互能力。虽然目前智能化的能力仍处于弱人工智能阶段，但已经从根本上改变了各类产品与人交互的方式和能力。以智能音箱为例，在进行信息交流时，人们可以通过语音的方式向音箱传达信息，同时也可以通过语音从音箱获取信息。在接收时，音箱可以对接收到的信息作出语义分析和理解；在反馈时，音箱可以基于对大量信息和知识图谱的搜索分析，反馈"思考"后的信息。这些智能化接收、处理和反馈信息的能力，正在从根本上改变人与硬件、软件的交互方式。

三是开源框架推动技术生态普及。开源生态的普及为互联网时代带来了巨大的技术进步和商业成功。通过开源方式，互联网技术可以更加普遍地被技术人员使用和共同维护升级。同时，开源资源的普及和进步，也帮助大量企业能够更加快速和高质量地实现应用开发。借鉴互联网开源经验，人工智能技术的发展同样需要以开源的方式来降低技术使用门槛，并同全球的开发者来共同维护和升级技术，以加速技术进步。目前多个大型科技公司都已推出专门的人工智能开源框架或工具，为开发者提供开发环境和能力。

（三）新一代人工智能产业发展的态势

近年来随着人工智能在知识、技术、投融资、政策等方面的快速发展，人工智能从应用创新到产业发展都获得了充足的成长驱动力，呈现出爆发式增长的态势。普华永道提出，到2030年，人工智能将促使全球生产总值增长14%，为世界经济贡献15.7万亿美元的产值。预计同期，我国人工智能核心产业规模将超过1万亿元，带动相关产业规模超过10万亿元。

一是产业发展正逐步形成规模经济效应。人工智能市场潜力加速释放，核心产业和融合产业协同发展，正逐步形成规模化经济增长动能。据中国信息通信研究院人工智能产业数据监测，2017年全球人工智能产业规模超过370亿美元，同比增长85%；企业力量不断壮大，截至2018年9月，人工智能企业累计达到5159家，近5年复合年均增长率达到16.5%。2017年我国人工智能核心产业规模达到180亿元，带动相关产业规模达到2200亿元。初步形成巨头企业、独角兽公司、中小企业的多层次发展梯队。

二是产业融合快速发展，未来发展空间巨大。人工智能与实体经济融合创新态势明显，产业边界快速扩张。在制造业领域，人工智能与工业互联网、云计算、大数据等技术交叉融合，正逐步驱动制造业向智能化发展。在金融业领域，人工智能应用日趋成熟，基于人工智能的量化交易、智能投顾、市场分析等应用正在深刻改变金融格局。在电子商务领域，精准营销、用户画像、柔性生产链等理念和应用已被大众熟知，人工智能算法正在深度满足用户的个性化需求。当前我国企业在制造、物流、医疗、安防、金融、文化等领域取得了诸多创新成果，智能网联汽车、智能机器人、智能音箱等融合产品形态层出不穷，创新路径多样。但这些融合发展的深度和广度仍处在初级阶段，具有较大的发展前景。

三是产业投资趋于理性。据中国信息通信研究院统计，随着近年来人工智能技术和产业的逐渐成熟，B、C、D 轮融资占比逐年增加，2017 年达到 20% 左右。尤其是在我国，2017 年人工智能在种子/天使轮/A 轮的投资占比明显下降。这表明具有发展潜力的人工智能企业逐渐崭露头角。同时，越来越多的人工智能项目不再是盲目跟风式的发展，初创企业的发展速度开始下降。此外，2015 年起各国密集发布人工智能政策，引导各自产业有序发展，也为人工智能发展给出了具体方向。新一代人工智能产业在前期快速增长的基础上，经过市场和国家的双重调控，正逐渐向着明朗、有序的方向发展。

二、人工智能技术对经济社会发展的影响

人工智能技术是一项赋能技术，可促进多领域的工作和生产方式向着自主化和智能化的方向发展。大数据、云计算、物联网等先进 ICT 技术和相关产业为人工智能应用提供了丰富的应用场景和助力。在技术研发中，人工智能技术与工具能够有效提升研发效率和创新能力，充分匹配技术发展需求。在产业创新中，人工智能技术可帮助企业实现全产业链高质量的关联分析和精准对接，促进人机协作，优化创新组织，加快创新扩散。

（一）人工智能技术对经济发展的作用机制

人工智能对经济发展的影响作用可从理论机制的分析和经济学关系的解释两个方面来阐述。从理论机制来看，目前尚缺少明确的理论性分析，但借鉴信息化对经济的作用机制，同时结合人工智能自身特点，可以将其对经济的影响机制分为技术推动和环境推动两条路径。从经济学关系来看，人工智能对各类传统生产要素都有促进作用，同时也催生数据成为新的生产要素，对生产模式变革、产业发展、分工深化、经济结构优化都能够产生明显影响。

1. 人工智能推动经济发展的作用途径

人工智能对经济发展的推动作用通过两条路径协同实现。其一是技术的普及应用，包括人工智能技术与其他科学技术的融合，以及人工智能技术在不同领域的融合发展。其二是环境营造，需要国家在政策层面，基于本国实际发展情况，作出顶层设计和发展规划，优化人工智能发展环境，加速发挥人工智能产业的促进作用（见图 4.1）。

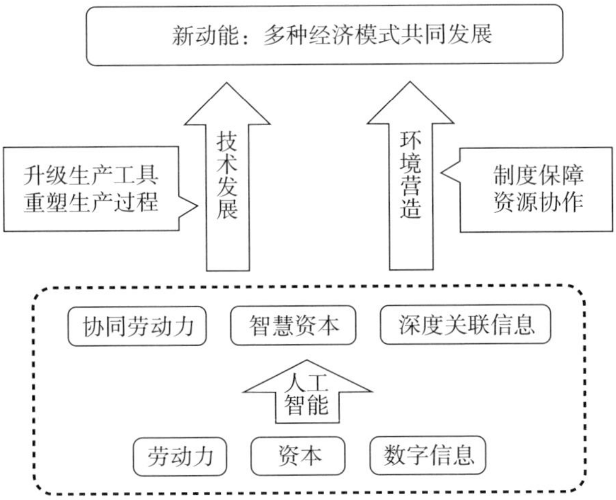

图 4.1 人工智能驱动经济发展路径

资料来源：作者分析整理。

从技术普及的路径而言，人工智能的具体作用机制体现在 3 个方面。一是对生产工具的升级。通过提供智能化的信息分析和机器控制能力，人工智能技术可以在生产与生活的多个方面实现对人类体力和脑力的解放，以及对现代机器设备的升级。二是为技术研究提供新工具和新路径。智能化算法可以帮助研究者挖掘数据和知识背后的深层次规律，超大量数据分析学习能力可以让研究者更加全面地了解研究领域，智能模拟实验可加速实验迭代，智能化机械设备可以实现更多极端条件下的实验操作，多元智能能够为研究者带来广阔的思考和探索空间。三是对生产过程的重塑。在产业内部，通过优化现有生产流程和工作方式，人工智能应用能够完善行业生产流程，优化信息和资源的配置；在产业间，人工智能能够加速融合，促进产业转型升级，催生新的业态。

从环境营造的路径来看，政策制度能够为人工智能发展带来引导、监管和资源支持等多方面的帮助。战略规划方面，人工智能应用需要与实际需求相契合，才能切实发挥作用，产生社会价值。在新时期国际发展环境中，世界各国都需要通过对国家发展情况的准确把握以及对未来科技发展的客观判断，制定符合国家特点的发展战略，引导人工智能在经济和产业发展中的应用方向。资源支持方面，人工智能的技术研发和应用实践需要大量资金和人才的支持。作为前沿技术的代表，人工智能应用和创新的发展需要大量的资金支持。根据中国信息通信研究院发布的数据，从 2013 年起我国人工智能产业投资额逐年大幅上涨，2017 年我国人工智能投资额高达 277 亿美元，投融资笔数达 369 笔。在大规模资金投入和商业创新的驱动下，当前人工智能产业已形成核心产业和相关产业协同发展的局面，形成了丰富的产业生态。未来，人工智能产业仍需长期资金投入，继而不断完善产业体系，形成经济增长的新引擎。

当前全球都面临人工智能人才短缺的问题。领英（Linked In）发布的《全球 AI 领域人才报告》显示，截至 2017 年一季度，基于领英平台的全球人工智能领域技术人才数量超过 190 万，其中美国相关人才总数超过 85 万，高居榜首；中国虽然位居全球第七，但相关人才总数只有 5 万多。无论是研究开发领域还是应用落地领域，人工智能各个环节对人才的需求有增无减，人才短缺已成为我国人工智能发展中的一大短板。通过制度层面推进有关人才引进和教育培养，能有效缓解人工智能领域的人才短缺问题，从而推动技术和产业发展。

2. 人工智能推动经济发展的经济学解释

从经济学角度看，人工智能作为一种新技术可影响生产要素的供给（发现、形成、淘汰），并与各行业中的生产要素相结合，通过不同的影响途径，对各行业的产出和生产效率实现提升（见图 4.2）。

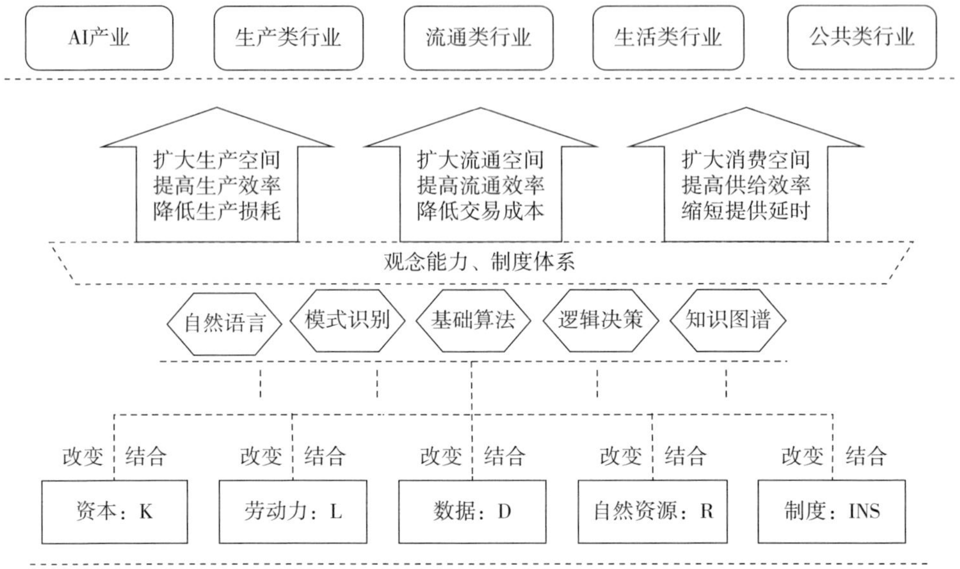

图 4.2　人工智能在实体经济中的作用机制

资料来源：作者自绘。

另外，也可近似地用经济学公式表示人工智能的新产出，如下：

$$AI \times INS_{AI} \times [k_K K + k_L L + k_D D + k_R R + k_{INS} INS]=C + I + G$$

$$=Ind_{AI} + Ind_P + Ind_{Circ} + Ind_{Cons} + Ind_P \qquad 式\ 1$$

其中，广义上：$AI=AL \times CP \times NET \times PER \times PL$　　式 2

上述公式中，AI 为狭义的人工智能算法或广义的人工智能技术。INS_{AI} 为影响人工智能技术开发及应用的政策制度体系，包括监管措施、政策支持等。k_i 为人工智能作用于特定生产要素 i 的范围系数。生产要素 K、L、D、R、INS 分别为宏观的资本、劳动力、数据、自然资源、社会制度。Ind_{AI}、Ind_P、Ind_{Circ}、Ind_{Cons}、Ind_P 分别表示人工智能产业（单列）、生产类行业、流通类行业、消费类行业、公共服务类行业。

式 2 中：AL、CP、NET、PER、PL 分别表示人工智能算法，以及高效支撑人工智能算法的计算资源、网络资源、感知资源（物联网）、平台。

从对生产要素的影响来看，人工智能能够以智能化的技术赋能这些要素，让其实现更为合理和有效的分配、再利用，从而优化资本、劳动力、自然资源等传统生产要素的投入方式，实现资本投入的智能化决策、体力和脑力的大幅节省、自然资源的快速流转和合理分配等正向促进作用。此外，基于人工智能具有全行业广泛赋能的特点，也能够引发制度上的变革。这些变革既包括对国家政策法规的影响，也包括对企业管理模式和组织结构的影响。对于整体经济增长而言，政策制度的变革有利于新兴技术更加快速的发展和应用普及，由制度变革带来的经济红利是社会快速发展中十分有效的增长动能。对于企业管理和组织变革而言，传统软件信息技术的发展为传统的企业管理带来了科学化、规范化的集成管理模式。而随着智能技术的深入应用，企业管理将进入更加精细化、智能化的管理，从而极大节省成本、优化流程。传统软件信息技术为传统组织的改造和新型组织的建立提供了组合分工和加大管理跨度的可能性，而智能化技术则可以让这些分工更加趋于合理和高效。

从产业产出层面的影响来看，一方面是生产方式的变革，人工智能技术能够智能化分析市场需求并对产品产出作出调整。这种对多样化市场的分析和满足能力，在生产、流通、消费、服务的各领域都能够产生正向促进作用。另一方面是竞争方式的改变，当前每天都产生海量信息，智能时代的企业将面临对信息快速分析和应用的新竞争环境，这将重塑竞争规则。综合这两方面的变革作用，同时基于人工智能能够全面赋能各行各业的特点，未来人工智能技术可在各领域同时推动产业进步，从而促进经济正向产出。

无论是从生产要素核算还是从产业产出层面来看，两方面都表明人工智能对经济有促进作用。产业增长正是人工智能对生产要素变革的间接产出。而对生产要素的变革，则是人工智能技术对经济增长的基本作用方式。

（二）生产要素维度：人工智能对经济发展的驱动机制

人工智能对经济的促进作用，一方面继承了传统理论对经济增长的影响机制，通过对这些机制的进一步深化来推动经济增长；另一方面人工智能技术又具有特有的技术优势，带来了新型的生产要素和经济范式变革。埃森哲咨询公司2016年发布的一份关于人工智能的报告将人工智能视为一种新的生产要素，指出人工智能将会至少通过三个方面促进经济增长：第一，人工智能可以使复杂的体力任务自动化，这种效应被称为“智能自动化”；第二，人工智能可以补充现有的劳动力和资产，提升工人能力和资本效率；第三，人工智能可以促进创新，并扩散到各个行业。

1. 人工智能深入变革生产要素

人工智能深入变革传统生产要素，催生并使数据成为新的生产要素，为经济发展带来新的增长动能。表4.1给出了各时代经济发展的要素组成情况。经济发展需要以生产要素为基础，通过对生产要素改进和使用来催生新产业，实现经济增长。人类社会迄今为止已经历了从农业时代到工业时代再到信息时代的两次跨越，每一次都伴随着生产要素的重大变革。从目前信息时代的基本生产要素来看，人工智能对现阶段主要生产要素都具有可期的改变能力。当前主要涉及劳动力、资本和数据信息三类，人工智能可有效推动它们的升级变革。

表4.1　　各时期经济发展要素

	农业时代	工业时代	信息时代	人工智能时代
生产要素	劳动力	资本、劳动力	数字信息、资本、劳动力	互联信息、智能动力 资本、劳动力
基础设施	土地	铁路、公路、电网	互联网	互联网、智能信息设施
主导产业	农业	工业	信息产业	智能产业

资料来源：作者整理。

从长期发展而言，人工智能通过变革生产要素、优化经济结构和社会分工的方式，逐步产生经济增长新动能，形成新型经济结构和价值增长路径。

一是驱动传统生产要素变革，创造经济产值增量。当前，劳动力、资本仍是传统时代的重要生产要素，人工智能可优化对这些传统生产要素的使用效果，提高劳动投入产出比，提高资本利用效率，带来新型的投入产出规则，促进全要素生产率提升，创造带动经济增长的新动力。如借助人机协同，可实现对劳动者的赋能，带来劳动生产率的显著提升；在人力与脑力层面，机器人技术的发展使一些重复性劳动可以由机器代替人工实现，例如快递分拣、无人运输；基于人工智能算法，可以更加快速和高效地完成流程化事务，可以替代部分人工，形成混合劳动力。智能化的信息分析方式和基于智能算法的投资逻辑，能够更加精准地引导资本的市场流动，进行更为客观的投资分析。如借助深度学习算法，金融资金运作方可以更加智能地进行投资决策，国家与社会投资也有能力挖掘投资背后的规律，使资本流动方式和投资行为更趋合理。

二是人工智能使数据成为新的生产要素。利用机器学习、知识挖掘等技术手段，机器能够自主理解、分析和应用数据，支撑实现数据驱动的生产经营模式变革，使数据真正成为数字经济时代的关键生产要素。借助于人工智能分析能力，可以让广泛存在的信息基于深层关系产生互联，打破信息孤岛，充分利用信息价值。如国际知名服装企业 Zara，通过对数据智能检测分析，快速更新品牌的相关信息，同时对销售、收益或价格等信息数据进行监测和评估；对库存、运输和补货进行精准控制，将服装行业的前导时间由以往的几个月缩短至 12 天。

三是优化经济结构，催生经济发展新形态。人工智能通过赋能行业，不仅能够推动传统行业转型升级，还能催生新的行业与产业生态，形成新型经济结构。当前人工智能正在与实体经济的各个领域展开融合，在制造业、农业、金融、医疗、电子商务、教育、安防等众多领域都有着广泛的应用。这些融合在提升行业自动化、智能化的过程中，能够有效淘汰落后产能，推动传统产业优化升级，释放产业长期积累的发展动能，推动经济结构转型。

四是带来新型社会分工，改变经济发展路径。人工智能将逐步淘汰传统岗位，催生新型技能与岗位。借鉴信息化促进就业人口向高技术领域转移的经验，智能化能够促进就业人口向更为高端的技术领域转移，从而扩充先进行业领域的就业岗位，同时也会增加非技术产业相关岗位。由此所带来的增长动力会逐步抵消岗位替代所带来的损耗，形成全新的经济增长动力。

回顾人类历史上出现过的三次技术革命，它们都通过先进技术的普及和商用化，深刻改变了当时的劳动方式，提高了全社会的生产效率，并在此基础上推动了经济和社会的发展。与此类似，人工智能引发的上述变革也正在深刻改变着现有的生产方式和工作效率，让许多以前需要大量或重复性的人力劳动得以被智能化的软硬件替代，实现了对脑力和劳力的解放。

2. 生产要素变革催生经济增长新动能

人工智能提升物质投入边际回报，促进知识增长，为经济提供持续增长的内生动力。根据内生经济增长理论，物质投入的边际回报是递减的，而知识投入的边际回报是递增的。同时知识具有正外部效应，知识是经济增长的重要内生动力和源泉。社会知识积累取决于信息的有效传播，宽带互联网使全空间范围内的数据大规模交换成为可能，可以有力支撑信息的分布式处理，而人工智能技术则带来了知识的持续创造能力。在人工智能技术的促进作用下，一方面，我们可以优化劳动力、资本、生产资料等物质投入的方法与逻辑，将物质投入在更为合理和有效的领域，从而提升物质投入的边际回报；另一方面，我们可以获取更多的知识突破和更有效的信息积累，这将带来进一步的经济内生增长。尤其是人工智能技术能够推动研究的持续深入和信息的深度挖掘，进而以知识输入的方式为经济增长带来持续的动力。

人工智能促进组织变革和分工深化，优化经济增长路径。古典经济学理论构建了 ICT 产业内分工模型。其研究表明，工业化和信息化交织构成的分工网络和经济组织结构可以促使分工扩展和深化，并进入分工有效和规模报酬递增的路径，从而促进经济增长。人工智能技术在信息化和工业化基础上，能够催生更多的知识密集型岗位，也会带来更多的支撑型岗位，促进社会分工的进一步扩展和深化，推动经济发展进入新的规模增长路径。

（三）产业产出维度：人工智能促进产业和公共体系变革

1. 成为新的经济增长点

当前，全球范围内正在酝酿新一轮科技革命与产业革命。以人工智能等为代表的重大颠覆性技术创新正在创造新产业新业态，形成新的经济增长点，推动经济发展。

智能生产性产品和服务。以智能视觉、智能语音、智能网联汽车、智能机器人等为代表的人工智能新兴产业加速发展，经济规模不断扩大，正成为带动经济增长的重要引擎。智能理解产品方面，智能音箱、智能个人助手等智能语音交互产品创新发展，产品成熟度不断提升，消费体验持续改善，可靠、稳定的医学影像辅助诊断系统、视频图像身份识别系统等产品产业化和应用初步推广开来。智能运载工具方面，智能网联汽车、轨道交通装备等领域的国家制造业创新中心正在加快建设，自动驾驶加快产业化进程，无人机、无人船在交通物流、环保等领域的测试和示范应用正在逐步展开。智能机器人方面，满足养老助残、医疗康复、家庭和公用服务等需求的服务机器人创新产品不断呈现，劳动强度大、危险程度高、环境洁净度和过程柔性化要求高的特定生产领域工业机器人应用持续深化。新兴智能服务方面，人工智能云服务平台、重点领域智能化的解决方案等不断推动支持中小企业智能化发展；智能搜索、机器写稿、信息推荐、智能对话等智能信息服务业态健康蓬勃发展。

智能生活服务。人工智能在教育、医疗、养老等民生服务领域广泛应用，推动服务模式不断创新，服务产品日益优化，民生服务均等化向更优质方向发展，创新型智能服务体系逐步形成。医疗领域，医学影像识别、医疗诊断、辅助药物研发、医院管理、健康管理等众多应用场景的应用水平不断提高，显著提升医疗服务水平。如医学影像领域，借助图像识别技术进行病灶识别和医疗诊断成为当前热点，诞生了众多创新型企业，Enclitic 开发的恶性肿瘤图像识别软件对肺癌检出精度比放射技师高五成以上。腾讯公司医学影像系统可提供食管癌、肺癌、糖尿病性视网膜病变等疾病的早期筛查，其中食管癌早期筛查识别准确率达到 90%，糖尿病性视网膜病变识别准确率达到 97%。教育领域，人工智能推动个性化教育发展，引发教育方式变革。在自适应学习、教育机器人、智能辅导与答疑、智能测评、虚拟场景互动教学等领域，已出现众多具有广阔发展前景的产品和服务。如自适应学习领域，一些产品已实现集课程设计、在线学习、实时反馈、自适应学习、大数据分析、在线合作学习、智能辅导等功能于一体的平台级服务能力，可根据学生学习特点建立知识画像，有针对性地推送教学内容，联结学校、家长、学生等多方主体，实现个性化教育和因材施教，目前已覆盖中小学、大学、职业培训等各阶段和各学科。助残养老领域，在全球人口老龄化问题不断加重、残疾人社会参与度不断提高的形势下，人工智能在助残养老领域的应用不断丰富和创新，在帮助残疾人和老人提升生活自理能力与尊严感方面发挥了重要作用。如智能服务机器人领域，日本、欧盟大力发展家用老人陪伴机器人，提供与老人聊天、日程安排、身体情况收集等多类陪护功能，排遣老年人的寂寞孤独感，提升生活自理能力。

2. 催生产业链发展新模式

人工智能技术在经济产业链各环节中的应用，能够塑造智能经济发展新模式。以典型商业运行机制为例，其关键运行环节包括研发、生产、服务和消费四部分。人工智能技术能够对这四个环节产生智能化的推动作用，打造经济发展新模式。

研发方面，形成智能驱动的研发模式。人工智能算法以数据为驱动要素，通过智能化算法，可以拓展传统领域的研发范围，帮助研究者更加深入了解技术规律，从而提升研发效率和创新能力，不断开拓新路径和新方法。同时，人工智能还能够以智能模拟方式，对研发实验进行快速迭代和深入探索，从而提升研发空间，优化创新成果。

生产方面，打造智能协同的生产模式。在生产关键节点，通过引入智能化软硬件工具，实现以人为主、人机协同的生产方式，从而节约人力成本，优化关键节点的生产质量；在供应链路中，借助人工智能技术，通过智能化分析可以高效调度生产要素的运输与分配，从而提升生产效率；在生产过程中，人工智能技术与传感网可以构建全方位智能传感与控制系统，对生产全流程实现智能管控，提高生产效率和产品质量。

服务方面，创新智能高效的服务模式。首先，企业通过人工智能技术，可以对市场和社会的全方位信息展开智能分析，及时把握市场发展态势，充分挖掘用户需求，从而提升企业的服务能力，实现精准化服务；其次，企业通过加强对数据和信息的预测性分析，积极预测服务对象存在的潜在风险和保障需求，从而帮助企业实现探索预测性服务；最后，通过智能化交互和信息处理方式，可以助力企业和公共组织推广智能服务设备与内容，开展新型服务业态，提供全时段、多地域的智能化服务。

消费方面，推动智能匹配的消费模式。企业在合规分析消费数据的基础上，可提供线上与线下服务相结合的组合型产品与消费模式，从而满足大众的个性化消费需求。同时，通过升级传统消费产品和服务，服务商能够为消费者提供虚拟服务与实体服务相结合的消费产品，提升消费体验。

3. 推动传统行业智能化转型

人工智能赋能传统产业，推动传统产业智能化变革。人工智能在数字化、网络化基础之上，通过行业知识图谱的构建、运行规律的挖掘和生产工具的智能化升级，重塑生产组织方式，优化产业结构，促进传统领域智能化变革，引领产业向价值链高端迈进，全面提升经济发展质量和效益。制造领域，人工智能作为新的生产要素赋能传统制造业，通过与工业互联网、云计算、大数据等技术交叉融合，带动制造业向智能制造发展，促进工业经济数字化转型。当前，以航天科工集团、海尔等为代表的传统制造企业及以华为、和利时等为代表的信息通信企业共同引领“人工智能 + 制造”的应用推广。华为与海尔合作生产的质量测试床，有效解决空调噪声检测问题，使人力需求下降 55%、成本下降 27%；阿里巴巴“工业大脑”帮助中策橡胶实现工艺参数优化，使稳定性提升 10%，炼胶时间缩短 10%，炼胶温度降低 6%。农业领域，人工智能与农业加速融合推动新一轮农业革命。以物联网、大数据、超级人工智能为技术支撑，新的现代农业形态通过传感器嵌入农业研、供、产、销、服务等各个环节，引领“智慧农业”的快速发展。美国加州的 InterlinAir 公司，通过卫星图片给出的数据，对农田自身情况（杂草、施肥、虫害）进行判断，并结合深度学习技术，给农场主最佳的营养建议、气候建议，并可对产量进行预测。畜牧业方面也有了全新进展，阿里云与养殖企业合作，利用自家视频图像分析、面部识别、语音识别、物流算法等人工智能技术，使每一头牲畜都有可供记录、查询以及分析的档案。商贸领域，人工智能技术已有较多应用，为消费者和商家创造了多样化的智能消费与经营服务。智能商贸为适应柔性制造、促进消费升级、实现精准营销提供重要支撑。当前人工智能在商贸领域的应用广泛，在无人购物、智能客服、智能客流分析、精准营销等方面都取得了许多成绩。例如天猫、京东等大型在线购物平台每天都在为海量用户提供个性化定制的产品推送，拉动了消费需求，2018 年“双 11”天猫成交额高达 2135 亿元。无人零售也正在逐步兴起，亚马逊、阿里巴巴、京东打造的无人便利店都已在一些试点范围落地。物流领域，人工智能技术变革物流行业多个环节，通过智能感知、自动驾驶、数据分析等人工智能技术，极大优化了物流车辆的调度配置和货物流转，实现了智能物流调度系统、智能仓储、智能运输车队、智能配送等现代化服务。如菜鸟物流运用人工智能技术，已实现自动化分拣和储存，极大节省了人力，同时在很大程度上提高了配送效率。顺丰通过无人机，构建了“大型有人运输机 + 支线大型无人机 + 末端小型无人机”三段式空运网，在无人机配送方面作出了先导性的尝试，未来有望深度改变货物配送模式。服务领域，人工智能促进服务业要素的高效配置，大幅提升生产率；算法的应用使精准化、个性化的服务方式成为可能；服务机器人的普及则增强了服务的可获得性。人工智能正引发服务业态和服务提供方式的深刻变革。如在金融业，人工智能技术赋能金融行业，智能投顾、征信风控、金融搜索引擎、保险身份验证和智能客服等应用快速发展，驱动金融科技智能化升级。中国银行推出的贸易融资业务反洗钱核查项目，将原本每单审核时间从手工 2 小时缩短到机器 2 分钟。

4. 创新社会治理

人工智能将不断提高社会治理水平。通过开发适用于为政府服务和决策的人工智能系统，提高政府社会治理的民主化、科学化、整体性、开放性及预见性，促进社会治理现代化，引领社会治理进入一个全新的智能化时代。

创新城市服务新形态。结合云计算、物联网、大数据等技术，先进的人工智能城市应用能够实时搜集、挖掘、整合、利用城市的海量数据资源，为城市的资源短缺、交通拥堵、环境污染、安全隐患等问题，探索解决方案，实现城市的精细化和智能化管理。当前人工智能已经在智能资源调配、交通缓堵、公共安全智能化、智能社会治理、智慧社区等方面有了典型服务案例。例如基于阿里城市大脑，杭州、苏州等地在2018年就能够通过人工智能调度技术管理城市红绿灯运行。在这项技术的帮助下，杭州市平均出行时间可节省3分钟。天津滨海新区、南非艾古莱尼市拟采用华为智慧城市解决方案来为城市探索更加智能化的发展模式。

助力行政审批改革。人工智能可应用于客服、处理、满意度调查等多个政务服务环节，带来新服务新体验，让人民群众切身感受到技术进步带来的便利，提升获得感。例如，引入实体智能机器人，通过触摸屏以及语音交互等多种方式，为公众提供事项查询、办事咨询、服务引导、取号打印以及申报领证等服务。

打造人力与科技深度融合的司法运行新模式。借助“互联网+”、大数据、云计算、人工智能等现代科学技术，通过智能化原理，将数据收集、储存、运用等环节融为一体，对司法过程与结果实行统一管理、控制和运用。智慧司法将为司法机关智慧办案、智慧决策、智慧服务、智慧办公和智慧保障等环节提供支撑。例如，通过建立案例库，自动调取相似案件，智能提出量刑建议，辅助提升量刑建议和法律监督的精准度。

构筑公共安全智能防护网。人工智能不仅会带来经济效益提升，还将推动和谐社会建设，同时与社会公共安全领域紧密结合，为每个人提供一张安全可靠的智能防护网。就公共安全领域而言，警用机器人和生物识别技术已投入使用，并且呈现人脸识别技术结合智能监控设备发展的趋势。

三、各国人工智能发展战略

人工智能是引领未来的战略性技术，是新一轮科技革命和产业变革的重要驱动力量，已经成为国际竞争的新焦点和经济发展的新引擎。作为革命性技术，人工智能以智能化的方式广泛联结各领域知识与技术能力，释放历次科技革命和产业变革积蓄的巨大能量，成为全球科技战的争夺焦点。面对新一轮生产力革命为经济和社会带来的新形势和新挑战，近年来各个国家和地区都在积极制定出台人工智能政策。政策环境将深刻影响各国人工智能发展的重点方向和全球布局。

（一）各国纷纷布局人工智能

自2016年起，全球已有近20个国家和地区密集发布了与人工智能相关的战略计划，将其作为赢得全球竞争的重要战略抓手。中国、美国、欧盟、英国、日本等纷纷布局人工智能，制定人工智能国家战略，加强顶层设计；超前布局，成立专门机构统筹推进人工智能战略实施；通过设立产业基金、启动重大项目、完善法律法规、制定技术标准、研究伦理道德，以及政企协同引导私营企业资金资源投入人工智能领域等多种方式，集聚全社会资源，加快技术创新和产业突破。

1. 我国人工智能上升至国家战略，政策体系逐步完善

我国高度重视人工智能技术创新和产业发展。近年来，国家出台了一系列政策文件，对人工智能进行战略布局和顶层设计。科技部、发展改革委、工信部、教育部等部门也相继出台了系列人工智能发展规划，部署了重大专项，从科技研发、应用推广、产业发展等方面提出了具体措施。北京、上海、浙江、辽宁等省市也先后出台了人工智能产业方面的规划，促进了我国人工智能的发展。同时，为积极响应国家号召，各地方政府结合本地优势，纷纷出台当地人工智能发展的落实方案，“因地制宜”制定人工智能发展的实施意

见，促进政府、企业和社会形成合力，激起人工智能创新发展的活力。

2015年7月，国务院出台的《关于积极推进“互联网+”行动的指导意见》中首次明确提及人工智能，为国家人工智能发展作出铺垫，带动了各部委、地方政府陆续出台人工智能相关政策。

2017年7月，国务院发布《新一代人工智能发展规划》，人工智能首次写入政府工作报告，标志着人工智能已上升至国家战略高度。《新一代人工智能发展规划》明确提出“三步走”战略目标，并将构建开放协同的人工智能科技创新体系、培育高端高效的智能经济、建设安全便捷的智能社会、加强人工智能领域军民融合、构建泛在安全高效的智能化基础设施体系、前瞻布局新一代人工智能重大科技项目作为国家重点任务。

党的十九大报告强调，推动互联网、大数据、人工智能和实体经济深度融合。2019年3月19日，中央全面深化改革委员会第七次会议审议通过了《关于促进人工智能和实体经济深度融合的指导意见》，将促进人工智能和实体经济深度融合、发展智能经济列为新时期重点工作方向。

2015年至今，为响应国务院号召，各部委单位纷纷发布人工智能相关政策。2016年5月，为落实《关于积极推进“互联网+”行动的指导意见》，加快人工智能产业发展，发展改革委、科技部、工信部、中央网信办制定了《“互联网+”人工智能三年行动实施方案》。该方案以提升国家经济社会智能化水平为主线，着力突破若干人工智能关键核心技术，增强智能硬件供给能力；加强产业链协同和产业生态培育，提升公共创新平台服务能力；推动人工智能应用创新，引导产业集聚发展，促进人工智能在国民经济社会重点领域的推广。其目标为到2018年，打造人工智能基础资源与创新平台，人工智能产业体系、创新服务体系、标准化体系基本建立，基础核心技术有所突破，总体技术和产业发展与国际同步，应用及系统级技术局部领先。在重点领域培育若干全球领先的人工智能骨干企业，初步建成人工智能产业生态，形成千亿元级的人工智能市场应用规模。

2017年12月，工信部发布《促进新一代人工智能产业发展三年行动计划

（2018—2020 年）》。它是《新一代人工智能发展规划》的具体落地计划，实施四项重点任务：人工智能重点产品规模发展；人工智能整体核心基础能力显著增强；智能制造深化发展；人工智能产业支撑体系基本建立，力争到 2020 年，一系列人工智能标志性产品取得重要突破，在若干重点领域形成国际竞争优势，人工智能和实体经济融合进一步深化，产业发展环境进一步优化。

此外，发展改革委、工信部、财政部联合发布《机器人产业发展规划（2016—2020）》；教育部出台《高等学校人工智能创新行动计划》；国务院发布《关于促进"互联网 + 医疗健康"发展的意见》等。通过这一系列政策文件可以看出，国家对人工智能的创新和产业发展认识逐渐成熟。

2. 美国率先布局，具备先发优势

在人工智能方面，美国有着全球领先优势，其政府和企业都极为重视人工智能带来的变革。联邦政府已将人工智能提高到国家战略层面并成立了国家专家委员会机构。科研机构对人工智能的研究也在不断加强，在脑科学和芯片等技术方面具有明显的优势。

2016 年底美国陆续发布了《为人工智能的未来做好准备》《国家人工智能研究和发展战略计划》《人工智能、自动化与经济报告》三项关于人工智能的政策。在人工智能高速发展的情况下，政府关注其对社会的长期影响和变革，保持对人工智能发展的先进性与预见性。

2017 年 12 月，美国国会提出《人工智能未来法案》，要求商务部设立联邦人工智能发展与应用咨询委员会，明确了其职责、权力、人员构成、经费等内容。该法案阐明了发展人工智能的必要性，对人工智能相关概念进行了梳理。2018 年 3 月 1 日，美国国际战略研究所发布《美国机器智能国家战略报告》，确保机器智能的发展进程与美国的目标、规范和价值观保持一致。

2018 年 7 月，美国新安全中心（CNAS）发布《人工智能和国家安全》报告，提出美国应制定国家战略，研究如何利用人工智能的优势并规避其劣势，引导人工智能产业发展。

2019 年 2 月，特朗普签署行政命令启动"美国人工智能计划"，从投资研发、释放资源、治理标准等方面，集中联邦政府资源发展人工智能。

3. 欧盟以人为本，联合发展人工智能

欧盟重视人工智能发展并强调人工智能带来的道德、安全等问题。欧洲经济和社会委员会（EESC）在 2017 年 5 月发布了题为《人工智能对（数字）单一市场、生产、消费、就业和社会的影响》的报告。EESC 承诺密切监测人工智能的发展，除监测技术性的观点外，道德、安全和社会角度的监管也十分重要。EESC 建议欧盟在全球范围内率先建立符合欧洲价值观和基本权利的全球知识产权政策框架，并提出了对人工智能进行人为控制、制定相关道德准则、建立欧洲人工智能基础设施等 11 个领域面临的挑战及相关建议。2018 年 4 月，欧盟委员会发布了《欧盟人工智能》报告，描述了欧盟在国际人工智能竞争中的地位，并制定了欧盟人工智能行动计划，提出三大目标：增强欧盟技术与产业能力，推进人工智能应用；为迎接社会经济变革做好准备；确立合适的伦理和法律框架。当月，欧盟成员国签署了人工智能合作宣言，达成合作目标。

4. 英国力争全球人工智能领导者地位

英国将人工智能列为"脱欧"后现代工业战略的核心。英国在发展人工智能方面更注重实效性，在产学研的转换周期上，更加快速落地，重点关注人工智能在工业方面的应用和相关道德伦理方面的问题。2016 年 11 月，英国科技办公室发布《人工智能：未来决策制定的机遇与影响》报告，考察了人工智能在工业领域的应用及对生产力的影响，并指出人工智能在政府层面大规模使用的潜在可能性。此外，报告还强调注重人工智能的发展与应用可能会产生一系列的安全与伦理道德问题。2017 年 10 月颁布的《英国人工智能产业发展报告》概述了提高英国人工智能能力和实现其商业应用的关键领域：更有效地管理对数据的访问、培养人工智能人才库、最大化英国人工智能研究的输出、支持人工智能发挥更好的协调和理解能力等。

2018 年 4 月，英国国会上议院发布《英国人工智能发展的计划、能力和志向》报告，指出在人工智能的发展和应用过程中，必须把伦理道德置于核

心位置，以确保人工智能能够更好地造福人类。英国政府高度重视人工智能对经济和社会发展的巨大潜力，明确支持英国实现人工智能，同时保护社会免受潜在威胁和风险。英国还发布了《产业战略：人工智能领域行动》报告。这是政府与业界首次联合推动人工智能的发展，围绕发展理念、人才培养、基础设施、商业环境以及地方发展 5 个方面，分别提出了政府和业界的具体行动措施，力求将英国打造成为人工智能的全球领导者。

5. 日本实施振兴战略，发展人工智能推动超智能社会 5.0

日本同样是对人工智能发展布局迅速的国家，以期通过人工智能的应用，实现生产、医疗及护理、无人驾驶领域的创新发展。日本立足自身优势，突出机器人、汽车、医疗等重点领域，以超智能社会 5.0 为核心，推动创新社会需求，带动人工智能产业发展。

2017 年 3 月，日本人工智能技术战略委员会发布了《人工智能科技发展战略》报告，全面阐述实现人工智能技术产业化的路线图。该产业路线图利用日本的优势，致力于解决日本面临的社会问题，主要针对制造业、医疗和护理行业、交通运输几大领域，制定了三大阶段的发展目标。

在制造业方面，通过实现生产系统的自动化和优化，提升服务行业的效率，将需求与商品和服务相匹配，实现用户驱动的超定制，使产品的生产、流通和服务（包括能源、食品等）一体化，建立一个高效的生态系统。

在医疗健康和护理方面，使用预防药物预防疾病；人造器官和传感器可实现人体的功能；在家中使用先进的医疗技术和设备；看护机器人成为家里的一员。

在交通运输方面，力争在 2030 年实现人为失误事故为零的目标，使出行相关社会成本最小化；实现出行的高附加值化，广泛实现自动驾驶等。

6. 其他国家人工智能发展战略

此外，其他国家也意识到人工智能发展对未来国家竞争力的影响，纷纷出台了各项政策，大力推动人工智能发展，以迎接人工智能蓬勃发展的新时代。如德国注重产业需求引领人工智能发展，2018 年发布《联邦政府人工智能战略要点》，旨在推动人工智能研发和应用达到全球领先水平，提出“人工智能德国造”应该成为全球认可的品质保证；加拿大出台了《泛加拿大人工智能战略》，在2017年拨款1.25亿加元，支持人工智能相关研究；新加坡推出了“国家人工智能核心”（AI.SG）计划，提出在未来5年投资1.5亿新加坡元，用于资助项目的研究；印度发布了《人工智能国家战略》，确定了印度发展的五个重要领域；阿联酋宣布开启10年人工智能战略并任命了世界首位人工智能部长；等等。

（二）主要国家人工智能战略特点

美国谋求全方位领导地位，充分依托硅谷强大优势，率先开展国家布局，成立人工智能专门委员会，发布国家战略，确定了优先发展的基础研究、人机协作、伦理法律和社会影响、安全、公共数据和环境、标准、人力资源等七大战略方向，强化政策制定和投资指引，巩固基础研究优势，加快先导性商业部署，加大国防科技长期投资引领未来发展。

美国的人工智能政策着眼于人工智能对国家安全与社会发展的长期影响和变革。美国作为科技引领性大国，其政策是为保持引领人工智能浪潮的主动性与预见性，在发挥人工智能优势作用的同时，也尽量减少负面影响。美国十分注重人工智能技术的研发，如芯片、脑科学、协作性机器人等，对此加大政策及资金支持。军事、能源、医疗等应用领域与人工智能的融合是美国关注的重点。

除此之外，美国也对人工智能可能对国家社会经济产生的影响做了具体的现状分析，强调应充分重视人工智能在未来可能带来的重大影响和挑战，对政府应用人工智能、实践、监管政策、人员队伍建设等方面提出了全面建议。

欧盟以确保人工智能全球综合竞争力优势为目标，发布人工智能战略，签署合作宣言，联合布局研发应用。通过“地平线2020计划”加大对人工智能的投资，成立人工智能高级别专家组（AI HLG），以《欧盟基本权利宪章》为基准制定适当的道德和法律框架，确保以人为本的人工智能发展路径，打造世界级人工智能研究中心，在类脑科学、智能社会、伦理道德等领域开展全球领先研究。

欧盟大部分成员国加入了“地平线2020计划”及“SPARC机器人计划”，力图提高欧盟在科技包括人工智能方面的整体竞争力。但总体而言，欧盟十分关注人工智能对人类社会的影响，其政策重点侧重数据保护、网络安全、人工智能发展带来的伦理道德等方面。此外，欧盟对于脑科学、智能制造、智能交通、数据挖掘、电子政务等领域也多有投入。

英国实施创新引领战略，发布国家行动计划，成立新的人工智能办公室，设立人工智能理事会、产业基金和政府科技基金，建设阿兰·图灵研究所，致力于打造世界级人工智能创新中心，升级基础设施，建设遍布英国的人工智能繁荣社区，谋求利用其在计算技术领域的深厚积累和基础领域的创新优势，再次引领全球技术产业发展。

英国十分重视人工智能科学技术的研发与人才培养，致力于硬件CPU、身份识别等领域的人工智能研发并重点在智能制造、智能交通、智能能源等方面部署。英国政府不仅重视人工智能应用给社会带来的益处，也十分关注其带来的道德和法律风险，并积极推动相关法规与政策的出台。

日本秉承智能引领理念，将2017年确定为人工智能元年，成立了人工智能技术战略委员会，发布国家战略，全面阐述了实现人工智能技术和产业化路线图；并针对制造业、医疗和护理行业、交通运输等领域，制定了三大阶段的发展目标，推动超智能社会5.0建设，力图通过人工智能强化其在汽车、机器人等领域的全球领先优势，着力解决本国养老、教育和商业领域的国家难题。

日本目前在机器人技术、脑科学、声音识别 、创新型网络建设、大数据分析等领域已经投入了大量的科研力量。在人工智能的应用领域，日本保持两条主线：一是传统的替代人力的机器人制造与人工智能技术结合，力图实现日本国内的生产自动化、无人配送和大规模物联网；二是为解决日益严重的人口老龄化问题，政策关注人工智能应用于医疗健康、护理以及自动驾驶领域，为其实现智能社会奠基。

随着人工智能进入加速发展阶段，多数国家政府已认识到其变革性影响，纷纷将人工智能作为抢占全球科技创新主导权、提升综合竞争实力的战略必争资源。良好的政策环境是人工智能更快更好发展的重要保障。为抓住人工智能发展的战略机遇，面对人工智能技术进步为经济和社会带来的新形势和新挑战，各国政府唯有制定适合本国发展的人工智能公共政策，最大限度地提高人工智能效益，同时最大限度地降低其潜在成本和风险，才能让人工智能更好更快发展。

四、培育新动能面临的问题及政策建议

当前，新一代人工智能技术和产业快速发展，已度过了产业化的初级阶段。人工智能在实体经济各领域的应用探索不断拓展，展现出巨大的应用潜能。我国经济已由高速增长阶段转向高质量发展阶段，迫切需要人工智能技术赋能实体经济，构建新的智能经济形态。

（一）我国人工智能发展的环境及面临的问题

人工智能已在全球范围内形成激烈的竞争态势，中美两国在人工智能领域发展中形成双雄态势，但我国与美国相比仍存在一定的差距。在此次新一轮科技竞争浪潮中，我国在应用创新、数据积累等方面具备先发优势，但在基础研发、人才竞争、国际话语权等方面还存在不足。

为了充分发挥人工智能技术的推动作用，我们既需要促进人工智能自身健康有序发展，也需要引导人工智能与各产业深度融合，产生经济价值。这两方面相辅相成，技术发展需要研发投入和资源支持，同时产业成长也需要技术的进步和实用化发展。目前我国人工智能在科技研发、产业升级、应用普及等方面整体推进，投资和创新创业非常活跃，应用的广度和深度不断提升，与实体经济的融合也在进一步深化。但作为新兴产业，人工智能同时也面临政策环境不完善、市场准入机制不健全等问题，还面临发展不确定性带

来的就业、安全、伦理道德等挑战。

1. 基础政策环境

近年来人工智能技术与产业的蓬勃发展，引发了全社会的广泛关注。我国政府自2015年起，密集发布了一系列政策文件来促进人工智能产业发展，给出了发展方向和规划，也促进了各地区开始大力发展人工智能。

尽管人工智能技术取得了快速发展，但由于其进入实际应用时会涉及数据安全、社会稳定等多方面治理问题，因此在制度环境发展方面，仍要用循序渐进、稳步发展的方式。在数据开放方面，目前我国尚未提出明确的数据监管政策，为数据的合规流通带来了一定的阻碍。这使各类数据使用者和持有者之间难以展开深入合作。尽管一些企业和组织已经在积极寻求合规的数据合作，但在整体产业发展层面，还未形成全面健康的数据共享环境。甚至在一些行业和领域形成数据“孤岛”，难以发挥大量数据的潜在价值。在当前主流人工智能算法需要大量数据输入的情况下，数据共享变得日益重要。目前我国亟须出台有关数据开放和监管的政策，为人工智能产业的进一步发展营造良好环境。在社会接受度方面，仍缺少普遍的认可，这给人工智能应用的普及带来了很大阻力。

尽管人工智能技术已经在商用领域取得了许多显著成效，但在进入生产生活、社会治理等领域时，尚未产生明显的效应。这使政府和群众尚未能对其先进性形成充分理解和认可。人工智能应用的深化普及不仅需要技术研发的进步，也需要社会认知度和接纳度的提升来营造更好的发展环境。

2. 市场准入壁垒

人工智能正在被快速而广泛地应用于许多生产生活场景。这些应用切实关系人们的安全和利益问题，因此，对人工智能应用的市场准入约束是十分必要的。由于人工智能应用的效果取决于数据输入、算法匹配度、用户反馈等多种因素，所以难以对其进行明确评估。同时，人工智能技术能够与各类行业广泛融合，应用方法和目标差异巨大，更是难以制定统一的评价标准。对人工智能产业制定普遍意义上的准入机制是困难的，但在一些与社会生活关系密切的领域，如无人驾驶、智慧医疗、城市预警等领域，一些国家已经开展相关探索，以推动人工智能更好地为社会发展服务。

目前我国也在积极探索一些人工智能关键领域的市场准入机制。无人驾驶方面，北京、上海等一线城市已经设立了无人车上路牌照，一些领先企业已经申请取得无人车测试资质，但这些路测牌照的审核标准和流程仍需持续改进。医疗领域，尚缺少人工智能应用准入机制。医疗卫生领域的设备和分析系统是人工智能技术的重要应用场景，但我国对各类医疗设备有着严格的准入要求，目前尚缺少医疗卫生体系认可的人工智能应用。

3. 伦理监管问题

人工智能在带来更加先进的技术能力和社会价值的同时，也带来了人权、隐私、就业等方面的伦理问题。目前联合国、欧盟、美国、英国等都格外重视这个问题，纷纷采取出台研究报告、指南、法律政策等多种措施，推进对人工智能伦理问题的认知和解决；电气电子工程师学会（IEEE）、国际互联网协会（ISOC），阿西洛马会议，谷歌、IBM 等亦开始以伦理标准、人工智能原则以及人工智能伦理审查委员会等形式和行业自律的形式积极应对人工智能伦理问题。我国作为人口大国，先进技术所带来的伦理和社会问题影响更为显著，更需要对其进行研究。

随着人工智能阶段的不断推进，当人工智能越来越“类人”的时候，我们应不应该把它当作人并赋予和人一样的人权？未来的人工智能，不只是有“类人”的行为，还会思考、会学习、会决策等，有超越人的可能。这种情况下，我们如何从伦理的角度防患于未然，引导其发展，都是值得探讨和监管的问题。在算法偏见方面，算法的整个设计过程以及数据的使用等都是设计者、开发者的主观选择，设计者或者开发者可能将自己的喜好和观念有倾向性地写入算法系统。如果输入的数据存在偏见，那么结果必然不客观。另外，有些时候算法的歧视并非人为产品，而是在自我学习以及交互过程中产生的副产品，是算法难以预料的、无意识的属性。尤其是当企业对算法进行保密时，如何对算法进行监管，更增加了解决算法歧视问题的难度。

（二）政策举措

发展人工智能是一项事关全局的复杂系统工程，涉及基础理论、技术产业、融合应用、法律法规、安全保障、行业监管、社会治理等多个领域、多个部门。国家层面需要以前瞻性视角，在顶层设计、应用发展、核心技术突破、法律法规、财税支持、人才培养、环境营造等多方面统筹协调，合理规划，以促进人工智能的技术进步和经济社会应用，推动人工智能健康有序发展，打造经济增长新动能。在政府为产业发展营造良好环境的同时，也要充分发挥市场在资源配置中的决定性作用，特别是在先进信息技术产业和其应用领域，市场对资源的有效调节决定着产业发展的方向和速度。因此，培育人工智能领域增长新动能需要从政府和市场两个主体层面采取措施，制定相应的政策措施。

1. 政府层面的政策措施

政府层面需要以构建产业发展环境为主要方向，根据人工智能应用及其与经济融合的动态变化情况，前瞻性制定发展策略，引导人工智能产业健康有序发展。

一是强化顶层设计。要制定人工智能对供给侧改革的指导政策。把人工智能放在国家战略层面整体布局，发挥人工智能技术广泛赋能的优势，深入探索人工智能对供给侧改革的模式，优化调度社会资源。要健全协同创新体制机制。建立国家人工智能组织推进协调机制，做好产学研协同，协调推进重大基础科研布局、重点应用技术攻关、产业生态构建、行业应用布局、军民融合发展、国际话语权引领等关键环节，形成整体推进合力。要完善法律体系和伦理规范。深入研究人工智能对现行法律体系的影响，适时完善法律规章。加强对智能经济和智能社会前瞻性法律问题的探索。构建人工智能伦理监管体系，推动形成智能产品和服务的伦理自律准则，探索建立算法设计与应用的伦理审查机制，确保人工智能发展符合社会伦理和公序良俗。

二是营造发展环境。资金支持方面，要加大财政支持力度。探索设立人工智能产业发展专项资金，综合利用现有财政专项，加强对人工智能基础技术和关键软硬件研发的资金支持。加大对人工智能自主创新产品的政府采购力度。税收政策支持方面，进一步提高人工智能相关研发费用的加计扣除比例，针对创投机构对人工智能领域的投资收益，探索给予税收减免等优惠政策。融资支持方面，充分发挥国家产业基金作用，加大投资力度，引导社会资本向人工智能领域投入。发挥科创板等多层次资本市场作用，支持人工智能领域优质企业更加方便快捷地上市融资。对人工智能企业和采用人工智能服务的企业进行政策支持和资金鼓励，既促进人工智能研发企业的发展，又鼓励各类组织和机构依托优惠政策，加快人工智能应用，为人工智能发展提供充分的探索空间。组织间协作方面，鼓励社会各领域形成多元合作机制，多方探讨和推动人工智能的前沿发展方向。不仅要在不同领域建立合作联盟，还需要推动企业、政府、研究机构、高校等组织间全面协作，组建不同形式的合作组织，推动人工智能在科技、经济、社会、军事等多个领域的协同发展。国际合作方面，人工智能正处于酝酿国际规则、探索国际治理体系的起步期，要积极参与国际治理体系建设，提升我国在人工智能领域的影响力。一要深度参与国际规则协商制定。积极参与全球人工智能国际治理、技术标准、安全监管、法律伦理、知识产权等领域国际规则制定，推动建立人工智能国际治理多边磋商平台，增强议题设定和规则引导的话语权和影响力。二要加强技术、标准及产业合作。鼓励国内企业和机构积极参与国际电信联盟（ITU）、国际标准化组织（ISO）、国际电工委员会（IEC）、IEEE 等国际标准化组织与协会人工智能相关标准的研究制定工作，输出我国标准、技术及解决方案，提升国际影响力。三要加强国际安全合作。推动建立国际人工智能安全交流和对话机制，共享安全治理经验，共同制定国际安全准则，倡导和强化算法伦理，规避人工智能技术的恶意应用，避免国家间的人工智能军备竞赛，促进人类社会健康发展。

2. 市场层面的政策措施

一是推动融合发展。人工智能技术目前正在被快速应用于各类行业场景。智能驾驶、智能硬件、智慧物流、智慧医疗、城市安防、智能信息服务、电子商务、智慧金融等多个领域已经出现了实用服务与产品。无论是较为成熟的应用领域，还是处于初级阶段的应用领域，都需要对其发展进行推动和管理，优化产业结构，推进经济发展。要面向经济社会发展需求，聚焦技术带动效应强、产业发展空间大、服务民生需求迫切、事关国家综合竞争力提升的重点领域，鼓励各类企业和组织加大研发投入，积极探索人工智能与不同领域的融合应用。在政策层面给予税收、资金、孵化器等方面的支持，促进人工智能与实体经济融合，推动行业转型，加快人工智能融合产业发展。

鼓励企业和高校知识成果转化，大力培育人工智能新兴产业。当前我国企业和高校已积累了丰富的人工智能研究成果，要推动人工智能最新科技成果转化应用，培育具有重大引领带动作用的人工智能产业。全面赋能传统产业改造升级。发挥人工智能在产业升级、产品开发、服务创新等方面的技术优势，促进人工智能同第一、第二、第三产业深度融合，推动质量变革、效率变革、动力变革。构建智能民生服务产业体系。围绕关系民众切身利益的迫切需求，加强人工智能同保障和改善民生的结合，推动人工智能在人们日常工作、学习、生活中的深度运用，发展智能民生服务产业，创造更加智能的工作方式和生活方式。如大力发展智能教育、智能养老、智慧医疗，为公众提供个性化、多元化、高品质的服务，培育壮大智能化新消费需求等。推动智能技术在社会治理领域中的应用。推广适用于为政府服务和决策的人工智能系统，加强政务信息资源整合和公共需求精准预测，提升现代化治理水平。如推进智慧城市建设，促进人工智能在公共安全领域的深度应用，加强生态领域人工智能运用等。推动人工智能技术在军民融合领域的应用。以军民融合应用为切入点，全面提升人工智能技术应用水平。如强化新一代人工智能技术在指挥决策、军事推演、作战训练、国防武器装备等领域的深度应用，推动我国作战体系、技术体系和武器装备向智能化发展，提升军事竞争能力。

二是加快核心领域突破。我国在应用型技术领域已达到世界领先水平，国内一些优秀的人工智能企业已经在国际竞赛中取得多项世界领先成果，但在基础理论研究、开源平台、芯片制造、专业数据集建设等核心领域仍与美国有一定差距。这些核心领域将是未来深入发展人工智能技术和产业的瓶颈，亟待突破。首先是基础理论和算法贡献严重不足。我国人工智能的核心技术体系建立在美欧国家的理论基础上，如深度学习等主流技术以及胶囊网络、生成式对抗网络等新兴热点都是由美欧提出的。其次是关键核心技术受制于人。如人工智能最为重要的训练芯片主要由美国英伟达、超威半导体、赛灵思等公司垄断，高端传感器基本依赖进口。核心领域的发展需要先进知识、资金以及社会资源的广泛支持，需要国家予以引导支持，方能真正实现突破。未来要以打造我国人工智能技术的核心竞争力为目标，确保我国在人工智能领域的理论研究走在前面、关键核心技术占领制高点。

国家政策举措方面需要从三方面予以重点关注。其一，补齐核心技术短板，拓展优势领域。对于应用算法、专用芯片等我国有一定优势的领域，应持续加大投入，从单点优势向集群优势拓展，形成我国人工智能技术的发展长板。在技术短板上，要以问题为导向，以应用为牵引，整合产业链资源，开展协同攻关，坚持不懈推进人工智能基础通用算法、关键软硬件等核心技术的突破，加快缩小与国际前沿水平的差距。其二，组织相关专家与社会组织，对核心领域的技术难度、社会资源、发展路径等顶层问题进行全面评估，制定产业和技术发展路线图。核心领域的技术发展需要长期的人才和资金投入，对研发方向的选择决定了未来投入产出的回报比，尤其是我国正处于快速发展阶段，更需要选择行之有效的技术投入方向，以保持长期的竞争力。其三，要重视布局新兴前沿技术研究。高度重视可能引起人工智能路线变革、技术升级的重要理论和算法，以及基础架构和计算体系的研究，勇于进入“无人区”，寻找颠覆性技术突破点，探索开辟竞争新赛道。支持企业和研究机构各自做强的同时，加大合作力度，促进技术与产业相互推动，协调发展。企业在产业创新与应用方面发展态势良好，实力雄厚，研究机构在理论研究和人才培养方面则具有更好的条件与优势，通过二者优势的结合，可以加快研究成果在产业界的应用，同时也能够通过应用反馈，促进技术的深入研究。通过分工合作、优势互补的方式，能够加快核心技术研发与产业化进程，加速缩小与先进国家的技术差距，提高自主发展的技术竞争力。

三是加强人才培养。人才是人工智能创新发展的第一要素，人工智能技术和产业的竞争归根结底是人才的竞争。美国人才储量和科研实力都处于领先地位，在政府和企业共同支持下，对人才梯队构建、数据开放、基础研究、高校支持等方面都进行了前瞻布局。我国发布的《新一代人工智能发展规划》在人才引进、学科建设、产学研合作等方面也提出了明确要求。据清华大学发布的《中国人工智能发展报告 2018》统计，2017 年中国的人工智能人才拥有量超过 1.8 万人，占世界总量的 8.9%，仅次于美国（13.9%）。但高端人才不及美国的 1/5，排名世界第六。在高校人才培养方面，我国高校早已设置人工智能相关专业，也培养了一大批优秀人才，但与近年来人工智能技术产业的快速发展相比，学科建设滞后，工程型、复合型人才不足，难以满足发展需要。针对我国人工智能人才短缺、科研综合体系有待完善等实际情况，我们提出三点人才培养建议。首先，加大人才引进力度。充分发挥我国人工智能产业发展长期向好、创业环境日趋完善的优势，通过加大政策支持力度，依托国家重大人才工程、人才特聘、技术移民等模式，引进高端人才回国创新创业，打造高水平人才梯队，以人才带动技术和产业发展，完成全面的技术和产业发展布局。其次，完善和加强高校与企业的人才培养机制，深入推进产教融合，完善校企协同育人机制。一方面，鼓励高校开设与人工智能相关的各类学科，完善基础理论教育体系。鼓励高校、科研院所开设面向人工智能应用重点行业领域的差异化专业学科，加强人工智能新工科建设，促进校企合作、产教对接，着力打造专业型和融合型人才队伍，培养融合型人才，以加快人工智能产业的实用化进程。另一方面，鼓励采用校企合作、职业教育等模式培养应用型人才，在人工智能应用领域加快培养特色人才，加快产业转型升级。最后，加大资金和社会资源的支持力度。引导社会资金支持人才联合培养示范基地、示范教材、在线课程等人才发展项目，打造跨区域、跨行业的产学联盟，引导社会资源积极参与人工智能产业人才培养培训工作，促进师资共享、产教融合。

五、结语

人工智能作为引领未来的战略性技术，是新一轮科技革命和产业变革的重要驱动力量，已经成为国际竞争的新焦点、经济发展的新引擎。当前，在理论、技术不断取得突破和经济社会发展强烈需求的共同驱动下，人工智能技术正在与经济社会各领域加速融合，展现出巨大的应用潜能，对经济和人类社会带来重大而深远的影响。

本文以我国新时期经济发展形势为背景，从作用路径、作用机制、产业影响等角度阐述了人工智能对经济发展的影响，在此基础上，结合我国人工智能发展具体情况，有针对性地提出了顶层设计、融合发展、技术突破、人才培养等方面的具体建议，旨在充分发挥人工智能技术潜能，为我国经济高质量发展提供有益的参考和建议。具体来看，重点是在人工智能技术对经济发展的作用机制和政策建议梳理上创新性地形成了以下结论。

理论机制研究。根据内生经济增长理论，物质投入的边际回报是递减的，而知识投入的边际回报是递增的。通过变革生产要素，人工智能能够优化物质投入和生产模式，提升物质投入的边际回报。同时，还能够推动知识的产生，以知识输入的方式，为经济带来持续增长动力。以古典经济学理论中的ICT产业分工模型为参考，人工智能在信息化和工业化基础上，能够催生更多的知识密集型岗位，促进社会分工的进一步扩展和深化，优化和创新经济发展路径。

基于发展要素驱动的经济产出影响模型分析。人工智能与各行业中的生产要素（资本K、劳动力L、数据D、自然资源R、制度INS）相结合，使各行业的产出和生产效率实现提升。

人工智能技术能够以智能化的方式驱动多种生产要素，使得各类生产要素的投入和分配向着更为合理和有效的方向发展，从而对经济产出实现正向促进。这些生产要素既包括传统经济学中的资本、劳动力、自然资源、社会制度，也包括由信息技术催生的数据。对生产要素的促进也可在产业产出方面加以等效表达。在产业产出中，智能技术能够变革全产业链，同时，变革市场和企业竞争规则，带来智能时代全新的产业竞争环境。这两方面的变革作用将对各类行业带来促进作用，形成经济发展合力。

我国人工智能发展问题和建议的系统性梳理。通过梳理各国人工智能发展战略和国家层面的产业布局，结合我国国情，提出我国人工智能发展在基础政策、市场准入、伦理监管等方面所面临的问题和针对性的政策建议。

未来，随着人工智能相关技术与产业的发展，可以在此文分析基础上，通过收集具体模型数据、深入实践调研的方式，进一步具化分析人工智能所带来的经济促进作用和影响机制。同时也可依据更为深入的分析，提出适用于具体方向和领域的发展建议。这些深入研究对于产业和经济发展都是十分有意义的。

除本文所研究的内容外，人工智能对经济社会的发展还有很多相关的议题，如就业、公平分配、公共服务、产业竞争、国际贸易等，可进一步作为拓展研究。上述问题的机制和趋势分析也对未来经济社会发展有着重要意义。

分报告五

共享经济：信息化与传统服务业融合发展的新业态和新模式分析

改革开放40多年来，我国服务业发展水平不断迈上新台阶。2019年我国服务业实现增加值534233亿元，同比增长6.9%，增速比第一产业和第二产业分别高出3.8和1.2个百分点，持续领跑国民经济增长；占GDP比重为53.9%，比第二产业高出14.9个百分点。服务业对国民经济增长的贡献率为59.4%，已经成为推动经济增长的主动力。

服务业的快速发展是国家整体经济发展水平和居民收入水平快速提高、消费需求升级的必然结果，也是新一轮信息技术革命和产业变革，尤其是移动互联网、物联网、大数据、人工智能、云计算、虚拟现实等新技术在服务业领域广泛应用的结果。推进互联网与服务业的融合发展，提升以“互联网+”为代表的新兴服务业态比重，是信息化与传统服务业融合发展的重要任务，也是新形势下服务业转型发展的必然要求。

2015年《国务院关于积极推进“互联网+”行动的指导意见》中明确提出，要加快发展基于互联网的医疗、健康、养老、教育、旅游、社会保障等新兴服务，大力发展共享经济。该文件发布后，有关部门又陆续出台了网约车、共享住宿等领域的相关政策，有力地促进了共享经济新业态的发展。以网约车、共享住宿、在线外卖、网络内容共享、共享医疗等为代表的新产业新业态新模式，成为推动服务业结构优化、快速增长和消费方式转型的新动能。

一、共享经济的定义、内涵和主要特征

共享经济发展迅猛，新业态新模式层出不穷，渗透领域十分广泛。共享经济的统计监测还得从厘清一些基本概念开始。

（一）共享经济的定义和内涵

共享经济（Sharing Economy）也被称为“分享经济”“协同消费”等。1978年美国伊利诺伊大学分校社会学教授马科斯·费尔逊（Marcus Felson）和琼·斯潘思（Joe Spaeth）提出了“协同消费”概念，认为“协同消费”是一种满足日常需求并与其他人建立关系的日常活动，如社区内洗衣机的共享使用。Belk（2007、2014）认为，共享指的是将我们的东西分配给他人使用，或者从他人处获得物品或服务为我所用的行为和过程，并通过协调资源的获取和分配来收取费用及其他形式的报酬。雷切尔·波茨曼（Rachel Botsman）和鲁斯·罗杰斯（Roo Rogers）合著的《我的就是你的：协作消费的崛起》中延续了协同消费的理念，认为消费者的需求从获得私有物品转移到使用需求满足，形成了新的消费模式。Dervojeda（2013）认为，共享经济意味着，在拥有某项资源（资产或技能）的消费者与需要这种资源的消费者之间，在某一时间以可以接受的交易成本形成匹配。因此，共享经济的出现，使所有权不再是消费者欲望的最终表达形式（Marx，2011）。杰里米·里夫金在《零边际成本社会》一书中则强调，共享经济是“协作多于竞争”的经济，认为这是“300年来第一次对整个资本主义经济范式的一次颠覆”。2011年美国《时代周刊》将“协同消费”评选为改变世界的十大创意之一。Prahalad和Ramaswamy（2004）将共享经济与“共创”的概念联系在一起，认为共享经济的实质是供需双方共同创造新市场和新的商业运营商。此外，还有学者用零工经济、开放式获取经济、协作经济等描述共享经济（见表5.1）。

表 5.1　　国内外有关共享经济的定义

作者	定义
Oliver Bussmann	共享经济是指以数字化的形式将企业经济活动串联起来，以最快的速度实现信息与资源的分享与利用，是一种全新的决策、运营和管理模式
Mike Jaconi	共享经济是指信息技术公司借助即时的商品和服务供给满足消费者需求的一种经济活动
Benita Matofska	共享经济指的是一个建立在人与物质资料分享基础上的社会经济生态系统
Nancy Koehn	共享经济是指个体间直接交换商品与服务的系统
Debbie Wosskow	共享经济是帮助人们分享资产、资源、时间和技能的在线平台
Minna-Maari Harmaala	共享经济是连接点对点供给与需求的平台
Matthew Feeney	共享经济是一种新颖、快速流行并持续增长的点对点经济模式
Christopher Koopman	共享经济是基于互联网以实现个体的闲置资源任意分享或交换的服务场所
Adam Parsons	共享经济是指借助信息技术在个体或组织间实现过剩商品或服务的分配、分享与再利用
Erving & Ellyn E	共享经济指的是每个人都能够付出并精准地获得所需要的任何事物，从而消除不平等
Cusumano	共享经济是一种更广义的服务，企业能够通过把产品租赁给习惯购买商品的人群从而扩大潜在市场
Altimeter Group	共享经济是在企业、创业者和人们之间分享所有权和使用权的一种经济模式
Rachel Botsman	共享经济指的是一种通过分享闲置资源以换取收入的经济模式
姜奇平	共享经济是伴随开放源代码、云计算等互联网开放技术的发展而兴起的，以生产资料和生活资源的使用而非拥有为特征，通过以租代买等模式创新，实现互通有无，人人参与、协同消费，充分利用知识资产与闲置资源的新型经济形态
腾讯研究院	共享经济是公众将自己的闲置资源，通过社会化平台与他人分享，进而获得收入的经济现象

资料来源：作者整理。

尽管学者对共享经济的定义表述各不相同，但绝大多数表述都有几个共同的核心要素：依托互联网平台、存在尚未充分利用的资源、通过共享提高资源利用率。本研究认为，共享经济是指利用互联网等现代信息技术，以使用权分享为主要特征，整合海量、分散化资源，满足多样化需求的经济活动总和。这一定义至少包含以下三个基本内涵。

第一，共享经济是信息革命发展到一定阶段后出现的新型经济形态。互联网（尤其是移动互联网）、宽带、云计算、大数据、物联网、移动支付、基于位置的服务（LBS）等现代信息技术及其创新应用的快速发展，使共享经济成为可能。

第二，共享经济是连接供需的最优化资源配置方式。面对资源短缺与闲置浪费共存的难题，共享经济借助互联网能够迅速整合各类分散的闲置资源，准确发现多样化需求，实现供需双方快速匹配，并大幅降低交易成本。

第三，共享经济是适应信息社会发展的新理念。工业社会强调生产和收益最大化，崇尚资源与财富占有；信息社会强调以人为本和可持续发展，崇尚最佳体验与物尽其用。共享经济集中体现了新的消费观和发展观。

（二）共享经济的主要特征

关于共享经济的主要特征，也如其定义一样，存在诸多的表述和分析。

Erving 指出，与传统经济相比，共享经济的最大特征包含两个方面：一是信息技术平台，如互联网、计算机和智能手机让共享经济快速发展；二是更加强调物品的使用权，而不是所有权转移。

Hamari、Sjoklint 和 Ukkonen 认为共享经济有四大特征：在线协作、社交商业、在线分享的概念以及消费者观念。

Russel Belk（2010）指出，共享经济的特征包括：一是通过社交联系在一起；二是强调使用权，不是所有权；三是非营利的；四是闲置资源或业余参与，而非专职。

Robin Chase 指出，人人共享能让原本稀缺的事物也变得富足起来，并提出了人人共享的三个要点：第一，利用过剩产能实现实际经济效益；第二，用技术搭建共享平台；第三，每个人都是具有影响力的合作者。

Schor（2015）认为共享经济有三个基本特征：第一，共享经济发生在陌生人之间，而不是亲戚或社区团体之间。主要原因有两点，一是传统经济模式下，产品的所有权大多只能进行一次转移，很难进行多次重复交易；二是传统经济模式难以建立有效的信任机制。第二，共享经济依靠信息技术平台实现信息的有效匹配、信用评价，并且能够大幅降低交易成本。第三，消费者理念不同，过去强调拥有，而现在注重使用。

刘建军和邢燕飞（2013）认为共享经济的基本特征有：一是将网络作为信息技术平台；二是以闲置资源使用权的暂时转移为本质；三是以物品的重复交易和高效利用为表现形式。

曾响铃（2015）认为共享经济表现出以下特征：一是由第三方创建的平台并借助信息技术；二是用户能够自由组合连接，以实现闲置物品交易、知识经验分享及项目资金筹集等；三是人们从消费者变成供应者，改变生产制造协同方式，重构社会关系结构。

吕福玉（2014）指出共享经济与传统经济的本质区别在于产品使用权的转移，提倡“租”而不是“买”。

小猪短租 CEO 陈驰认为共享经济有三个关键词：“协作”“消费”和“去工业化”。协作指的是闲置资源的利用；消费是指当闲置资源的利用扩大到一个更大的地理尺度时，需要用付费的方式来解决协作的互惠问题。去工业化指的是将过去多年的工业化、标准化的过程逆转，形成长尾对长尾的态势。

冯海超（2013）认为共享经济具有双层的产权结构。支配权（财产的归属权）在上层，使用权（财产的利用权）在下层。其两个核心理念就是“使用所有权”和“不使用即浪费”。更通俗的说法是，共享经济倡导“租”而不是“买”。

也有研究认为狭义的共享经济有三个特点：一是不转移所有权，只是让渡一定期限的使用权；二是免费，或者收费至多覆盖成本；三是共享的对象是闲置资源，而不是“专业资源”。这种共享是社会个体顺便而为的分享与帮忙，更多是伴生行为。

共享经济作为互联网时代一种全新的经济活动形态，其基本特点就是借助现代信息技术，以更少的资源满足更多的需求。具体而言，与传统经济模式相比，共享经济具有六个基本特征。

1. 技术特征：基于互联网的智能化供需匹配

没有以互联网为代表的技术支撑，现代意义上的规模化的共享经济将成为无源之水、无本之木。在共享经济实践中，大多数互联网平台不直接提供产品或服务，而是将参与者连接起来，发挥其“中介”作用。平台主要有如下四大功能。

一是整合资源。整合资源是平台的基本功能。共享经济平台上聚集了大量客源及货源，供给方与需求方只需要在平台上注册即可以最低成本获得对方信息，大大节省了寻找客户或供应方的时间成本和搜索成本。

二是交易匹配。在运营过程中，平台利用大数据技术、位置服务、在线支付等技术手段迅速准确地实现供需双方的匹配和交易。

三是制定规则。平台需要制定整个分享过程中的交易规则，如时间约定、定价、交易双方的权责、反馈与评价机制、惩戒措施等。

四是保障安全。共享经济大规模爆发的直接结果是我们需要面对各式各样的陌生人，并与之展开广泛的交易。因此，如何确保安全也成了平台非常重要的职责。

2. 主体特征：大众参与

数量巨大的供方和需方的共同参与是共享经济得以发展的前提条件。在开放性的互联网平台上，普通个体只要拥有一定的资源和一技之长，就可以很方便地参与到共享经济中。共享经济的参与者可以是任何的个人、社团、企业、联盟、政府等，参与者们为系统运转贡献自己的力量，并从中获益。参与者身份也不是单一和一成不变的，而可能在多重身份之间频繁地转换，如时而是产品和服务的供给者，时而是消费者。这一特点使参与者个体的潜能与价值都得到最大限度的发挥。共享经济归根结底是人的经济。

3. 客体特征：海量社会资源的分散化快速流动

现实世界的资源是有限的、稀缺的，但闲置与浪费现象也普遍存在。共享经济就是要将这些海量的、分散的各类资源通过网络整合、流动起来，让其使用价值最大化，满足日益增长的多样化需求，实现“稀缺中的富足”。在很多国家，尤其是发达国家，过度消费带来的个人资源过剩的例子比比皆是。福布斯 2014 年的调查显示，美国家庭中 80% 的东西每个月用不到一次，闲置物品的数量 3 年中增长了 1000 倍。中国一共拥有 1.05 亿辆私家车，其利用率不足 10%，利用效率极其低下。事实上，现实生活中过剩的不仅是汽车、房屋等实体物品，还有人们拥有的现金、知识、技能、空闲时间和精力，以及每天产生的海量数据，这些资源都可以通过各式各样的分享平台去进一步创造价值。

4. 行为特征：使用权分享

传统的经济活动，大都涉及产品和服务所有权在交易双方之间的转移，无论是购买汽车、房屋还是就餐，当我们付款之后，也就相应地获得了这些物品和服务的所有权，而且这种所有权是排他性的，不会与他人分享。但在共享经济活动中，所有权与使用权相分离，交易方经常采用以租代买、以租代售等方式让渡产品或服务的全部或部分使用权。例如，爱彼迎平台上闲置房间的租用，网络上音乐的无限复制等。表面上看，人们是在分享房间、车等实体产品或虚拟服务，但实质是在分割购买和租赁，是使用权的暂时性转移。

5. 效果特征：用户体验第一

共享经济能增加供需双方的互动性。任何一种分享活动都是某个供给者和需求者之间互动交流的结果，消费者会全程参与交易过程。这种互动和参与是用户体验的重要方面。共享经济也能大幅增进个性化体验。以传统出租车行业为例，其提供的是单一的车型、单一的价格、单一的打车方式，用户体验较差。而共享经济能提供个性化的产品和服务，并提升用户体验。共享经济还极大地提升了消费者主权。互联网所提供的用户评价功能巨大，用户不仅可以参与评价，而且其评价能够得到及时、公开、透明的反馈，并对其他消费者的选择产生直接影响。这将推动平台与供给方注重提升用户体验，努力改进服务。

6. 文化特征："不求拥有，但求所用"

如果你需要使用某种物品时，有人可以随时提供，那就没有必要什么东西都要购买了。汽车、房屋、机械、工具甚至知识技能、劳务用工，都可以通过共享的办法满足需求。共享经济还带有极强的社会化交往特征。人是一种高级动物，更是一种社会动物，社会属性远远重于生物属性。因此，参与社会的交换、交往、互动是人的天性。共享经济能较好地满足人性中固有的社会化交往、分享和自我实现的需求。共享经济促进了信任文化。社会信任是人们之间高水平高效率合作、分工和交易的基础。共享经济有助于消除陌生人之间交往的障碍，促进社会信任和社会资本积累。当每一个人对于坐陌生人的车、住陌生人的家、上陌生人的家吃饭习以为常时，社会信任也就建立起来了。此外，共享经济顺应了人类环保意识觉醒的全球趋势，有助于建立资源节约、低碳减排、环境友好的新生活方式。

二、国外共享经济发展情况

当前，共享经济浪潮已席卷全球，世界范围内涌现出大量新业态新模式，新兴市场发展潜力巨大，领军企业发展迅猛，各国积极探索新业态的监管与治理。

（一）全球共享经济蓬勃发展

一是全球共享经济方兴未艾。当前，全球共享经济已经从最初的汽车、民宿迅速渗透到快递、货运物流、人力、金融、机械、农业、医疗等领域。根据 HAVAS Worldwide 针对全球 29 个国家、10574 人的调查显示：已有 28% 的人口参与到共享经济活动当中。在欧美国家，共享经济行业发展已经较为成熟，市场认可度较高。作为共享经济发源地的美国，其共享经济企业数量超过 400 家，融资规模超 200 亿美元。根据 Allianz Global Assistance 在 2018 年上半年开展的调查显示，47% 的人表示使用共享经济服务，有 19% 的受访者表示未来非常有可能使用该类服务。在英国，华威大学商学院发布的《分享者与不分享者？ 2017 共享经济消费者调查结果》报告显示，在过去的 18

个月中，英国的共享经济平台使用者数量增加了 60%；近 23% 的受访者每月使用共享经济平台超过一次；73% 的受访者通过使用多个平台获取共享经济服务。在德国，普华永道的调查数据显示，2017 年德国共享经济市场规模超过 200 亿欧元。2017 年，有 39% 的德国消费者使用过共享经济服务，40% 的消费者表示计划在 2018 年体验；其中，23% 的受访者体验过流媒体共享服务，20% 的消费者体验过消费品共享，17% 的消费者体验过共享民宿。

二是新兴市场发展潜力巨大。中国、印度、巴西等新兴经济体拥有较大的人口规模和网民数量，市场需求强烈，为共享经济发展创造了有利条件。据国家信息中心数据显示，2019 年我国共享经济交易规模 32828 亿元，同比增长 11.6%，增长速度放缓。其中，生活服务、生产能力、知识技能三个领域共享经济市场交易规模位居前三，分别为 17300 亿元、9205 亿元和 3063 亿元。值得注意的是，生活服务领域市场交易额占比从 2018 年的 54% 下降到 52.7%，知识技能市场交易额占比从 2018 年的 8% 上升到 9.33%，提高了 1.33 个百分点。

印度本土企业也在悄然崛起，共享经济连接了企业家、小企业主和创业者。企业家可以发布自己拥有的空余资源，小企业主和创业者能够选择自己所需的资源。印度最大的出租车服务公司 Ola 公布的资料显示，其 2016 ~ 2017 财年的收入为 12.86 亿卢比，增长明显。2018 年，巴西信用保护服务机构（SPC Brasil）和国家商店联合会（CNDL）公布的数据表明，40% 的消费者使用过共享经济服务；89% 的民众认为共享经济在人们的生活中已经占据了越来越重要的地位；68% 的消费者认为未来 2 年共享经济这种新的消费方式将与人们的日常生活紧密联系起来。

三是领军企业拓展步伐加快。2019 年 5 月 10 日，Uber（优步）在纽交所上市。其财报显示，2019 年第一季度 Uber 总收入 31 亿美元，比上年同期上涨 20%；第一季度订单总金额 146.5 亿美元，较上年一季度增长 34%；Uber 月活用户也较上年同期增长 33%。此外，第一季度，Uber Eats 的订单金额和订单收入也首次同比实现增长。爱彼迎平台上拥有超过 600 万间独特房源，分布在全球191个国家的10万余座城市。99 Taxi作为巴西本土最大的移动出行服务商，已经在巴西160多个城市提供服务，价格比同类出行服务商平均低约15%，2018年订单量较上年涨幅明显。

（二）全球共享经济治理稳步推进

随着共享经济规模的不断扩大、业态的不断发展，世界各国都提高了对共享经济的关注度，采取多元手段引导规范行业健康发展。

一是重视调查研究，为政策制定提供基础。欧盟成立了共享经济的行业组织——欧洲共享经济联盟（European Sharing Economy Coalition）。该联盟设立的目的在于通过市场调研，建立政府部门和共享经济实体之间的联系，向欧洲各国政策制定者提供相关数据，以推进行业发展与创新。墨西哥成立了专门研究新业态的城市实验室。针对共享出行业态，该机构建议政府发布相应的监管规范，承认其合法地位，明确其市场权利，并对其运营标准、服务安全、数据记录等作出要求。

二是高度重视共享经济，多措并举支持行业发展。例如英国政府将发展共享经济上升到国家战略层面，致力于将英国打造成共享经济的全球中心和欧洲共享经济之都，在提供资金和服务支持、破除行业准入壁垒、简化税收体系、完善保险制度等方面出台鼓励政策，支持共享经济发展。法国数字经济产业部在2015年发布的《共享经济的挑战与前景》报告中，提出了针对共享经济的多项措施，加快建立新兴共享经济企业和传统企业沟通的桥梁，为共享经济企业筹措资金提供便利等。

三是制定行业规范，注重保护消费者权益。例如澳大利亚强制共享经济企业购买保险来降低客户和第三方的风险。澳大利亚为共享餐饮制定了专门的规章，要求家庭作坊式的食品加工及外卖必须申请商号，并对具体餐饮制作细节作出规定。美国联邦贸易委员会要求网约车和共享汽车平台为驾驶员提供一定金额的个人和商业保险，以期保障从业者权益，并利用其发达的征信体系对共享经济中的用户违约失信行为进行约束。

四是采取协同治理，通过政企合作促进行业发展。例如在澳大利亚，悉尼市政府采用政府主导、企业运营的模式进行行业治理，设立了专属停车位，将“汽车使用共享”计划列入“悉尼2030”城市发展规划等系列措施中。巴黎政府与平台企业开展合作，支持共享汽车的发展。

三、共享经济对传统服务业转型发展的作用

共享经济对传统服务业转型发展的作用主要体现在三个方面：推动服务业结构优化、带动服务业更快增长以及促进消费方式转变。

（一）推动服务业结构不断优化

过去几年，在面向人们生活的服务领域，共享经济发展最快、模式最成熟、渗透范围最广。在出行、住宿、餐饮、医疗等领域，基于共享平台发展起来的新兴服务从无到有，在相关服务行业中的比重稳步提高（见图5.1）。

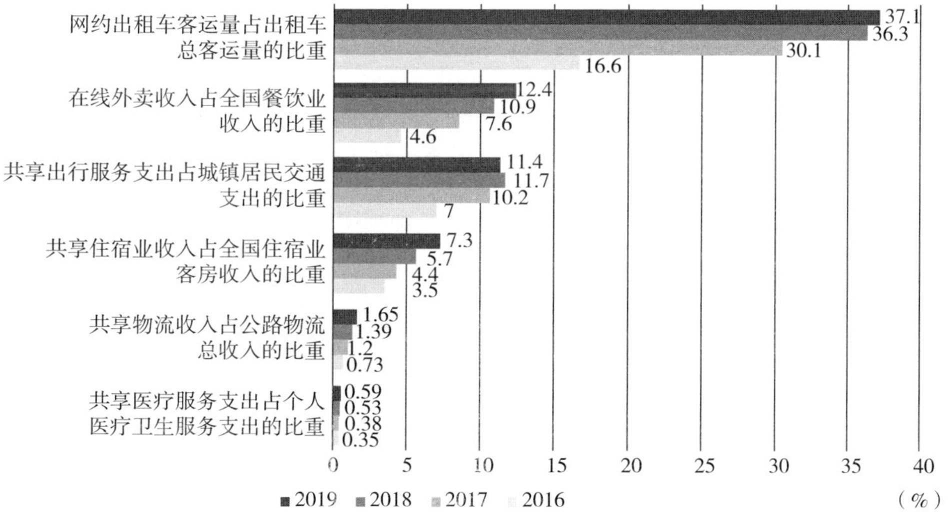

图5.1 2016～2019年各领域共享型新兴服务占比

资料来源：国家信息中心《中国共享经济发展报告2019》。

从图中可以看出2016～2019年，网约出租车客运量占出租车总客运量

的比重从16.6%提高到37.1%；在线外卖收入占全国餐饮业收入的比重从4.6%提高到12.4%；共享出行服务支出占城镇居民交通支出的比重从7%提高到11.4%；共享住宿业收入占全国住宿业客房收入的比重从3.5%提高到7.3%；共享物流收入占公路物流总收入的比重从0.73%提高到1.65%；共享医疗服务支出占个人医疗卫生服务支出的比重从3.5‰提高到5.9‰。

1. 出行服务业

新兴的网约出租车服务是出行领域的一场产业革命，带来了出行业态与服务方式的重大变化。最显著的标志就是网约出租车客运量和服务支出大幅提高。

从出租车客运量结构变化来看，2019年我国网约出租车完成客运量约200亿人次，占出租车客运总量的37.1%，相当于每3个打车的人中，至少有1人使用网约出租车。这一比例较2016年有明显提升，增长了20.5个百分点，网约出租车成为城市居民出行服务体系中越来越重要的组成部分（见表5.2）。

表5.2　2016～2019年我国网约出租车客运量占出租车客运总量的比重

年份	网约出租车		巡游出租车	出租车客运总量（亿人次）	网约出租车客运量占比（%）
	订单量（亿单）	客运量（亿人次）	客运量（亿人次）		
2019	100	200	339.3	539.3	37.1
2018	100	200	351.7	551.7	36.3
2017	78.5	157	365.4	522.4	30.1
2016	37.6	75.2	377.4	452.6	16.6

资料来源：网约出租车平台订单量根据主要平台调研数据估算所得，客运量按每个订单平均2人计算；2016～2018年巡游出租车客运量数据来自交通部统计公报。2019年为估计数。

从城镇居民交通支出（包括公共交通、出租车以及网约车等）结构看，2019年我国城镇居民交通支出为23590亿元，其中共享出行服务支出为2700亿元，占比11.4%，较上年减少0.3个百分点，比2016年提高了4.4个百分点（见表5.3）。共享出行在城市公共出行服务中的地位越来越重要，已经成为城市交通出行重要的补充工具，在满足居民出行需求的同时，也带动整个城市交通服务的发展。

表 5.3 2016 ~ 2019 年共享出行服务支出占城镇居民交通支出的比重

年份	共享出行服务支出（亿元）	城镇居民交通支出（亿元）	共享出行服务支出占比（%）
2019	2700	23590	11.4
2018	2478	21122	11.7
2017	2010	19638	10.2
2016	1280	18348	7.0

资料来源：2016 ~ 2018 年城镇居民交通支出根据城镇居民人均交通支出和城镇居民人口数计算得出；城镇居民人均交通支出根据国家统计局公布的城镇居民人均交通通信支出扣除工信部公布的人均电信消费支出计算得出。2019 年为估计数。

2. 住宿服务业

共享住宿是指以互联网平台为依托，整合共享海量、分散的住宿资源，满足多样化住宿需求的经济活动总和。随着互联网等新技术的飞速发展、城乡旅游消费和服务的升级、个性化消费理念的流行，共享住宿成为越来越多人外出旅行的一种选择。2019 年我国共享住宿市场收入约 225 亿元，占全国住宿业客房收入的 7.3%，较上年提高了 1.6 个百分点，较 2016 年提高了 3.8 个百分点（见表 5.4）。这意味着继宾馆酒店、客栈民宿和租赁式公寓等传统业态发展成熟之后，基于网络平台发展起来的共享住宿业态也在逐渐成熟。

表 5.4 2016 ~ 2019 年共享住宿收入占全国住宿业客房收入的比重

年份	共享住宿收入（亿元）	限额以上住宿业客房收入（亿元）	全国住宿业客房收入（亿元）	共享住宿占比（%）
2019	225	2249.6	3081.3	7.3
2018	165	2130.6	2860.5	5.7
2017	120	2051.2	2715.4	4.4
2016	85	1907.2	2441.6	3.5

资料来源：2016 ~ 2018 年限额以上住宿业客房收入数据来自国家统计局；全国住宿业客房收入数据根据第三次全国经济普查数据和限额以上住宿业客房收入数据的比例推算得出。2019 年为估计数。

3. 餐饮服务业

随着互联网技术的不断渗透，餐饮服务领域传统商家积极转型，外卖品类不断拓展，品质不断提升，配送服务持续优化，消费者体验越来越好，在线外卖市场发展迅速，成为餐饮业中越来越重要的新业态。近年来，我国在线外卖营业额不断攀升，占全国餐饮业比重越来越高。2019 年我国在线外卖收入约 5966 亿元，占全国餐饮业收入的比重为 12.4%，较上年提高了 1.5 个百分点，比 2016 年提高了 7.8 个百分点（见表 5.5）。

表 5.5　　2016 ~ 2019 年在线外卖收入占全国餐饮业收入的比重

年份	在线外卖收入（亿元）	全国餐饮业收入（亿元）	在线外卖收入占比（%）
2019	5966	48072	12.4
2018	4712	43103.4	10.9
2017	3000	39644	7.6
2016	1663	35799	4.6

资料来源：2016 ~ 2018 年全国餐饮业收入数据来自中国饭店协会发布的历年《中国餐饮业年度报告》。2019 年为估计数。

4. 医疗服务业

共享医疗是以互联网平台为载体，整合海量、分散的专业化医疗资源，以便捷高效的方式满足多样化医疗服务需求的一类经济活动，是共享模式与医疗服务融合发展的结果。相对于出行、住宿、餐饮等其他服务活动而言，由于人们对线下医疗的高度依赖性、在线就医习惯尚未养成、服务模式尚不成熟，以及较高的行业准入门槛，所以共享医疗服务发展十分缓慢，渗透率低，服务支出占全国个人医疗服务总支出的比重很低。2019 年我国共享医疗服务支出额为 108 亿元，占全国个人医疗支出的比重约为 5.9‰，比 2016 年提高了 2.4 个千分点（见表 5.6）。

表 5.6　　2016 ~ 2019 年共享医疗服务支出占全国个人医疗服务支出的比重

年份	共享医疗服务支出额（亿元）	全国个人医疗支出总额（亿元）	共享医疗服务占比（‰）
2019	108	18196	5.9
2018	88	16663	5.3

续表

年份	共享医疗服务支出额（亿元）	全国个人医疗支出总额（亿元）	共享医疗服务占比（‰）
2017	56	15134	3.8
2016	47	13338	3.5

资料来源：2016 ~ 2017 年全国个人医疗支出数据来自国家统计局，2018 年来自卫健委《2018 年我国卫生健康事业发展统计公报》，2019 年为估计数。

5. 物流服务业

促进物流业降本增效，着力推进物流业集约化、智能化、标准化发展，是物流业转型升级的重要方向。随着信息技术在供应链管理和物流业中的广泛运用，基于互联网平台的物流新业态、新模式不断涌现。其中，公路运输领域的共享物流是最具代表性的一种新业态，最近几年取得了较快发展。2019 年我国共享物流收入约 644 亿元，占全国公路物流总收入的 1.65%，较上年提高了 0.26 个百分点，较 2016 年提高了 0.95 个百分点。共享物流在全国公路物流业中的占比越来越高（见表 5.7）。

表 5.7　2016 ~ 2019 年共享物流收入占公路物流总收入的比重

年份	共享物流收入（亿元）	公路物流总收入（亿元）	共享物流收入占比（%）
2019	644	39026	1.65
2018	490	35157	1.39
2017	350	29771	1.2
2016	190	25855	0.7

资料来源：公路物流营业收入数据根据国家发改委公布的物流业总收入数据、物流运输费用数据以及交通运输部公布的货运周转量数据估算得出。

（二）带动服务业更快增长

信息网络技术在服务业领域的创新应用，催生了大量的共享经济新业态新模式，为服务业保持快速增长注入了新动力。一方面，基于互联网的共享平台打破了供需双方间的信息不对称，过去未能得到有效利用的闲置资源和劳动力被充分调动起来，从而极大地提升了服务业的供给能力。另一方面，共享服务新业态也促使餐饮、保洁等传统的家庭自足式服务转向市场化服务，带动了代买、代排队、跑腿取件等一系列增值服务，从而极大地激发了生活服务中的潜在消费需求。此外，共享型服务对传统服务方式的替代效应也逐渐显现，更高的服务效率和更好的消费体验使许多用户从线下消费向线上消费转移：从巡游出租车到网约出租车，从到店消费到在线外卖，从住酒店到住民宿。

相对于成熟稳定、低速增长的传统服务业态，共享模式创造新供给、激发新需求的巨大能力以及对传统服务业态的替代作用，推动了共享服务业态的持续超高速增长。在出行、住宿、餐饮等领域，共享服务业态收入年均增速往往数倍于传统业态（见表 5.8）。

表 5.8　　2016 ~ 2019 年共享服务业态与传统服务业态收入年均增速比较

领域	共享服务业态增速（%）	传统服务业态增速（%）	增速倍数
出行	28.2	7.0	4.0
住宿	38.2	6.6	5.8
餐饮	53	7.3	7.3
物流	50.2	14.4	3.5
医疗	31.8	10.8	2.9

注：增速倍数等于共享服务业态收入年均增速与传统服务业态收入年均增速之比。

资料来源：国家信息中心《中国共享经济发展报告 2020》。

以出行行业为例，网约车的发展使大量闲置的社会车辆资源得到更加充分的利用，为城镇居民出行提供了更多新的选择和更好的体验。2016 ~ 2019 年网约车服务收入年均增速为 28.2%，是巡游出租车服务增速的 4 倍。再以餐饮为例，在线外卖的发展提升了线下餐厅的供给能力，同时也由于其方便快捷的服务激发了大量的新需求，包括对家庭自我服务的替代以及由外卖衍生出来的市场化配送服务。2016 ~ 2019 年在线外卖收入年均增速约为 53%，是传统餐饮业增速的 7.3 倍。

共享模式创造的新供给和新需求以及由此带来的更好的用户体验，带动相关服务行业更快增长。2016 ~ 2019 年，出行、住宿、餐饮等领域的共享活动对行业增长的拉动作用分别为 1.7 个、1.5 个和 3 个百分点（见表 5.9）。但也应该看到，由于行业特性和市场监管等因素以及新模式普及程度的差异，共享服务业态对行业的带动作用有大有小。在物流、医疗领域，共享服务业态的拉动作用明显低于出行、住宿和餐饮领域，分别为 0.35 和 0.1 个百分点。

表 5.9　　2016 ~ 2019 年共享型服务对相关行业整体增长的拉动作用

领域	行业整体年均增速（%）	传统服务业态年均增速（%）	共享服务业态的拉动作用（百分点）
出行	8.7	7.0	1.7
住宿	8.1	6.6	1.5
餐饮	10.3	7.3	3
物流	14.71	14.36	0.35
医疗	10.9	10.8	0.1

资料来源：国家信息中心《中国共享经济发展报告 2020》。

（三）促进消费方式转变

消费是拉动 GDP 增长的“三驾马车”之一，对经济增长具有重要作用。近年来，在我国居民消费水平显著提高的同时，网络信息技术的普及应用正在推动人们消费方式的深刻变化：由门店式的线下消费向全时空的线上消费方式转变，由现金支付向网络化、移动化支付方式转变，由实物消费为主向以信息消费、教育文化、旅游休闲等为主的新型服务消费转变。共享经济的快速普及和带来的个性化体验带动了全社会消费理念和消费方式的转变。

共享型服务向主要生活领域加速渗透。近些年来，随着智能手机等移动终端、电子商务、移动支付的普及，网约车、在线短租、在线外卖、共享医疗等新的共享型服务不断涌现，并向人们的日常生活各领域快速渗透，人们对共享型服务的消费经历了从无到有的过程，消费群体也从“00 后”向社会大众变迁。共享型服务的普及率（用户数量占网民的比例）以及共享型消费支出占比是反映上述变化过程的核心指标。

从共享型服务的普及率来看，截至 2019 年 6 月，在网络支付方面，我国网络支付人群约 6.33 亿人，较 2016 年底增加 1.64 亿人，年均增速达 10.1%，在网民中的普及率由 64.9% 提高到 74.1%。

在出行服务领域，2019 年网约车用户规模约为 4 亿人，在网民中的普及率由 2016 年的 32.31% 提高到 47.4%；在餐饮服务领域，2019 年在线外卖用户规模约 4.4 亿人，在网民中的普及率由 2016 年的 30% 提高到 51.58%；在住宿领域，2019 年共享住宿用户规模为 8300 万人，在网民中的普及率由 2016 年的 5% 提高到 9.7%。在医疗领域，2019 年参与共享医疗的用户规模接近 3.6 亿人，在网民中的普及率由 2016 年的 14% 提高到 21%（见表 5.10、图 5.2）。

表 5.10　2016 年和 2019 年主要生活领域共享型服务普及情况

领域	用户规模（万人）			在网民中的普及率（%）	
	2016 年	2019 年	年均增速（%）	2016 年	2019 年
网约车	22463	40512	21.7	32.31	47.41
在线外卖	20856	44075	28.3	30.00	51.58
共享住宿	3500	8300	33.4	5.03	9.71
共享医疗	19476	35960	22.7	14.01	21.04

资料来源：在线外卖、网约车用户数来自 CNNIC 发布的历年《中国互联网络发展状况统计报告》；共享医疗和共享住宿用户数根据相关平台的数据估算而来。

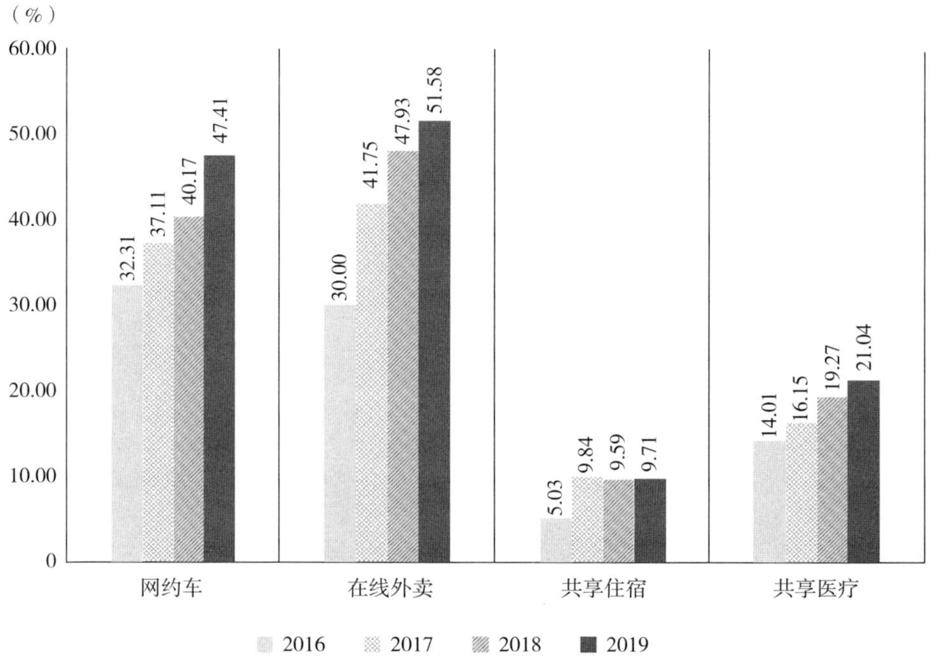

图 5.2　2016 ~ 2019 年主要类型的共享服务在网民中的普及率

从主要领域共享型消费支出占比来看，2019年在线外卖在人均餐饮消费支出中占比最高，达到12.4%；其次是网约车，人均消费支出约316.4元，占人均出行消费支出的11.4%；第三是共享住宿，占人均住宿支出的7.4%；医疗领域是最低的，人均支出额仅为7.7元，占个人医疗卫生支出的0.6%（见表5.11、图5.3）。总的来看，尽管像出行、住宿、餐饮、医疗等领域共享经济发展迅速，但由于发展时间短、用户习惯尚未完全形成，共享型服务支出占比仍然偏低，未来市场潜力巨大。

表5.11　　2019年主要领域共享型服务支出占比

人均消费支出（元）		共享型服务支出（元）		共享型服务支出占比（%）
出行	2764.6	共享出行	316.4	11.4
住宿	216.8	共享住宿	16	7.4
餐饮	3428	在线外卖	425.4	12.4
医疗	1297.6	共享医疗	7.7	0.6

资料来源：出行服务、共享出行服务人均消费支出分别根据城镇居民交通支出额、共享出行服务支出额与年末总人口数计算得出；住宿服务、共享住宿服务人均消费支出分别按全国住宿业客房收入、共享住宿服务收入与年末总人口数计算得出；餐饮服务支出、在线外卖人均消费支出分别根据全国餐饮业收入、在线外卖收入与年末人口数计算得出；医疗和共享医疗人均消费支出根据个人医疗卫生支出额、共享医疗服务支出额与年末人口数计算得出。

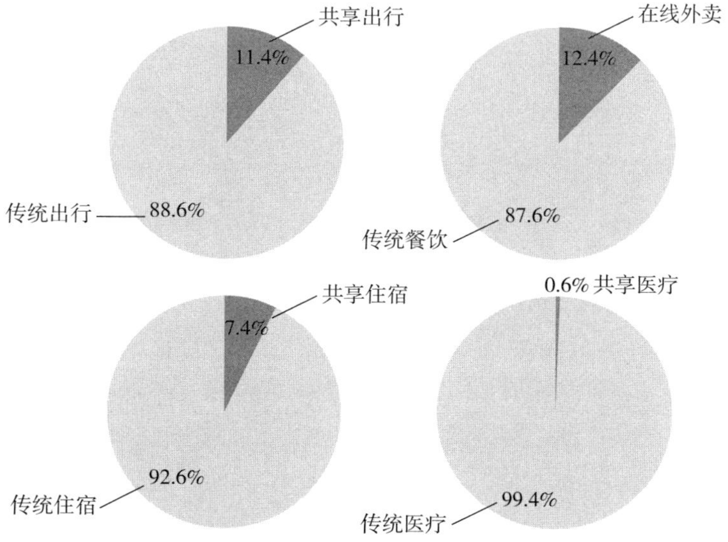

图5.3　2019年主要领域共享型服务支出占比

从根本上说，共享经济推动的消费方式转型，既是共享消费模式对传统消费模式逐步替代的结果，也是二者融合发展的结果。以出行服务为例，网约车的发展对传统出租车既形成了一定的竞争和替代关系，同时也促进了其向网络化服务的转型，传统出租车也成为网约车平台上重要的服务提供者。共享模式与传统消费模式既相互替代又相互融合的结果，源自共享模式在解决传统服务模式“痛点”的同时，也给消费者带来了便捷化、个性化消费体验。网约车既满足了不同市民的出行需求，也缓解了长期以来存在的出行高峰时期“打车难”的问题；共享住宿的发展，满足了人们对“居家式”、个性化住宿服务的需求；在线外卖平台在提供及时、便捷送餐服务的同时，也将人们从繁重的家务中解脱出来；共享医疗的发展使更多的城乡居民能够享受大城市的优质医疗资源。随着共享模式和传统消费模式相互替代与融合发展水平的不断提高，未来共享型消费将成为主流的消费方式之一。

四、当前我国共享经济发展面临的问题和挑战

共享经济持续健康发展，除了面临法律法规不适应、数据共享水平亟须提高、应急处置机制不完善等问题外，还存在地方自由裁量权过大和监管部门之间协同不足、灵活就业人员的社会保障亟待加强、可共享资源开放力度不足等问题，《中华人民共和国电子商务法》（以下简称《电子商务法》）在共享经济领域的落地实施也面临一些亟待解决的问题。

（一）地方自由裁量权过大等问题较为突出

地方自由裁量权过大导致共享平台企业运营合规成本增加。为了推进作为新业态新模式的共享经济的发展，有关部门往往会明确监管的基本方向和原则，在具体的实施细则方面给予属地较大的自由裁量权，致使各地在准入标准、监管方式、违规处罚等方面存在较大差异，平台企业需要投入大量的精力和资源满足不同属地的合规要求。网约车领域，“一城一策”现象较为突

出，各地可以在相当程度上对网约车司机的户籍，车辆的价格、车龄、排气量和轴距等方面设置不同的门槛。这种自由裁量权导致许多不合理的准入限制，除了要求车辆价格必须大幅高于出租车价格外，有些地方还对车长、车宽、车高、行李箱大小作出了限制，甚至指定应急报警装置等网约车必备终端产品的品牌。共享单车领域，由于各城市具有较大的自由裁量权，致使部分城市在车辆投放和平台注册登记、运营等方面管制过度，如以纯行政办法控制车辆投放，强制平台企业必须在当地设立子公司，强制要求平台必须配备较高比例的车辆运维人员等。餐饮领域，各地对小餐饮许可证的要求不一，对小餐饮取得登记备案凭证后能否入网经营的相关规定也存在较大差异，导致平台企业有些无所适从。

监管部门之间缺乏有效协同也是一个比较突出的问题。共享经济具有典型的跨领域、多业态融合等特征，其监管往往涉及多个部门。由于当前许多领域监管制度还在逐步完善中，部门之间尚存在职责交叉、责任不清、权责缺失等问题。共享住宿领域，虽然旅游、工商、税务、食药监、网信、公安、消防等部门都负有监管责任，但一直未能明确主管部门，使该领域的监管未能形成有效的联动机制，各部门往往独立开展监管及相关执法工作，难以形成工作合力，影响了治理效能。另外，在线教育、共享单车、在线外卖等领域也涉及多部门监管，协同联动不足是实践中存在的一大问题。

（二）《电子商务法》落地实施尚缺乏细则支撑

2019 年 1 月 1 日正式实施的《电子商务法》，不仅是规范和约束一般性电商平台的基本法，也是共享平台必须遵守的基本法律。从共享经济实践来看，《电子商务法》的落地实施还面临亟待解决的问题。

一是加快出台与之配套的各项实施细则。在经营者市场主体登记方面，由于“零星小额交易活动”的认定尚缺乏实施细则，共享平台上许多交易频度低、规模小的服务提供者，是否适用该条款难以认定。另外，对于共享平台上提供服务的自然人而言，进行主体登记的流程和内容要求也缺乏明确的规定。在平台向有关部门提供信息方面，《电子商务法》虽然对平台向相关部门提供经营者信息提出了要求，但这些要求都过于原则性，尤其是对信息报送的具体内容、周期、形式等缺乏明确规定，以致实践中出现多个部门甚至是同一部门内部的不同机构向平台收集信息，导致平台企业运营成本的增加。在市场公平竞争方面，《电子商务法》明确规定经营者不得滥用市场支配地位，排除、限制竞争。从实践层面看，随着技术的进步和行业竞争的加剧，包括共享经济在内的平台企业的不正当竞争行为具有越来越强的隐蔽性、多样性，法律认定更加复杂和困难。如何按照包容审慎和底线监管的原则，进一步完善相关制度和实施细则，在公平竞争和鼓励创新之间找到平衡点，是未来《电子商务法》落到实处必须解决的问题。

二是要做好与其他相关规章制度的衔接。《电子商务法》明确禁止平台删除消费者评价，但从实践来看，许多电商平台都具有较强的社交化特点，平台上经常存在一些明显的恶意评价信息，甚至传播一些相关法律中明令禁止的不良信息。上述两个方面的规定存在着不一致性，难免让平台为难。

三是一些与平台规范发展密切相关的问题需要从法律层面加以明确。比如，备受社会和公众关注的平台算法是否需要监管以及如何监管等，《电子商务法》尚缺乏明确和系统的规定；平台企业“一点经营、服务全国”与属地化管理之间的矛盾如何解决，也需要在法律上予以明确，以便依法行政和依法监管。

（三）平台灵活就业人员的社会保障亟待加强

共享经济的崛起催生了一大批以网约车司机、外卖小哥、网络主播、网约家政服务员等为代表的灵活就业人员。这一群体的就业具有工作场所流动化、工作时间弹性化、用工关系零工化等特征。灵活就业群体虽然对社会作出了巨大贡献，但其社会保障普遍不足，主要原因如下。

一是与灵活就业相适应的社会保险体系建设严重滞后，难以满足共享经济新业态的发展需要。一方面，现行的社会保险体系基于正式的劳动合同关系，但共享经济平台上的灵活就业人员与平台之间大多是劳务合作关系或自我雇用形式，与传统的法定劳动关系性质不同，而且普遍存在“多平台同时就业”情况，难以满足现行社会保险体系的参保条件。这是该群体参加社会保障的制度性障碍。另一方面，目前关于灵活就业人员以个人缴费方式参加养老、医疗等社会保险，虽然已经有了制度化通道，但由于申报手续复杂、个人缴纳费用高、最低缴费年限长、异地转移接续关系困难等问题，导致灵活就业人员参保意愿不强，所以并未发挥应有的社会保障作用。

二是在社会保险力度和范围不足的同时，商业保险的保障力度也存在不足。调研发现，多数企业都在积极探索以商业保险的形式加强灵活就业人员的社会保障，但平台企业之间、行业与行业之间的保障力度存在较大差异。以工伤保障为例，在当前以劳务众包为主的共享平台上，灵活就业人员大多是务工群体，其工作环境复杂、强度大、工伤高发，对工伤保障需求迫切。由于参加现行社会工伤保险存在障碍，灵活就业人员大多通过商业意外险进行保障，但商业保险存在保障范围有限、保障标准较低、缴费偏高、理赔难等问题，难以有效保障他们的人身安全。

三是如何界定政府、平台企业和灵活就业人员等各方主体在社会保障方面的权责关系，也是一个巨大的挑战。诸如平台企业和灵活就业人员之间用工关系性质的界定、与平台企业合作的第三方劳务公司应该承担的责任、如何更好地发挥社会保险与商业保险的互补作用等问题，都需要进一步研究和明确。

（四）可共享资源开放力度不足

共享经济的核心是通过平台整合社会分散资源和供需的快速匹配，以大幅降低交易成本，提高社会资源的利用效率。共享经济快速发展的前提是可共享资源的高度开放。但从实践来看，许多可利用的资源，包括医疗器械、科研设备、制造资源以及与居民生活密切相关的资源，如停车位、充电桩等，存在着开放意愿和力度不足的情况，成为共享经济发展的重要制约因素。造成这一现象的原因如下。

一是资源开放难度大。以大型科研设备和制造装备共享为例，调研发现，许多企事业单位、高校和科研院所都有大量的价值高昂却利用率很低的科研设备和制造装备，但由于属于国有资产，按现行相关制度的规定，这些设备和装备都有严格的使用范围等限制，不能随意租借，也不能随意面向社会开放，导致这些设备和装备难以得到有效利用。

二是资源拥有者开放意愿低。以城市停车位为例，大多数城市的公共停车位都严重不足，而许多单位、小区的停车位却闲置或利用不足。因为车位共享意味着外来人员和车辆可进入单位或小区，会带来一定的安全隐患，也会产生额外的管理和服务成本，致使停车位拥有者不愿共享。

五、促进共享经济健康发展的对策建议

共享经济发展遇到的问题，亟须从深化“放管服”改革、推进公共数据开放和加强协同监管等多个方面入手，不断完善发展环境，推进共享经济健康快速发展，充分释放共享经济在培育经济增长新动能方面的潜力。

（一）继续加大对中小微企业的扶持力度

一是持续跟进包括金融财税在内的稳产纾困政策的落地实施情况。引导和鼓励地方在国家政策的基础上，进一步因地制宜出台更细化、更有针对性和操作性的政策，同时加大对相关政策的宣贯力度，支持平台企业尤其是广大中小商户的发展。

二是重视和发挥大型平台企业作为全链路在对接零散商户方面的中枢作用。利用平台加大面向中小微企业的政策宣贯。引导和鼓励平台企业加强对入驻商家的支撑和服务力度，不断扩大平台服务供给；研究和制定相关政策，对于帮扶效果好的平台企业予以支持。支持平台通过提供智能硬件、数字平台、线上服务等方式帮助中小商户进行数字化改造。

（二）加快共享经济领域的“放管服”改革

一是围绕共享经济领域“放管服”改革的重点问题，组织开展专题调研和专项督查。及时总结改革成效，发现和推广富有成效的鲜活经验；深入查找问题，听取进一步深化“放管服”改革的意见建议。

二是加大地方政府“减政”力度，大幅缩减地方政府权力清单。支持地方结合本地实际研究制定鼓励共享经济发展的政策体系。依托全面创新改革试验区和国家自主创新示范区，支持有条件的地方先行先试，依法制定共享经济领域创新改革的容错纠错机制和实施细则。

（三）大力推进公共数据开放

一是进一步贯彻落实《促进大数据发展行动纲要》《国务院办公厅关于运用大数据加强对市场主体服务和监管的若干意见》《政务信息系统整合共享实施方案》等文件的精神和要求，进一步细化落实方案，继续推进大数据在政务、民生、城市管理、重点行业等领域的示范应用，带动共享经济快速渗透进各领域。

二是加快建设覆盖全国的国家大数据中心网络和政府数据开放平台，推进公共数据开放和基础数据资源跨部门、跨区域共享。优先推动信用领域的数据向社会开放。建立数据质量评估机制，将数据开放共享纳入政府绩效考核。

三是推动共享经济平台企业与政府部门建立数据开放共享机制，明确数据采集标准、更新频率等，充分利用互联网信用数据补充完善现有征信体系。同时加强个人信息保护和网络信息安全监管，严厉打击泄露和出卖个人数据违法行为，维护网络数据安全。

（四）加强协同监管机制建设

一是政府要加强现有政策制度与共享经济的适用性研究，抓紧修改已经明显不适用的法律法规，进一步清理制约共享经济发展的行政许可等事项。

利用大数据等技术创新监管手段，加强对共享经济企业的事中、事后监管。放宽资源提供者的市场准入条件，研究制定以用户安全保障为底线的创新准入政策。完善适应灵活就业趋势的社会保障机制。研究界定平台企业的相关权利、责任和利益，明确其追责标准和履责范围。

二是平台企业要加强平台治理和安全保障，严格规范经营，积极协助政府监督执法和承担社会责任。加强政府监管平台与平台企业的互动和信息共享，将平台企业在发展过程中形成的质量与安全保障、信用管理、风险控制等内生治理机制作为政府监管体系的重要补充。

三是适时成立国家级共享经济行业自律组织。组织、引导和督促企业贯彻国家关于共享经济发展的法律法规和政策方针，规范企业经营行为。加强行业自律，研究建立争议、投诉处理机制和反馈机制。组织开展行业情况调查，研究制定行业服务标准和业务规范，完善社会监督。协调企业之间、企业与政府有关部门之间的关系，发挥桥梁纽带作用。

（五）大力完善社会信用体系

一是优先推动信用数据有序开放。公共数据开放和深化利用已经成为“互联网 +”时代构建新型政府治理模式的基础性支撑，推动数据开放有助于激发以共享经济为代表的新业态活力。大力推动公共数据开放共享，鼓励社会对开放数据进行再利用，有助于激发全社会创新创业活力。就共享经济而言，推动公共信用数据的有序开放，有助于降低平台企业内部治理所产生的交易成本。公共信用数据开放，关键是将数据所有权和使用权分离，政府拥有数据所有权，平台企业和信用服务机构按自身与社会需要对数据进行加工及应用。

二是进一步完善数据开放共享机制。完善政府、分享平台、信用服务机构之间的数据开放共享机制，以充分利用分享平台的信用信息来补充和完善社会征信数据体系。明确相关信息数据采集格式，建立开放共享标准和可操作流程。明确数据结构目录和使用方式、信用机构接入的资质要求、数据脱敏处理要求、数据适用范围和数据接入操作程序等，规范信用服务机构对数据的使用，降低信用评价的成本，保护数据安全和用户隐私。

三是完善多方参与的守信激励与失信惩戒联动机制。在共享经济领域，探索建立政府、征信机构和平台企业联动的守信激励与失信惩戒机制，为信用体系全面助力共享经济新业态、新模式发展和治理提供经验。在实践层面，杭州信用城市建设经验值得推广，在用户授权的前提下，将用户存在政府或监管机构的信息开放给社会信用服务机构，让更多用户能有更准确的信用评价，更好地享受信用免押等服务。

（六）建立和完善共享经济的统计监测体系

抓紧研究和加快修订相关法律法规，将共享经济纳入国民经济运行监测体系，明确其统计范围和统计口径，逐步完善与之相适应的统计方法。推进统计监测部门与平台企业对接，创新统计调查和动态监测方法。建立监测数据定期发布制度。建立共享经济价值评估指标体系，以全面反映共享经济对经济社会发展的价值。

参考文献：

[1] Felson M，“Community Structure and Collaborative Consumption：A Routine Activity Approach，” American Behavioral Scientist，1978.（4）.

[2] Belk，R.，“Why not share rather than own，” Annals of the American Academy of Political and Social Science 2007. 611（1）.

[3] Belk，R.，“You Are What You Can Access：Sharing and collaborative consumption online，” Journal of Business Research 2014. 67（8）.

[4] Botsman R. Rogers，What’s mine is yours：the rise of collaborative consumption. Haper Collins，2010.

[5] Dervojeda，K.，K. Verzijl，F. Nagtegaal & M. Lengton，“The sharing economy，accessibility based business models for peer-to-peer markets，

Business Innovation Observatory," European Commission Case Study 2013.12.

[6] Marx, P., The borrowers. New Yorker, 2011.

[7] Prahalad & Ramaswamy, "Co-creation experiences: The next practice of value creation," Journal of Interactive Marketing, 2004, 18 (3).

[8] Russel Belk, Sharin, "journal of consumer research," Inc. Vol. 36, February, 2010.

[9] Juliet B. Schor, Collaborating and Connecting: The emergence of the sharing economy forthcoming in Handbook on Research on Sustainable Consumption, eds., Lucia Reisch and John Thogersen, (Cheltenham, UK: Edward Elgar), 2015.

[10] 杰里米·里夫金著，赛迪研究院专家组译. 零边际成本社会 [M]. 北京：中信出版社，2014.

[11] 刘建军，邢燕飞. 共享经济：内涵嬗变、运行机制及我国的政策选择. 中共济南市委党校学报 [J]，2013（5）.

[12] 曾响铃."共享经济"改变了什么？ [N]. 大众日报，2015-07-22.

[13] 吕福玉. 分享经济的发展趋势与应对策略 [J]. 商业时代，2014（29）.

[14] 豆瑞星. 分享经济：国内国外的联动 [J]. 互联网周刊，2013（2）.

[15] 冯海超. 云计算、分享经济与 IBM 的转型 [J]. 互联网周刊，2013（2）.

[16] 中国互联网络信息中心（CNNIC）:《第 44 次中国互联网络发展状况统计报告》，2019 年 8 月。

分报告六

新兴工业机器人对于我国工业制造业发展的影响分析

新型工业机器人技术集机械、信息、材料、智能控制、生物医学等多学科于一体，不但自身技术附加值高，产品应用范围广，而且已经成为重要的技术辐射平台，对提升我国工业制造业发展、增强军事国防实力、提高处理突发事件水平、带动整体经济发展、改善人民群众生活水平都具有十分重要的意义。新型工业机器人产业是继汽车、飞机、计算机之后出现的又一个全球范围的重大创新平台，是提升国家竞争力的又一次重大机遇。

经过近 40 年的发展，我国在新型工业机器人技术领域取得了很多成绩，具备了一定的研发基础和产业化条件。新型工业机器人领域的技术创新、产业发展和推广应用，对增强我国工业制造业实力，促进我国战略性新兴产业发展和传统产业升级，抢占未来世界经济发展的空间，满足民生科技需求都具有十分重要的意义。

一、研究背景

（一）机器人定义

机器人是一种能够半自主或全自主运行的智能机器（设备、消费品等），它具备类似人或生物体的一些运动、操作或智能能力，具有感知、决策、执行等基本特征；其目的是辅助人甚至替代人完成危险或繁重、复杂的工作，提高人的工作效率与质量，服务于人的生活并扩大或延伸人的活动及能力范围。

依据应用领域的不同，机器人可分为三大类，即工业机器人、服务机器人和特种机器人。工业机器人是应用于工业自动化的机器人，可自动控制、重复编程，通过多轴运动实现多种操作，可固定也可移动。工业机器人在工业生产中能代替人做某些单调、频繁和重复的长时间作业。服务机器人是在一般条件下为人类提供服务的机器人，如家政服务机器人、助老助残机器人、教育娱乐机器人等。特种机器人是在某些特殊场合应用的机器人，通常有专业人员操控，如抢险救援机器人、医疗机器人、水下作业机器人、军用机器人、空间机器人等。

（二）机器人的战略意义与影响

1. 机器人改变生产力，是变革性技术与使能性技术

生产力是社会发展的内在动力基础。第一次工业革命被称为“机器革命”，机器的应用将劳动者从手工作业中解放出来。第二次工业革命以自动化为标志，减少了人的直接参与，提高了生产效率。第三次科技革命涉及空间技术、信息技术等多项新技术，改变了人类生产、生活的方式。机器人，字面理解为“机器”+“人”，将生产工具与劳动者紧密结合在一起，甚至合二为一，彻底改变了劳动者使用生产工具操作劳动对象的生产模式，有望成为下一次科技革命的“引擎”。

2. 机器人推动三大产业发展

机器人能够辅助或替代人的工作，能扩大或延伸人的活动及能力范围。它将对我国第一、第二、第三产业产生重大影响。

对第一产业农业，机器人可应用于种植、收割、捕捞等方面，提高生产效率，降低人体劳动强度。农业智能化是其未来发展方向。对第二产业制造业，机器人是制造业的产物，同时也改变着制造业。目前机器人主要应用于

汽车、电子等领域，逐步扩展到建筑、食品加工、陶瓷等众多领域。机器人对制造业的改变将是长远而广泛的。对第三产业服务业，目前机器人已经渗透到物流、勘探、教育等领域中，随着人口老龄化的加剧及生活水平的提高，机器人将广泛应用于家政服务、助老助残、医疗、文化教育等众多领域，彻底改变我们的生活。机器人有望成为服务业的支柱型产业。

3. 机器人促进军事变革，“纸上谈兵”或将成为现实

从冷兵器时代的面对面肉搏，到信息时代的电子对抗，技术发展一直推动着作战方式的变革，战场上对阵士兵的距离越拉越远。目前新入伍的美国空军有 50% 已经不再是传统的飞行员，而是无人机的远程操作员，这是基于美军已经大量装备了以无人机为代表的机器人。未来战争无人化已经成为必然的发展趋势，“纸上谈兵”或将成为现实。

4. 机器人将成为社会经济飞速发展的原动力

二十世纪五六十年代，为抵制西方国家的武力威胁和核讹诈，我国倾全国之力成功独立自主研制了“两弹一星”，增强了民族自信心。“两弹一星”是一个国家工程，对我国军事战略意义重大。而机器人如同计算机、互联网一样，是一个正在发展壮大的产业，将全面改变人类生产生活方式，变革军事格局。如果说“两弹一星”使中国在国际上有了谈判的资本，那么机器人及其他变革技术将成为未来推动中国社会经济飞速发展的原动力。

二、主要国家机器人发展策略

近年来，随着人工智能技术、数字化制造技术与移动互联网之间创新融合步伐的不断加快，发达国家纷纷作出战略部署，抢占机器人产业制高点。

（一）美国：举全国之力，大力发展机器人产业

美国举全国之力，大力发展机器人产业，试图在新一轮技术和产业革命中继续占领先机。美国的机器人技术在国际上一直处于领先地位，其技术全

面、先进，适应性也很强。具体表现在：性能可靠，功能全面，精确度高；机器人语言研究发展较快，语言类型多、应用广，水平高居世界前列；智能技术发展快，其视觉、触觉等人工智能技术已在航天、汽车工业中广泛应用；高智能、高难度的军用机器人、太空机器人等发展迅速，主要用于扫雷、布雷、侦察、站岗及太空探测方面。

1. 寓军于民，美国将发展机器人作为重大国策

美国制造业复兴已成为其国策。奥巴马政府将“再工业化”视为走出经济困境的重要路径，先后出台了《重振美国制造业政策框架》《先进制造伙伴计划》《先进制造业国家战略计划》等纲领性文件。美国的再工业化政策，并不仅仅是工业化，而是瞄准先进制造业发展模式，大力推动高附加值制造产业。因此，其国内对工业机器人的需求也将快速上升。美国模式的特点是整体研发设计与对外采购机器人本体相结合，重在系统开发与应用。

2. 多部门联合协作，瞄准前沿技术攻关

2012 年 9 月 14 日，美国四家联邦机构——国家科学基金会（NSF）、国家航空航天局（NASA）、国家卫生研究院（NIH）和农业部（USDA）联合宣布总额为 4000 万美元的第一轮资助计划，以推进国家机器人计划（NRI），主要用于资助大学开展机器人研究，发展方向包括改进大规模灾难的搜救，提高美国制造业工人的生产率，提高行星探索能力，帮助脑瘫儿童学习走路和行动等。

3. 机器人项目备受社会关注，行业呈现资源集聚倾向

美国风险投资协会与德勤调查显示，风险投资家的信心正在增加，他们都在把目光投向科技领域，包括云计算、移动技术和机器人。机器人领域的投资信心指数显著上升。谷歌启动“Moonshot 项目”，大量收购机器人企业。“Moonshot 项目”指的是那些如无人驾驶汽车、谷歌眼镜、无线网络气球等具有长期战略意义，甚至会被人们认为是“疯狂计划”的公司内部项目。其中以自动驾驶为代表的机器人项目备受关注。自 2013 年开始，谷歌已经收购了 10 个较有实力的机器人公司。

4. 行业协会组织协调，应用市场全面推进

美国机器人协会、美国机器人工业协会、美国自动化学会、美国信息产业机构、美国医师学会等民间组织都把发展机器人技术列为其重要工作，在机器人基础理论、关键技术路径、重大行业应用、关联技术研发等领域超前组织研究，引领了全球机器人的发展方向。

（二）欧洲：欲借“机器人革命”提升欧洲整体竞争实力，重塑欧洲国际形象

1. 众多重大计划推进机器人项目

2014 年 6 月，欧盟委员会副主席、数字和电信政策专员内莉·克勒斯在博览会开幕式上宣布，将启动全球最大的民用机器人研发计划——“火花”计划，到 2020 年，将投入 28 亿欧元用于研发民用机器人。欧盟一直将机器人发展视为保持工业未来竞争力的基石，机器人技术创新也一直是欧盟数字议程（Digital Agenda）、第七研发框架计划（FP7）、“2020 地平线”项目资助的重点优先领域。

2. 支持资金雄厚，参与机构众多

欧盟机器人科研项目的主要优势在于，能将欧盟成员国最优秀的科研人员聚集在一起组成跨学科的研发团队。欧洲机器人协会负责人表示，他们将采取公私合作的方式完成该计划，这种方式可以最大限度地共享思想、整合资源，是确保欧洲大陆在全球保持领先地位的最好方式。据了解，将有 200 多家公司、1.2 万研发人员参与“火花”计划。“火花”计划的研发内容非常广泛，包括机器人在制造业、农业、医疗、交通运输、安全等领域的应用，有望为欧洲创造 24 万个就业岗位，大大增强欧洲工业的竞争力。

（三）德国：发展智能机器人，打造“工业 4.0”

2012 年，德国推行了以“智能工厂”为重心的“工业 4.0”计划，工业机器人推动生产制造向灵活化和个性化方向转型。依此计划，通过智能人机交

互传感器，人类可借助物联网对下一代工业机器人进行远程管理。这种机器人还将具备生产间隙的“网络唤醒模式”，以解决使用中的高能耗问题，促进制造业的绿色升级。目前，德国联邦教育及研究部已开始资助人机互动技术和软件的研究开发。

（四）日本：将机器人作为应对国内外重大需求的重要抓手

日本一直以来都将机器人技术列入国家的研究计划和重大项目，以工业机器人、仿人娱乐机器人为突破口，走模块化和标准化的发展道路。其主要特点是产业链整体推进，即以机器人本体及其零部件研发和生产为核心，由子公司或系统集成公司来设计制造各行业所需要的机器人成套系统。

（五）俄罗斯：有选择地重点突破，抢占部分制高点

1. 历史积淀雄厚

拉沃奇金设计局研制的“月球车 –1”是苏联在机器人技术领域最突出的成就之一。正是它成为世界上第一辆登星车，让人类成功地完成了登上另一个天体表面的使命。西方经常把发射“月球车 –1”的效应与发射第一颗人造地球卫星相提并论。

2. 新时代重点突破

军用机器人平台。俄罗斯成立了先进研究基金会，主要任务是支持国防领域的先进科技开发与研究，以研发独一无二的突破性军用、特种或两用机器人技术装备。俄罗斯还在政府军事工业委员会下面成立了专门的“机器人技术试验室”跨部门工作小组。该小组在机器人系统用户、科研单位和工业部门之间发挥整合平台和协调中心的作用。

极端条件科考机器人平台。俄罗斯在水下机器人、极地科考机器人、航天机器人等技术领域处于世界前沿。俄罗斯完成了野外条件下的机器人试验；完成智能机器人需要使用各种工具，能够越过障碍地带，并驾驶车辆等技术攻关。

（六）韩国：快速做大做强机器人产业，抢占未来市场先机

韩国政府非常重视机器人产业发展，重点从四个方面推动机器人技术和产业的发展：开展机器人研究与开发，注重机器人研发和产业化综合能力建设；扩大各行业对机器人的需求；构建开放的机器人产业生态系统；公私联合投资，加快建设机器人的融合网络。

1. 韩国工业机器人使用密度为世界第一

20 世纪 90 年代初，韩国政府为应对本国汽车、电子产业对工业机器人的爆发性需求，以市场换技术，通过现代集团引进日本发那科（Fanuc）的技术，建成了韩国工业机器人产业体系。

2. 陆续发布多项政策推进机器人研发与应用

2014 年 7 月 25 日，韩国贸易工业和能源部宣布了 2018 年到期的第二个智能机器人开发五年计划。与 2009 年的第一个五年计划——将重点放在建立培育产品开发和推广的产业架构上面不同，第二个五年计划侧重于通过技术与其他产业如制造业和服务业的融合实现扩张。其首要项目是发展服务机器人。韩国政府通过七个机器人融合商业战略路线图，加强全球协作，初步涵盖制造、汽车、医疗、康复、文化、国防、教育和海运等领域，并将进一步扩展至其他制造业和服务业领域。

3. 产业园模式促进集群式发展

韩国政府在 2016 年斥资 7.35 亿美元打造一个机器人主题乐园 Robot Land，除了具有未来感的游乐设施，还有研发实验室。韩国各地成立了大量的机器人产业园，如富川机器人产业园、大宇技术园、春义技术园、五正地方产业园。

三、我国新型工业机器人发展和应用现状分析

近年来，在我国需求快速扩张及国家自主创新政策作用下，国内一大批企业或自主研制，或与科研院所合作，加入机器人生产行列。我国工业机器人和服务机器人均进入初步化产业孕育阶段。其中，工业机器人发展已形成

环渤海、长三角、珠三角和中西部四大产业集聚区。

（一）发展现状

1. 我国成为工业机器人全球第一大市场

经过“十三五”时期的快速发展，我国已经成为全球工业机器人重要市场。焊接、装配、喷涂、搬运机器人仍然是主要销售产品，而汽车、电子仍然是其主要应用领域。

2. 国外巨头企业占领我国高端工业机器人市场，国产品牌在中低端市场有竞争优势

在中国机器人市场上，国外机器人制造企业占据了大部分的市场份额，但对于精度要求不高的三轴、四轴机器人的中低端市场，国产机器人完全能够满足作业要求，且价格具有竞争力。

3. 我国工业机器人的关键零部件与国外存在较大差距，应用工艺与系统集成设计有待提高

我国在工业机器人的关键零部件上技术有所突破，但目前高精密、高速与高效的伺服电机和减速机还主要依赖进口。在制造工艺与系统集成设计、可靠性设计方面，还缺乏核心技术的突破。

4. 本土企业在服务机器人产业发展方面机遇更大

虽然我国服务机器人市场在2005年前后初具规模，但其相关技术与发达国家相比存在一定差距。服务功能一般需结合特定市场才能开发，所以本土企业更易结合特定环境和文化进行开发并占据一定的市场地位，保持一定的竞争优势。此外，国外服务机器人也属于新兴产业，大部分成立时间较短，这使我国服务机器人产业面临较大的机遇和发展空间。

（二）新兴工业机器人影响中国工业制造业转型升级

1. 对工业产业转型升级带来系统性影响

中国工业机器人的应用是要素禀赋结构变化的结果。在经济持续增长和

资本不断积累的同时，劳动力供给逐渐减少，人口红利逐渐耗尽，劳动力成本快速上涨，这使中国的要素禀赋结构正在发生转变。作为对资本深化的回应，工业机器人代替劳动力逐渐符合中国新的比较优势。工业机器人的使用提高了劳动生产效率，将有效带动传统产业的改造与升级。从国际经验看，工业机器人应用最多的是汽车产业，其次为电器电子产业。通过提高应用工业机器人的密度来提高制成品的性价比，是提升支柱产业发展质量和竞争力的重要路径。

2. 对劳动力市场带来强烈冲击

从历史角度看，更多、更具效率的机器的使用，不仅极大地释放了生产力，而且增加了生产的迂回性，衍生出了数目众多的新产业，相应地创造了新的就业岗位。工业机器人的应用同样如此，在减少生产线劳动力数量的同时，也创造出了其他的用工需求。因此，劳动力需求减少和就业创造如同一枚硬币的两面。就中国而言，工业机器人的引入本身就是企业对劳动力不再无限供给作出的适应性反应，并不一定会造成严重失业。

影响就业结构。引入工业机器人后，制造业的生产流程和管理方式也将随之进行适应性调整。制造业企业中的一线低技能工人，甚至是部分熟练工人将被工业机器人替代，而调试、维护和控制工业机器人的技术性岗位将会相对增加。在产业层面上，随着产业的高端化，特别是高端制造业的发展，对知识型员工的需求将会增加，也会带动生产性服务业从业人员相应增加。换言之，工业机器人的引入将使就业结构高端化。从长远来看，未来智能工业机器人还将对人才提出更高的要求。

3. 倒逼中国经济转型

中国出口导向型和劳动力密集型的发展模式在过去十多年带来了经济的高速发展。但是，欧美国家正在进行的以智能制造为核心的再工业化会给中国以低价劳动力为中心的低端制造模式带来巨大冲击。当然，中国如果能积极应对国际市场对制造业的冲击，智能制造模式也会倒逼中国经济发展模式的结构性转型，从而产生积极的影响。

4. 给企业带来巨大影响

机器人技术的快速发展给企业带来巨大影响。一是可以提高生产效率和产品质量。机器人在运转过程中不停顿、不休息，产品质量受人的因素影响较小，产品质量更稳定。二是可以降低企业成本。在规模化生产中，一台机器人可以替代 2~4 名产业工人，还可以一天 24 小时连续运转。三是更容易安排生产计划。由于机器人的可重复性高，只要给定参数，就会永远按照指令去操作，因此生产计划非常明确。四是可缩短产品改型换代的周期，降低相应的设备投资。机器人与专机的最大区别就是可以通过修改程序以适应不同工件的生产。在产品更新换代时只需要根据产品设计相应的工装夹具，改变相应的程序命令，就可以做到产品更新和设备更新。

5. 工业机器人支配下的制造业经济链

在制造业领域，工业机器人仅仅是生产过程的一部分，但在生产线上，工业机器人又是最重要的一部分，它所处的环节至关重要。我们知道，一条经济链的产生是多方位、全面化的，它包含了产品在市场上流通的所有环节，缺少一个环节就不能构成一条经济链。在制造业方面，机器人的使用大大提高了工厂的生产效率，给企业带去了更加可观的收入，而且机器人能够 24 小时不间断工作，大大降低了人工费。

四、加快我国新兴工业机器人产业发展与应用的总体思路

我国新兴工业机器人发展的总体战略表述为“一条主线，七个转变”。一条主线：应用为龙头，技术为核心，产业为基础，标准为保障。在此基础上实现我国机器人发展的七个转变，即：技术推动型向应用引导与技术推动并重转变，工具型应用向资源型应用转变，基础技术研发为主向基础技术与应用技术研发并重转变，分布式生产向产业集群转变，生产制造业向制造与服务业并重转变，国家基础标准为主向国家基础标准和行业应用标准并重转变，人机分离向人机协同转变。

（一）技术推动型向应用引导与技术推动并重转变

多年来，我国工业机器人的发展模式大多是技术推动型。随着人们对工业机器人的认知逐渐加深，其应用范围不断拓宽，应用需求逐步深化，应用环境更加复杂。单纯的技术推动已经制约了工业机器人作用的充分发挥，限制了工业机器人的广泛应用和产业快速发展。作为一种应用型技术，工业机器人的核心价值在于广泛的应用，应用范围越广，其价值越能得到更好发挥。在技术逐步成熟的条件下，工业机器人产业发展要将以往的技术推动型转变为应用引导与技术推动并重。要以应用为龙头，以技术为动力，通过应用引导和技术研发的互动式发展，带动机器人产业发展，促进工业机器人的深度应用，推动机器人的标准制定，加速构建我国工业机器人创新体系。

（二）工具型应用向资源型应用转变

近年来，工业机器人应用中的价格敏感度在逐步上升，成本问题越来越成为其应用的瓶颈。所以，要加速推进工业机器人应用进程，不仅需要降低机器人的成本，更需要进一步提升工业机器人应用的价值，以增加工业机器人应用的经济效益。目前，人们只重视工业机器人的工具型应用，忽视了对工业机器人自动采集来的大数据的深度开发和利用；只重视应用工业机器人成本的增加，忽视了工业机器人应用创造的产业链的整体价值提升；只重视工业机器人信息的闭环应用，忽视了工业机器人网络化大数据的开环利用。这些导致工业机器人应用的经济效益不明显。为了提升工业机器人应用的价值，需要推动工业机器人工具型应用向资源型应用转变，深度开发机器人采集来的网络大数据，发展增值服务，提升工业机器人应用过程中产业链的整体价值。

（三）基础技术研发为主向基础技术与应用技术研发并重转变

随着机器人应用的不断深化，个性化的标签需求越来越广泛。通用型产品的应用比例将会逐步降低，基于用户需要的个性化应用技术将会越来越成为工业机器人技术的发展方向。应用技术除了工业机器人标签的个性化技术之外，还包括系统集成技术、环境适应技术、测试评价技术以及信息后处理技术等多环境下的综合应用技术。因此，要在继续突破关键共性技术的同时，注重应用技术的研发和推广，加强行业和领域工业机器人技术解决方案的研发与公共服务平台建设，以应用技术为支撑突破应用创新。

（四）分布式制造向产业集群制造转变

我国工业机器人产业基本处于自由发展状态，企业数量较多，但规模较小；产业门类较多，核心竞争能力较小；地域分布较广，产业集群较少。这种分布式的产业形态造成我国工业机器人产业资源的极大浪费，分布式生产向集群化转变已经势在必行。通过加强工业机器人产业基地建设，对区域内资金、人才、技术密集等优势资源进行优化重组，加快工业机器人研发和成果转化，形成局部聚集和产业集群效应，并利用其辐射效应，带动整个工业机器人产业的技术创新。在工业机器人产业基地建立技术支撑体系，为中小企业提供优良的基础设施和先进、开放、配套的开发与测试平台，帮助工业机器人企业提高技术开发能力和管理能力。

（五）生产制造业向制造与服务业并重转变

工业机器人技术集机械、信息、材料、智能控制、生物医学等多学科、多制造环节于一体。多年来，我国工业机器人发展一直是技术主导产品制造的模式，技术创新孕育着新的产业形态，促使产品加速更新换代，刺激新的应用，带动产业发展。这种模式促进了工业机器人制造业的升级。但对于工业机器人产业链较为重要的、发展潜力巨大的增值服务业的拉动不明显。社会进步、个性化需求增加，要求工业机器人发展模式从发展单纯的制造业向制造业与服务业并重推进，由技术主导产品制造向应用服务引导产品制造转变。注重工业机器人的服务运营，深度开发利用各个领域沉淀的大数据，建立各类大数据服务应用平台，可以提高工业机器人应用系统大数据的共享水平，推进工业机器人向制造业和服务业发展，发挥制造和服务领域龙头企业的拉动作用，提升工业机器人产业链价值，促进工业机器人产业升级。

（六）国家基础标准为主向国家基础标准和行业应用标准并重转变

就当前形势而言，建立健全工业机器人国家基础标准的难度较大，各类国外标准的利益团体正在试图吞食我国工业机器人应用市场。所以，在标准制定策略上，要借鉴国际标准的制定和推进经验，遵循先国内、后国际的推进原则，在加快推进国家基础标准制定的同时，注重推进行业应用标准的制定，走以供应链的应用推广为突破口，再逐步实现扩散的发展道路。在国内率先推行自己的工业机器人行业应用标准，加大对行业应用关键技术研发和生产的投入。通过培育市场、推进产品和鼓励应用来推动我国标准的实施，通过扩大、深化应用形成事实标准，力求在国际标准竞争格局中占有相当的位置。

（七）人机分离向人机协同转变

“人机协同”模式下的“人工智能 + 制造”的“智能化”过程，与过去制造业追求“自动化”的过程有本质上的区别。“自动化”追求的是机器自动生产，本质是机器替代人，强调大规模的机器生产；而“智能化”追求的是机器的柔性生产，本质是“人机协同”，强调机器能够自主配合人的工作，自主适应环境变化。

“人机协同”追求的不是简单粗暴的机器换人，而是将工业革命以来极度细化的工人流水线工作拉回“以人为本”的组织模式，让机器和人分别从事自己更擅长的事。如机器承担更多重复、枯燥和危险的工作，人类承担更多创造性的工作。

“人机协同”模式下的“人工智能 + 制造”的典型方向主要有三个：一是智能生产，实现生产设备、价值链、供应链的数字化连接和高度协同，使生产系统具备敏捷感知、实时分析、自主决策、精准执行、学习提升等能力，全面提升生产效率；二是智能产品，通过云端连接或将训练好的人工智能系统封装到硬件中等方式，赋予产品智能化响应外界变化和用户需求的能力；三是智能服务，实时监测产品状态和响应用户需求，提供以租代售、按时计费、远程诊断、故障预测、远程维修、一体化解决方案等增值服务，实现制造企业从提供产品向提供“产品 + 服务”的转变。

五、推进新兴工业机器人产业发展与应用的发展策略

（一）统筹规划，科学布局机器人应用，构建功能完备、结构合理的机器人应用和发展创新体系

1. 整合和完善现有机器人科技资源，支撑机器人的整体应用和发展

整合全国机器人资源，建立一批由科研院所、高等院校、中试基地、科技中介机构和企业研发机构等组成的机器人技术研发和应用平台，为机器人创新活动提供保障体系。着力围绕国家科技重大专项、各类科技计划实施等国家科技发展战略需求，搭建具有公益性、基础性、战略性的机器人公共信息服务平台，加快机器人科研和应用的信息化、网络化步伐，增强机器人的持续发展能力，为机器人的长远发展与重点突破提供强有力的支撑。

2. 加快推动机器人服务平台建设

各地应建立相应的组织协调管理机制，鼓励设置专职管理机构，负责当地机器人服务平台建设的实施和过程管理。要从自身需求和实际资源出发，做好当地机器人的战略布局，搭建各具特色的机器人系统服务体系。积极出台保障机器人持续发展的地方性法律法规及有关政策措施，推动机器人成为支撑区域经济社会发展的重要载体。

3. 有针对性地部署综合性机器人项目建设

综合性机器人应用项目建设是机器人重大基础性研究和前沿技术研究的支撑设施。重点建设具有国际先进水平和规模，以真正实现机器人科技资源共享、有效服务为基本要求，为机器人重大研究计划和重大科技专项提供优

质服务的综合性机器人应用和服务平台。

（二）合理调配科研资源，促进技术集聚，为机器人创新应用和发展打下良好基础

1. 合理调配资源，加强机器人共性技术研究，促进核心技术集聚

一是注重机器人应用技术体系的总体研究和系统解决方案研究。整合机械、信息、材料、智能控制、生物医学技术和产业资源，梳理国内外机器人领域的技术、专利和标准，研究各类机器人技术体系的研发路径。将目前智能交通领域的各类自由选题研发产品转变成机器人应用，分工协作，有针对性地重点突破。

二是创新机器人技术、产业发展路径和市场创新路径。引进国外先进的机器人技术，合理调配我国机器人各类科技资源，加大机器人重点产业环节的科技研发支持力度和技术攻关；集中优势力量，加大机器人基础性、前瞻性技术研究力度，促使机器人技术集聚；培养高素质科学研究与技术开发人才队伍，为机器人产业发展打下良好基础。

三是注重机器人发展和战略性新兴产业的融合。注重机器人和信息、新材料、新能源、装备制造等技术融合，深入开展机器人产业融合技术研究，开发机器人科技资源共享和机器人服务功能部件软硬件接口标准及关键功能模块，形成拥有自主知识产权的机器人资源共享体系、接口与标准，注重以机器人为契机推进战略性新兴产业核心技术的产业化进程。

2. 加大产业化关键技术研究，强化产业化技术储备

一是加快产业化核心技术研发。统一协调资源，组织国内相关科研院所、大专院校、企业，本着分工合作机制，加大产业化关键技术的攻关力度，重点研发模块化 / 标准化体系结构设计技术、创意与性能优化设计技术、共用软件平台设计技术、传感器网络技术、信息融合技术、高性能低成本制造与加工工艺技术等产业化技术，加大产业化技术储备。

二是加强机器人功能部件的嵌入式技术研发。研究制约机器人产业发展

的机器人控制器、伺服电机驱动、高性能传感器等关键功能部件软硬件接口标准化等技术，培育一批机器人标准化功能部件生产企业，研究机器人功能部件和现有装备、家电产品的嵌入式技术，促进机器人技术和传统产业的融合发展，提升传统装备和信息家电的自动化、智能化、网络化功能与水平，促进形成新的产业分工。

三是加强机器人相关产品检测技术与标准研究。建立机器人产品质量评价体系，充分发挥各类各级检测机构、计量机构、分析测试中心、高等学校和科研院所的检测技术优势，开展机器人装备检测标准、计量标准、新技术和新方法的研究，加强相关装备质量检测关键技术和检测方法标准化研究，并形成行业标准和系列化。

四是开展信息获取和运营领域关键技术研发和应用。围绕经济社会发展和机器人创新的信息需求，加强机器人信息获取和运营领域关键技术研发，提升机器人信息获取、共享与服务创新的能力。推动机器人大数据开放和运营。开展面向机器人创新的信息分析与运营关键技术、方法模型和软件工具研究。

五是加强机器人服务创新方法研究和应用推广。加强机器人服务领域和方法的创新，开展科学方法的总结和应用，构建若干重大应用领域和重点应用的科学方法体系。围绕热点、重点和重大的机器人应用问题开展科学方法研究，构建机器人应用技术创新的方法认证体系。加强创新方法应用关键技术研究，促进机器人在全社会的推广应用。

（三）加快机器人创新支撑平台建设，推进机器人平台运营服务业的发展

统筹国家、部门和地方科技平台布局。进一步推进机器人科技资源跨部门、跨地方、跨领域的整合与共享，根据发展需求采取自上而下的方式，促进机器人优势资源单位的联合，加强机器人科技基础条件平台资源的整合与共享，构建国家层面机器人科技平台体系，推进机器人平台资源开放共享。

1. 继续完善现有国家机器人科技基础条件平台建设

着力围绕国家科技重大专项、各类科技计划实施等国家科技发展战略需求，有效整合优质科技资源，构建一批科技基础条件平台。加强国家战略性资源收集、保存与共享，提高科技资源标准化整理和数字化表达水平，为科学研究提供最优、最新、最好用的资源和信息服务。

2. 加快推动服务区域特色的技术创新服务平台建设

本着“政府引导、企业参与、市场运作”的指导思想，加快机器人区域公共服务平台建设。作为区域机器人产业“接纳国内外资源、协调产业发展、推进技术应用”的综合性创新公共服务平台，区域机器人平台重点建设共性技术研发平台、共性实验装备、共性测试环境和领军人才引进平台。成立专门机构，负责科技平台技术成果转化和相关政策的制定，助推科技平台成长和发展。

3. 有针对性地部署综合性科技平台建设

建设机器人综合支撑平台，并探索支撑平台管理机制，以服务机器人创新能力和水平为平台考核的重要指标，促进支撑平台科学有效的良好运行和可持续发展。

4. 加强面向民生的公共服务平台建设

要着力围绕全民健康、公共安全、生态环境、防灾减灾特殊环境作业、国防军用等领域，构建一批机器人科技公共服务支撑平台。推进服务机器人在老龄化社会、家庭生活辅助、教育娱乐及服务行业等领域的示范平台建设。

（四）鼓励机器人系统应用和服务技术研发，推进机器人运营服务业的发展

1. 加快机器人应用技术研发，促进机器人服务模式创新

在突破关键共性技术的同时，注重机器人应用技术的研发和推广，以机器人应用技术为支撑突破机器人服务模式创新。支持面对个性化用户需求的机器人技术研发，支持系统集成技术、环境适应技术、测试评价技术以及信息后处理技术等；支持机器人实用化、高可靠性服务环境与服务工具集成技

术，服务可靠性技术、机器人工程化应用技术，需求创意设计、应用环境研究等技术，关键零部件技术、低成本产品设计制造技术等的研发和推广。

2. 注重机器人运营和服务技术研发，支持机器人运营服务业发展

一是创新机器人运营服务产业模式。围绕客户需求，以深化和拓展机器人应用、优化机器人服务、延伸机器人产业链为目标，鼓励机器人服务技术研发，创新机器人服务模式，在注重机器人产品的同时，注重机器人服务业的发展，鼓励机器人信息服务业、机器人技术评估和交易行业、机器人保险业等的壮大和发展。全方位培育机器人服务消费市场，支持机器人产业链上下游的服务，推进机器人运营服务业发展。

二是支持机器人大数据运营业发展。加强机器人融合技术研发。支持面向用户的机器人大数据开发利用技术的研发，积极培育和发展机器人大数据产业，提高机器人大数据的商品化和产业化程度。营造公平的市场竞争环境，促进机器人大数据商品和服务的流通；在机器人大数据深度开发利用的基础上，大力培养机器人大数据服务运营商，培养出 1~2 个行业性的机器人大数据内容服务运营商，尽早占领机器人大数据运营服务市场。

3. 加强机器人大数据运行服务

完善机器人服务运行机制和服务模式。健全机器人服务运行管理制度，充分发挥科技中介服务机构的作用，提升机器人大数据开放运行和为研发创新提供公共服务的能力。完善国家机器人服务体系，开展机器人服务平台能力认定工作，建立以开放服务绩效为导向的机器人服务运行评价体系和机器人服务资源共享激励机制，夯实机器人服务运行基础。

（五）创新产学研联合机制，快速做大产业规模

1. 创新产学研联合机制，推进成熟技术的市场化进程

一是建立以行业龙头企业牵头的产学研技术创新联盟。加强对产学研联盟机器人全产业链的支持力度，鼓励产学研联盟与以市场为导向的机器人全产业链紧密合作，创新产学研内部利益分配机制，推进“以市场为导向、企

业为主体、知识产权为核心、利益共赢为目标”的机器人科研产业化路线。有选择地攻克相对成熟的机器人关键制造技术、应用技术和系统集成技术，加速推进“成熟技术样机化、科研样机产品化和定型产品批量化”。

二是鼓励跨区域的产学研联盟。支持国内外科研院所在有条件的高新区创办科研机构，支持国内外机器人技术在有条件的高新区进行试验和产业化；鼓励以重大专项形式的跨区域技术研发和产业化合作，鼓励国内外机器人领域的科研人员以技术股权形式参与企业股份制合作，支持机器人企业参与国家重大专项的申请工作。

三是注重产学研联盟过程的知识产权保护。积极支持企业的专利申请工作，帮助中小企业做好技术研发前期、中期和后期的专利策划与申请工作，做好企业核心技术和专利技术的评估与保护工作，为产业发展保驾护航。

2. 加大机器人成熟技术的孵化力度，推动中小企业快速成长

在有条件的高新区建立机器人产业专业孵化中心，营造促进中小企业快速健康发展的良好环境。为科技型中小企业提供包括物理空间、基础设施、资金、信息、培训、企业发展等一整套完善的服务体系，帮助和支持科技型中小企业成长与发展，培养成功的企业和企业家。

3. 良性互动推动优势企业扩张

针对“特点强、影响大、效率高、收益好、前景广”的机器人项目，通过有序的宣传推介活动，鼓励机器人企业上市融资，迅速扩大优势机器人企业规模和实力。以机器人项目或平台集聚带动各类人才的引进，形成“以平台凝聚人、以事业留住人、以环境吸引人”的机器人人才创新战略。形成以机器人项目建设带动人才引进，以人才集聚促进机器人项目引进和以商招商的良性循环。

（六）加大政府投入、鼓励机器人的社会化投入，创新服务模式，推进机器人的发展

1. 加大机器人的政府投入力度

加大财政部门对机器人系统建设和应用的支持力度，合理确定各类科技

引导资金向机器人投入的规模和投向，积极探索“政府投入、政策补贴、税收优惠、资源补偿”的多方位政府支持渠道，建立“政府引导、市场运作、企业管理”的各类机器人系统建设运营模式；设立各类机器人系统专项资金，支持各类中小型机器人系统服务工程建设，加强对各类机器人系统服务体系关键环节的支持。

2. 鼓励机器人的社会化投入

鼓励社会资金对机器人项目建设的投入，对适合社会投资的各类机器人项目，通过规范的市场运作，吸引社会资金投资机器人项目建设；采用机器人项目建设外包（ITO）、业务服务外包（BPO）、公私合作建设（PPP）等市场化运作模式，降低机器人项目建设和运行成本，提高机器人项目建设和运行效率。

3. 优化机器人的社会化服务体系

建设社会化、网络化的机器人服务体系，大力培育和发展机器人技术和应用中介服务机构，引导机器人服务机构向专业化、规模化和规范化方向发展。充分发挥市场在机器人资源配置中的基础性作用，充分发挥企业在机器人服务创新中的主体作用，充分发挥国家科研机构的骨干和引领作用，充分发挥大学的基础和生力军作用，进一步形成机器人创新的整体合力。

（七）构建以“人机协同”为核心的应用创新体系，试点示范、带动全局

1. 实施重大应用示范工程

以市场为导向，以企业为主体，以“人机协同”规模化应用和产业化为目标，实施重大应用示范工程，试点示范、带动全局。通过关键技术突破带动相关装备制造业的创新和发展；通过制定行业标准抢先占领国内市场；通过应用创新带动其他相关产业的创新和发展；通过产业环境优化带动相关政策体系的创新和发展。

2. 鼓励地方积极探索、先行先试

各地应建立相应的“人机协同”组织协调管理机制。要从自身需求和实

际资源出发，做好本地“人机协同”的战略布局，搭建各具特色的地方“人机协同”建设项目。发挥贴近社会、贴近企业、贴近需求的自身优势，开展“人机协同”推广服务。积极出台保障“人机协同”持续发展的地方性法律法规及有关政策措施，推动地方“人机协同”成为支撑区域经济社会发展的重要载体，成为提升基层科技服务能力的重要抓手。

（八）加强国际合作，注重消化吸收和再创新

1. 创新机器人国际合作理念

抓住新一轮国际产业和技术转移带来的机遇。谋划机器人国际合作新思路、新途径、新方式，大力获取一切有利于机器人创新的技术、人才、资本等国际资源，通过消化吸收和再创新，走出一条自己的机器人技术创新与服务创新之路。

2. 加强机器人国际重大科技项目合作

积极参与机器人国际大型合作项目，积极参与国际标准和规则的制定，营造良好的机器人国际合作环境。以重大机器人项目为依托，加强机器人技术、应用、标准等领域的广泛合作。注重合作项目的消化吸收和再创新，鼓励机器人重大科研项目的国际技术招标，探索在不同科技平台领域专利互换、标准互换、合作开发等多种合作方式，多层次地推进机器人国际合作与交流。

3. 加强机器人创新团队的国际培养与合作

以国家重点实验室、技术公共服务平台、产业基地等为依托，通过互派访问学者、博士后联合培养、项目团队合作等方式，从人才、项目与基地可持续创新角度，培养能够承担机器人技术创新和产业发展重大项目的高层次人才与创新团队。

分报告七

信息化合作推动“一带一路”建设

当前信息化革命浪潮方兴未艾，数字经济发展成为世界发展的重要趋势之一。在“一带一路”倡议的合作框架下，我国同沿线国家的信息化合作不断深化，在信息化基础设施建设、互联网应用、数字经济新业态等多个领域产生了一系列的重要成果，缩小了毗邻发展中国家与发达国家的数字鸿沟，让越来越多的沿线国家的企业和居民参与到数字红利的创造和分享当中。

一、我国与“一带一路”沿线国家和地区的信息化合作现状

随着“一带一路”倡议的深化与信息技术整体水平的提升，我国逐渐由产品、服务“走出去”转向与沿线国家全方位多领域开展合作，在信息化基础设施建设、互联网应用、数字经济新业态等领域均取得了具有代表性的合作成果，开创了新的合作模式，为下一步搭建产业平台、建立协调机制、提高服务水平奠定了基础。

（一）信息化基础设施建设

“一带一路”沿线网络基础设施差异较大，移动宽带普及率发展潜力较大。因此，信息化基础设施建设成为近年来我国与沿线国家合作的重点，在信息枢纽与互联网通信基础设施方面开展了广泛的合作。

一是在沿线国家和地区的信息化基础设施建设。截至2019年底，我国企业国际光缆总带宽将近120.7Tbps，通达70个国家和地区，网络和业务通达范围逐年扩大。“一带一路”方向上建设和投资购买的跨境陆缆和海缆超过50条，直达23个国家和地区。电信企业海外POP节点（网络服务提供点）已经遍布欧洲、北美洲、南美洲、非洲、亚洲及大洋洲，据中国信息通信研究院统计，其总量超过80个，“一带一路”方向上建设达22个。例如，2015年华为设计和承建的马来西亚—柬埔寨—泰国（MCT）海底光缆系统，成为柬埔寨第一条直接在本土登陆的国际海缆。

二是我国通信及互联网企业在“一带一路”沿线国家的业务布局。随着实力的增强和业务的拓展，国内通信及互联网企业也逐渐参与国际信息通道的建设中，这其中既包含国有企业又有民营企业。国有企业方面，中国电信和中国联通均获得了美国国际业务牌照，开展跨国通信服务、IDC（互联网数据中心）和云服务、国际漫游等业务，主要客户为海外中资企业。中国移动在巴基斯坦通过收购当地运营商开展了海外本地网络建设运营业务。民营企业方面，阿里云在新加坡设立海外业务总部，在新加坡、中国香港、中东、欧洲、日本和澳大利亚的数据中心相继启动运营。腾讯在中国香港、美国、印度、加拿大、新加坡、德国等地陆续开放数据中心。网宿科技在北美、欧洲、亚太、大洋洲、中东、非洲等全球40个国家及地区部署超过100个海外加速节点。

三是我国移动终端设备的输出。“一带一路”沿线覆盖44亿人口，占全球总人口的64%，其中大部分是新兴市场，年轻人口占比较高，经济增势较好，与中国市场相比有3～5年的代差，有利于中国移动终端制造企业利用国内的资金和运营经验快速占领市场。其中，小米、华为与OPPO具有很强的代表性。目前小米公司在近80个国家开展业务，大部分在“一带一路”沿线上，尤其是在印度、印度尼西亚、乌克兰这些国家，小米的产品有非常好的表现。除小米之外，华为和OPPO两大品牌也是“一带一路”市场上受关注的中国手机品牌。在过去5年，华为在“一带一路”沿线的市场搜索指数排名一直位于前三，2017 年年中开始，OPPO 手机的受关注度开始迅速提升，2017 年底已与华为手机的搜索热度持平。

我国在对外基础设施合作中也存在一些问题。一方面，基础通信设施在海外市场拓展较慢，基本上是以服务“走出去”企业为主，更像国内服务的海外延伸，尚未形成真正的国际服务市场，在国际业务发展和国际影响力方面与国际先进经验有一定差距。另一方面，我国基础电信企业兼具商业和公益双重属性，电信运营业海外投资具有收益不确定、投资大、回收期长的特点，由于央企考核压力，既不能进行较大规模的建设投资，也不能进行大规模的海外并购。境外投资项目需要经过多个政府机构核准或备案，审批流程复杂、时间过长。例如，由于中国移动巴基斯坦分公司遇到的问题超出预期，其经过 10 年才实现盈利。

（二）软件应用及新技术合作

“一带一路”倡议为中国软件与信息服务企业“走出去”提供了更广阔的市场，一方面软件的技术及产品输出稳定，新产品领域合作成果初显；另一方面在信息技术的研发合作上也发生了较大变化，为“一带一路”的快速推进及相关国家的经济增长提供了新动能。

基础软件领域中，中国通过服务东南亚、南亚等周边市场，打响了国家自主品牌，提升了“一带一路”沿线地区对中国软件价值的认知度。首先是基于工具类软件的合作，主要包括本土自主研发的办公软件、杀毒软件以及网络安全软件。金山以其轻巧灵便、与 MS Office 深度兼容的办公软件 King Soft Office 迅速占领东南亚市场，适应了越南本地用户需求，并根据语言习惯和越南用户的特殊使用习惯，调整了软件呈现格式和版式设计。

网游方面，东南亚还是中国网游的输出重地。以越南为例，中国网游进入前越南的网游产业尚处于初级阶段，相关人才和厂商相对匮乏。中国的网游为当地网民提供了全新的选择，推动了越南游戏行业的加速发展。其中最具代表性的有金山公司的网游《剑网 OL》、搜狐畅游的网游《天龙八部》等，引入的国家包括泰国、印度尼西亚、菲律宾、越南、马来西亚、新加坡 6 个国家。

社交软件方面，中国网络社交平台的国际化也正在加速酝酿，社交服务类软件企业将目光放到“一带一路”沿线国家和地区，开拓当地市场。其中的“排头兵”主要是国内大型互联网公司，例如百度、腾讯、茄子快传等。百度向越南推出“百度贴吧”，腾讯在泰国推出微信，并以明星代言、轻轨广告投放等方式进行宣传。微信在东南亚地区支持多种语言文字，包括印尼语、马来语、泰语、越南语等。茄子快传在印度和印度尼西亚“双印市场”中已经取得了绝对的优势。据茄子快传官方数据，印度有超过 2.5 亿用户使用茄子快传分享各类内容，约占印度互联网总人数的 60% 以上；而在印度尼西亚市场，800 万互联网用户把茄子快传当作日常获取知识和分享兴趣内容的主要方式。

除了软件技术与产品外，我国与“一带一路”沿线国家的信息科技专利合作也呈现增长态势，可分成三个阶段：第一阶段为起步期（1989 ~ 1999 年），合作专利 1.36 件 / 年，合作论文 129.63 篇 / 年；第二阶段为快速增长期（2000 ~ 2010 年），合作专利 49.09 件 / 年，合作论文 3088.18 篇 / 年；第三阶段为稳定增长期（2011 ~ 2015 年），合作专利 122.6 件 / 年，合作论文 13885 篇 / 年。在与中国有合作专利的 29 个国家中，排名前 5 的分别是新加坡（489 件）、印度（223 件）、以色列（100 件）、俄罗斯（98 件）和马来西亚（49 件），共占总数的 82.1%；合作论文数量排在前 5 位的国家是蒙古（10520 篇）、印度（8545 篇）、格鲁吉亚（8533 篇）、波兰（5287 篇）和新加坡（2424 篇），共占总数的 53.2%。合作的技术领域和方向比较聚焦。合作专利最多的四大技术领域是数字数据处理（170 件）、半导体器件（114 件）、无线通信网络（92 件）、数字信息的传输（79 件），共 455 件，占总数的 45.6%，这些领域最活跃的合作国家是新加坡、印度和俄罗斯。

（三）新业态成为数字经济合作引擎

数字经济融合了互联网技术、大数据技术和智能技术应用成果。数字经济催生新业态的高速发展，说明以大数据、云计算、电子商务、共享平台及互联网金融为特征的数字经济是我国经济转型升级的重要引擎，也是促进“一带一路”沿线国家和地区合作共赢的重要手段。

一是大数据与云计算的应用方面。“一带一路”沿线国家和地区的信息化发展水平并不高，信息化发展不均衡明显。大数据与云计算技术的应用可以缩小发展的数字鸿沟，帮助沿线国家实现优政、惠民、兴业的目标，畅通“数字丝绸之路”。例如，浪潮与泰国朱拉隆功大学进行合作，推动泰国教育云建设，解决当前泰国中小学、大学教育资源分散独立、教育档案不统一的问题，让数千万泰国人从中获益。在项目合作中，浪潮并非把一套“中国方案”机械地照搬到“一带一路”沿线国家和地区，而是将成熟的技术与理念输出，融入当地社会发展，并结合当地特点和需求，针对每个国家、每个客户定制专门的解决办法。

二是电子商务方面。无论是面向消费者的跨境电商，还是面向企业的跨境电商，其平台日益成为我国在“一带一路”沿线国家投资贸易活动的重要推动力。以京东、阿里巴巴为代表的电商企业已陆续实现从平台、商品、数据到物流、售后等一系列资源的共享，带动了共享经济的初期合作。京东于2016年在印度尼西亚提供网购服务，倾力打造中国至东盟的供应链，与包括Matahari Mall和Lazada在内的当地电商巨头开展竞争；阿里巴巴于2014年、2015年两次向新加坡邮政投资了近5亿美元，又于2015年和2018年在印度投资Paytm与BigBasket两大热门行业，为阿里巴巴、天猫和淘宝顺利进入东盟打通了道路。

三是互联网金融方面。近年来，我国支付软件和互联网金融平台发展迅速，与此同时这些软件和平台服务商也在探寻与该领域尚处于萌芽状态的“一带一路”沿线国家和地区的合作机会。其中，蚂蚁金服战略投资泰国支付企业Ascend Money，其旗下的支付宝则在新加坡、泰国推出“Alipay”计划，在哈萨克斯坦协助当地电信公司推进支付业务。支付类软件的合作也使“网约车”“共享经济”的概念走出国门。如滴滴投资了东南亚打车应用Grabtaxi，还参与了印度打车软件巨头 Ola 的融资，以支持 Ola 在印度市场的扩张。

在“一带一路”倡议下，中国和“一带一路”沿线国家和地区在数字经济新业态发展合作中已取得不错成效，但仍存在一些需要改进的环节。一是跨境电商物流信息共享机制不足。出于商业安全防范角度，很多跨境物流服务商在获取客户物流准确数据方面受阻，给海外建仓、物流选址、物流配送造成困难。二是核心技术能力匮乏。“中兴事件”告诉我们，核心技术亟须进一步发展和突破。三是规制机制的制约、法律法规的缺失、人才培养的滞后等，特别是在新业态发展中主体责任、跨界监管、隐私保护等方面的挑战很大，这些都需要通过进一步改革开放、不断创新发展来逐步改善和解决。

（四）新型合作模式涌现

“一带一路”是一个区域合作平台，也是一种区域合作的新模式。它最大的特点就是开放性和包容性，树立了一个国际合作的典范。我国当前的合作模式创新主要体现在智慧城市园区建设、智能制造业海外合作、峰会论坛与人才培养四个方面。

第一，我国的智慧城市园区模式引领了全球城市发展方向，目前已成为国际技术合作的重要领域。一方面，我国需要借鉴新加坡等城市发展水平较高的国家的经验，将其运用到自身智慧城市建设中。当前，中国和新加坡通过政府间合作项目，在中国苏州工业园、天津生态城、广州知识城等共同开展借鉴新加坡智慧城市发展理念与经验的城市园区建设，在智能电网、能源管理、市民服务等方面取得积极成效。另一方面，我国企业也可以利用技术优势“走出去”，助力城市发展水平相对滞后的国家的智慧城市建设，目前在吉尔吉斯斯坦、沙特阿拉伯等国已取得丰硕的合作成果。

第二，我国智能终端企业努力开拓海外合作创新模式。我国手机终端企业从 2010 年开始拓展海外市场，通过运营商渠道、互联网渠道和本地化服务等模式及高性价比逐步在“一带一路”沿线市场占据了一席之地。在互联网渠道上，小米公司在海外继续沿用互联网线上销售模式，小米曾与印度最大的电商 Flipkart 达成了独家合作协议，后来又同时在印度三大电商平台亚马逊、Flipkart 和 Snapdeal 进行销售。在本地化服务中，华为、OPPO 均已在印度等国建厂，启动本地化生产；传音公司在非洲市场表现亮眼，其在拉各斯（尼日利亚）和内罗毕（肯尼亚）建立的研发中心更好地提供了本地化服务，特别是有针对性地解决了当地市场存在的“自拍”问题，占据了多个非洲国家超过 40% 的市场份额。

第三，基于论坛模式达成多项共识。由于“一带一路”沿线国家和地区对数字经济及相关产业的重视程度不断提升，举办论坛与达成共识也逐渐成为合作的增长点。依托论坛会议，产业联盟、商贸往来得以制度化和规范化，极大地降低了合作的交易成本。2017 年 9 月，中国与捷克、匈牙利、塞尔维亚联合举办数字丝绸之路国际合作论坛，以推动中国双边和多边的数字化商贸往来、商业模式创新以及数字经济发展。2018 年 9 月，首届数字经济暨数字丝绸之路国际会议在杭州召开，由中国发起的数字（网上）丝绸之路国际产业联盟工作机制正式启动。该工作机制的秘书处总部设在北京，目前已与数十个国家和地区建立了国际合作关系，共同推动数字丝绸之路建设。

第四，数字经济合作模式创造新的人才队伍及科技成果。未来经济与社会发展的核心动力在于人才与技术，相关政府与企业正在努力探索培育模式。例如，2017 年 9 月，九次方与马来西亚著名高等院校拉曼大学联合成立了东南亚大数据学院和大数据产业教育基金，以促进两国大数据领域的研究及相关人才的培养。2018 年 7 月，阿里云与马来西亚数字经济公司（MDEC）在马来西亚首都吉隆坡宣布，双方将携手建立面向当地创新创业者的数字孵化中心（Digital Hub），为当地数字经济转型提供世界领先的云计算技术，助力当地科技产业发展。类似的合作机制有利于人才和成果在“一带一路”沿线国家和地区之间共享，促进知识要素的流动，符合当地需求，激活当地人力资本要素，有望成为日后合作的核心模式。

二、“一带一路”沿线国家和地区的信息化合作潜力

总体来看，“一带一路”沿线国家和地区多为发展中国家和新兴经济体，信息基础设施相对落后，移动互联网普及率较低，网络空间治理体系多边合作局面尚未形成。在信息技术加快发展、信息化对传统产业的影响不断深化的背景下，“一带一路”沿线国家和地区之间的信息化合作拥有广阔的空间。

（一）信息基础设施建设存在巨大合作潜力

1. 当前大部分“一带一路”沿线国家和地区的信息基础设施相对落后，互联网渗透率、宽带接入速度等指标均低于发达国家水平

国家信息中心 2018 年发布的《“一带一路”沿线国家信息化发展水平评估报告》显示，当前“一带一路”沿线国家和地区信息化发展总体上处于“中等”水平。其中，新加坡、以色列、爱沙尼亚位列前三，处于“高”水平，占总参评国家数的 4.69%；21 个国家处于“较高”水平，占比 32.81%；24 个国家处于“中等”水平，占比 37.50%；15 个国家处于“较低”水平，占比 23.44%；1 个国家处于“低”水平，占比 1.56%。从整体来看，“一带一路”沿线 ICT 发展水平仍相对落后（见图 7.1）。

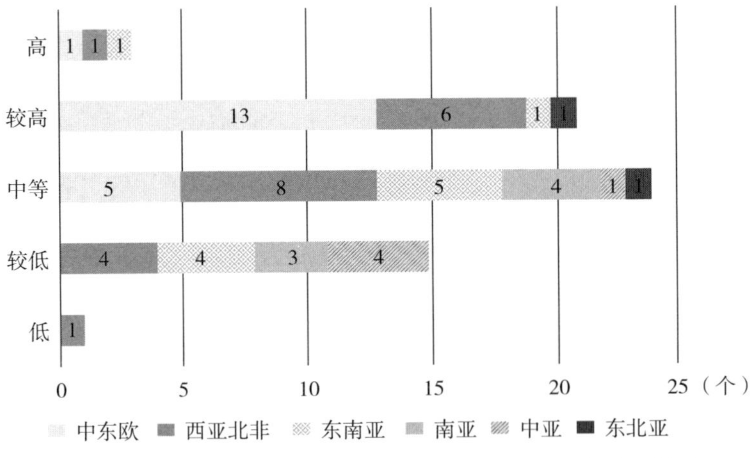

图 7.1 “一带一路”信息化发展指数各发展阶段国家区域分布

资料来源：国家信息中心《“一带一路”沿线国家信息化发展水平评估报告》。

在互联网基础设施方面尤其如此。Internet World Stat 的数据显示，截至2018 年 3 月，绝大部分发达国家的互联网渗透率超过 90%，而大部分“一带一路”沿线国家和地区的互联网渗透率低于世界平均水平的 55.1%，其中印度为 34.1%，土库曼斯坦为 17.9%，阿富汗则只有 15.7%。国际电信联盟（ITU）的统计数据显示，发达国家大部分入门级固定宽带速度为 5Mbit/s，发展中国家为 1Mbit/s，而 42% 的“一带一路”沿线国家和地区的宽带接入速度在 1Mbit/s 以下，其中阿富汗、孟加拉等国可提供的宽带速度仅为 0.25Mbit/s，远低于国际平均水平。另外，由于经济发展水平滞后，这些国家的每百户家庭计算机拥有量也不高。考虑到沿线中低收入国家的人口规模往往较大、城乡发展水平差异明显，因此对于网络基础设施以及计算机硬件设施的改善需求十分旺盛。

与这些国家相比，我国在信息通信产业，特别是通信设备制造业方面具有明显的优势。因此，与“一带一路”沿线国家和地区展开合作，共同推进信息高速公路等的建设，既有利于沿线国家和地区缩小数字鸿沟、释放并享受数字红利，也有利于我国电信运营和设备供应企业“走出去”。以中国移动为例，其通过自建和合作的模式，在东北亚、中亚、南亚和东南亚已建设了 8 条跨境陆地光缆，传输能力达到 6270G；在亚太、欧洲等地区，建成了 5 条国际海缆，同时还建设了 29 个信息交互节点和 5 个国际通信业务出入口局，对沿线国家和地区之间的“互联互通”起到了较大的促进作用。

2. 当前大部分“一带一路”沿线国家和地区移动网络发展较快，对移动网络和移动终端设备需求旺盛

由于移动宽带对于基础设施、运营技术、资本投入等的要求较低，因此近年来移动互联网在“一带一路”沿线国家和地区中发展迅速，移动宽带普及率逐年提高，移动电话数量也从每百人 50 部增加到现在的每百人 90 部左右。据环球网公开信息，中国企业从 2018 年起在智能终端接入设备制造等方面已经处于世界领先地位，智能手机企业有能力为“一带一路”沿线国家和地区提供优质低价的产品与服务。以印度市场为例，2018 财年中国四大手机品牌（小米、OPPO、vivo 和华为）的智能手机销售额超过 5000 亿卢比，约为 473 亿元人民币，所占份额接近全印度智能手机市场的一半，年均增速超过 20%。

除此之外，中国在 5G 网络标准研发和制定方面也处于世界领先地位。同“一带一路”沿线国家和地区在 5G 技术、建设和应用等方面的合作，有利于其利用后发优势，形成赶超效应，加速缩小数字鸿沟，实现“数字丝绸之路”的共同繁荣。

（二）信息技术应用领域合作前景广阔

当前我国数字经济发展迅速，软件行业和互联网行业发展尤其迅猛，在信息技术应用的各个领域均与“一带一路”沿线国家和地区展开了密切且逐渐深入的合作。考虑到沿线国家和地区信息化水平仍处于不同的发展阶段，双方的合作不仅领域多元，而且模式也是多元的。

1. 软件服务合作稳步增长

随着“一带一路”倡议的推进，中国对沿线国家和地区的软件出口逐渐提速。2012 ~ 2016 年，中国对外签订的软件合同数量总体下降，但与“一带一路”沿线国家和地区签订的合同数量则稳步上升，从 8858 项增长到 9247 项，占比从 15.9% 提高至 17.9%。在协议金额方面，从 2012 年的 30.1 亿美元提高到 2016 年的 65.9 亿美元，增长了一倍以上。商务部的统计资料显示，“十三五”以来，我国软件出口增速趋缓，但软件出口规模实力明显提升，价值链持续向高端跃升。2017 年我国软件出口执行金额 375.56 亿美元，同比增长 9.72%，相当于 2011 年的 2.6 倍。软件出口（创新）基地城市集聚引领作用显著，占全国软件出口总额的 63.5%。从国别构成来看，79.7% 的执行金额来自前十位国家：新加坡、印度、俄罗斯、马来西亚、泰国、印尼、越南、沙特阿拉伯、捷克和巴基斯坦。

新加坡、俄罗斯、印度以及中东欧国家的信息产业发展基础普遍良好，软件产业较为发达，其中印度更是世界最大的服务外包离岸接包国，因此我国与这些国家在信息技术、管理、人才等方面仍需相互交流和学习。而沿线其他国家和地区软件行业发展则较为滞后，对于软件产品和服务存在巨大需求。在这种情况下，中国软件行业可以推进中国软件的行业标准和产品技术标准，切实为合作国家提供优质的软件服务的同时，推动中国软件行业向全球价值链的高端延伸，提高其国际市场竞争力。

2. 动漫游戏行业合作成长迅速

同其他信息化产品不同，动漫游戏产业具有受众群体数量大、年轻化和产品传播率高等特点，无论是“引进来”还是“走出去”，都是促进“一带一路”沿线国家和地区“民心相通”的重要渠道之一。

当前，受智能手机用户基数增长和数字支付普及的推动，“一带一路”沿线国家和地区的网络游戏行业的整体发展和营收能力都进入了快速上升期。根据谷歌印度公司和 KPMG 联合发布的一份研究报告显示，印度网络游戏玩家基数将从 2017 年的 1.2 亿人增长到 2021 年的 3.1 亿人。而 Newzoo 的一组针对中东、北非游戏市场的调研报告显示，沙特阿拉伯作为该地区的龙头，2017 年游戏收入已达到 6.51 亿美元，跻身全球前 20 的行列。文化相对保守、娱乐方式相对匮乏的国家和地区的游戏行业增长更为迅速，这一点尤其值得注意。

当前，我国动漫游戏企业与“一带一路”沿线国家和地区在动漫游戏领域的合作也愈加全面和深入。根据文化部[①]披露的数据，2017 年合作规模已超过 15 亿元，涵盖了创意、生产、技术、资金等各个方面，基本形成了以东南亚为龙头，以独联体、中东为重点，以中东欧为新增长点的中国动漫游戏产业“一带一路”国际合作格局。中国企业根据各国不同的历史和文化“量体裁衣”，取得了丰硕的成果。以手机游戏行业为例，在热爱战争题材 SLG 类游戏的俄罗斯市场，IOS 和 Google Play 排名前 10 的产品中有 5 项是中国手游；在博彩游戏畅销的巴基斯坦，腾讯控股企业 Miniclip 开发的《8 Ball Pool》销

① 现为文化和旅游部。

量良好。而在动漫行业，一些具有国际水准的动漫作品也走出了国门，得到了沿线国家和地区人民的喜爱。其中由奥飞娱乐原创设计的《超级飞侠》更是成为现象级的大 IP，在印尼、土耳其等市场登上了幼儿节目收视率榜首，刮起了一股中国旋风。

3. 互联网服务业合作前景光明

近年来我国互联网行业发展迅速。以阿里、腾讯为代表的互联网巨头成为互联网国际市场举足轻重的玩家。与此同时，华为、滴滴、浪潮、网易等专业性的互联网企业也纷纷“出海”，在“一带一路”沿线国家和地区积极布局。作为全球互联网行业的新兴力量，中国互联网企业已经构建起了颇具市场竞争力的相对完整的生态系统，已具备初步的技术和服务输出能力，服务于沿线不同水平国家和地区的发展需要。

一是智慧城市和智慧交通领域合作持续发力。当前基于新一轮信息技术革命的成果，部分发展水平较高的沿线国家和地区纷纷将建立新型智慧城市列为自身发展的重要方向。而阿里巴巴、百度、华为等中国企业则为这些国家和地区在智慧交通、智慧医疗、智慧能源、智慧政府（电子政务）、智能环境等多个智慧城市维度作出了贡献。以华为举例，在新加坡的“智慧国家2025”计划、阿联酋迪拜的“迪拜 2021”愿景规划中，华为与当地政府签订了合作协议，并为后者南城的新自由贸易区提供智能城市解决方案。该解决方案包括终端到终端的网络规划和技术、移动和固定宽带基础设施、物联网平台部署智能城市解决方案以及其他智能开发的服务和技术等。

而在其他发展较为落后的沿线国家的大城市中，如越南的胡志明市、泰国的曼谷市等，交通拥堵、空气污染等问题非常严重。这一方面需要解决交通基础设施供给不足的问题，另一方面也需要解决当前交通资源配置不合理、使用效率过低的问题。而在后一个问题上，滴滴等中国企业具有丰富的操作经验和解决方案。这种政府和企业间的合作不仅有利于改善市容，还为当地居民改善了出行状况，提升了生活获得感。

二是以移动支付为代表的互联网技术应用合作成果丰硕。在移动互联网技术应用方面，中国互联网企业在过去10年左右的时间里将移动互联网应用拓展到生活的各个层面，并将总结的经验和教训带出了国门。以互联网金融和移动支付为例，截至2019年，支付宝境外线下支付已经覆盖超过50个国家，接入了吃喝玩乐、交通出行等数十万家海外各类商户门店，在超过80个国际机场提供实时退税服务。在自身产品市场占有率逐步提高的同时，阿里巴巴和蚂蚁金服也将移动支付技术积极推广出去——在2015年收购印度最大的移动支付服务平台Paytm。蚂蚁金服还与印度共同打造印度本地版“支付宝”，又从印度把技术传递到了泰国、菲律宾、马来西亚、印度尼西亚和巴基斯坦等“一带一路”沿线国家和地区。这在为当地居民的生活带来极大便利的同时，也促进了金融技术的提升和金融行业的健康发展。

（三）以跨境电商为代表的新业态趋向繁荣

近年来，大数据、云计算、物联网等新一轮信息技术革命的成果不断催生新业态。当前，这些以跨境电商为代表的数字经济新业态已成为全球经济增长的动力引擎。“一带一路”沿线国家和地区在内部电商市场逐渐发育成熟以及国外市场，特别是中国市场迅速扩张的刺激下，跨境电子商务[①]发展迅猛，同我国的跨境电商贸易关系也日益密切。

首先，“一带一路”沿线国家和地区内部电商市场发育加速。根据欧洲支付公司2018年发布的研究报告显示，2018年全球电商发展速度最快的前10个国家分别为印度尼西亚（78%）、墨西哥（59%）、菲律宾（51%）、哥伦比亚（45%）、阿联酋（33%）、越南（32%）、沙特阿拉伯（32%）、以色列（31%）、印度（27%）和中国（27%），其中8个为“一带一路”沿线国家，增长速度均远高于全球平均增速（14%）。快速发育的电商市场为跨境电子商务的发展提供了良好的环境，培养了高质量的消费者群体。以中东地区为例，根据Internet World Stat的数据显示，截至2017年底，中东地区的电子商务市

① 按照国务院发展研究中心信息中心（2018）给出的定义：跨境电子商务是指分属不同关境企业或个人，利用互联网平台完成贸易的撮合，继而完成资金结算、货物和服务的交割的一种国际贸易方式。

场收入的年均复合增长率超过 10%，发展势头迅猛。其背后的原因是多方面的：第一，从地理上，中东地区以热带沙漠气候为主，大部分商品依赖进口，而炎热的环境也为足不出户的网购提供助力。第二，在消费者群体方面，中东地区人口的金字塔结构明显。根据 Youth Policy 提供的数据显示，该地区 15 ~ 29 岁的民众超过了 28%，高于世界平均水平。而青少年群体对于网上购物的接受度更高，对电子商务市场的依赖性也更强。第三，从经济发展水平上，中东地区国家普遍国民财富雄厚，人均可支配收入普遍较高，民众具有极强的购买力。第四，在网络覆盖率上，中东地区无论是互联网渗透率还是网购用户渗透率，都已处于快速上升通道。根据 Statista 的数据显示，2017 年中东地区的互联网渗透率已超过 60%，沙特阿拉伯、卡塔尔、以色列等国的用户渗透率已达到 64.4%。这些因素共同促成了一股强劲的需求，支撑了沿线国家和地区内外两个电子商务市场的发展。

其次，中国跨境电子商务贸易发展迅猛，“一带一路”沿线国家和地区占据重要地位。近年来，我国跨境电子商务贸易市场增速惊人。中国电子商务研究中心的监测数据显示，2008 ~ 2017 年我国跨境电子商务交易规模总额从 0.8 万亿元增长到 7.6 万亿元，年均复合增长率超过 20%。在所有与我国开展跨境电商贸易的国家中，“一带一路”沿线国家和地区占有重要地位。阿里研究院 2017 年公布的数据显示，注册使用阿里速卖通的沿线用户数量逐年上升，2016 年在全球用户中占比已经超过 45%。国内另一出口平台敦煌网的数据显示，2016 年“一带一路”沿线有 26 个国家销售额同比增加了 30% 以上，其中增速最快的三个国家分别是不丹、吉尔吉斯斯坦和卡塔尔。而在总体贸易规模上，俄罗斯、以色列和乌克兰则位居前三位（见表 7.1）。

表 7.1　中国与“一带一路”沿线国家和地区贸易规模及增速排名

名次	贸易规模	贸易增速
1	俄罗斯	不丹
2	以色列	吉尔吉斯斯坦
3	乌克兰	卡塔尔
4	波兰	阿曼

续表

名次	贸易规模	贸易增速
5	土耳其	菲律宾
6	捷克	巴基斯坦
7	沙特阿拉伯	孟加拉国
8	白俄罗斯	斯里兰卡
9	匈牙利	巴林群岛
10	斯洛伐克	塞尔维亚

资料来源：敦煌网、清华大学、中央财经大学《2017 中国跨境电子商务（出口 B2B）发展报告》。

我国同“一带一路”沿线国家和地区的贸易往来除有天然互补性之外，沿线信息通道和交通网络的建设和升级也起到了至关重要的作用。信息流和物流的效率提升大幅拓展了跨境电商在沿线国家和地区之间发展的内涵和外延。以中欧班列的开通为代表的“设施联通”，对我国同中东地区和中东欧国家之间开展跨境电商具有显著的促进作用。

最后，跨境电商将引领我国与“一带一路”沿线国家和地区的数字经济走向共同繁荣。作为国际贸易新业态，跨境电商的发展顺应了当前数字经济发展的趋势和潮流，不仅可以促进沿线内部贸易量的扩大，同时也支撑着沿线数字经济发展水平的不断提高。虽然目前沿线内部差异较大——部分信息基础设施建设不够完善，电商法规、物流系统、支付体系不够健全，但是我们可以看到这些瓶颈有逐渐被打破的迹象。以中俄跨境电商贸易为例，长期以来俄罗斯国内物流业发展滞后，物流配送的时效性、稳定性不足，但 2016 年以来随着来自中国的跨境包裹激增，俄罗斯邮政等快递企业纷纷与顺丰、菜鸟等达成了战略合作，国际订单物流效率得到了飞跃式提升，这也在客观上倒逼了俄罗斯国内物流业的整体发展。当前由于客观原因的存在，我国同沿线国家和地区的跨境电商合作模式仍以我国向其 B2B（企业对企业）出口和 B2C（企业对消费者）出口为主，B2C 进口份额较小。如阿里研究院 2017 年编制的 ECI（跨境电商连接指数）显示，除泰国等少数国家外，我国同“一带一路”沿线国家和地区的 ECI 出口指数远高于 ECI 进口指数，跨境出口仍居于绝对的主导地位；沿线国家和地区大量适合在电商平台销售的优质商品没有吸纳到跨境电商贸易之中。由此可见，跨境电商领域的合作存在着尚待挖掘的巨大潜力。在注重跨境电商贸易平衡之外，我们还应秉承合作共享和互利共赢的精神，将中国跨境电商行业发展过程中所积累的“出海”经验分享给沿线贸易伙伴企业，鼓励其发挥自身优势，开拓海外市场，参与、创造、共享数字经济红利，使跨境电商不断成为引领贸易增长、经济发展的积极力量。

三、“一带一路”沿线国家和地区的信息化建设合作模式

在“一带一路”沿线国家和地区信息化建设中，各合作主体之间相互促进，建立起了和谐有序的合作路径，新的合作模式也在不断地产生和发展。按照推动主体的不同，我们将这些模式总结为：政府 + 政府合作、企业 + 政府合作、企业 + 企业合作三种。

（一）政府 + 政府合作：以东盟信息港为例

政府 + 政府合作是指由我国与沿线国家和地区政府共同主导并推动的信息化建设合作模式。这种合作模式在大型基础设施建设方面具有天然优势，以东盟信息港为主要代表。

1. 项目背景

“中国—东盟”信息港是当前我国同沿线国家和地区开展大型信息化基础设施建设的代表性项目。其概念诞生于 2014 年首届“中国—东盟网络空间论坛”，并迅速得到了东盟各国政府的热烈反响。其自 2015 年正式落地以来，已建成或投运项目达 60 余个，特别是中越、中老、中缅等跨境陆缆和亚太 2 号等国际海缆的相继开通为中国和东盟国家之间搭起了高速信息通道。目前这一项目仍在推进之中。据《中国—东盟信息港建设总体规划》披露：2018 ~ 2025 年还将继续重点建设 90 多个项目，总投资超过

750 亿元。[①]

东盟信息港的建设顺应了东盟国家信息化发展的时代需求，为我国与东盟国家在信息化领域的广泛合作奠定了基础，更成为建设中国同东盟命运共同体的重要平台，对助力“一带一路”信息化布局，优化我国经济发展空间格局，实现双（多）边经济共赢有着重大的意义。

2. 合作模式

东盟信息港建设采用政府间合作模式，一方面是其框架设计直接来源于各国领导人签署的合作协议，另一方面则是跨境基础设施建设自身的特点所决定的。跨境基础设施建设项目周期长（建设的基础时间为 10 年）、资金预算大、投资风险高，同时还具有社会效益明显高于经济效益的区域性公共产品属性，因此对私营部门的吸引力较弱，只有通过政府间倡导与合作才能保证投融资的顺利进行。另外，信息化基础设施是关乎一国国家安全的重要问题，没有得到双方政府的许可和监管，项目建设也难以进行。

在东盟信息港的建设过程中，我们总结了几点需要注意的问题。

一是建立制度化、常规化的合作机制。首先，应通过政府间协商谈判达到沿线国家和地区的合作共识，并签订稳定的双边或多边合作协议。这些协议需要较为详尽地界定这一框架下需重点解决的问题，合作的范围、规则乃至实施细节，这样才能切实对各成员国形成约束力。其次，应建立官方高层会谈，形成长期的高层对话磋商机制。事实上，在建设东盟信息港之前，自 2006 年起，每年都会定期举行中国—东盟电信部长会议，中国与东盟各国电信主管机构负责人就信息通信事业发展、通信政策法规、网络通信服务、新型信息通信技术应用、通信和信息安全等议题进行对话磋商。最后，还应建立专项工作小组以及工作委员会作为日常管理机构，共享合作信息、协调合作活动。委员会成员应由各成员国家代表组成，以便通过的决策能得到合作成员国的集体认可。

① 商务部网站。

二是成立专业、独立的基础设施建设和投融资机构。该机构一方面可以作为信息交流平台统筹国际合作，协调沿线国家和地区的支持政策与投融资安排，即时优化发展战略，降低沟通成本，缓解“集体行动”困境；另一方面可以作为评估机构，在项目建设的不同阶段发挥其专业作用，如：在项目前期负责评定项目建设的预期成本和收益；在中期监督项目进展情况，加强风险管理，并定期将评估结果向参与合作的各国政府和社会投资者通报。同时，在投融资方面，作为区域内的最高投融资机构，应与国际各开发性金融机构展开合作谈判，争取更多的国际资本投资到域内跨境基础设施建设上来。

三是在基础设施建设之上，有序推进管理和服务层面的合作。根据其他国家信息港的建设经验，未来东盟信息港的建设框架可分为基础设施层、管理层和服务层，这三个层面必须分阶段有次序地推进。第一阶段，建立和完善信息化基础设施及其相关配套服务设施，前者以“云计算 + 网络基础设施 + 终端设施”为核心要素，后者则包括产业园区、数据中心和产学研大厦等。第二阶段，在第一阶段的基础上建立起中国—东盟技术合作机制——经贸服务、人文交流的“网络数据平台”，深化技术合作与创新。第三阶段，拓展不同场景下的应用服务。在东盟信息港的整体项目中，政府在前期建设，特别是基础设施层、管理层的建设过程中需要发挥主导力量。具体而言，有两点：第一，统筹协调国家已有资源。利用国家已有的科技成果和习得技术，如区域通信、北斗天 / 地基增强系统等重要的信息基础设施，构筑中国—东盟区域“信息高速公路”，构建起连接东盟各国的中国—东盟跨境陆海通道，协助东盟国家通信基础设施建设。第二，推动建立数字经济产业联盟。进一步拓展我国与东盟国家在互联网、云计算、云通信及科技金融等数字经济领域的开放式合作，促进沿线国家和地区间数字经济产业信息、项目及资金等要素的供需对接和知识共享，通过搭建产、学、研、用、投合作平台，促进联盟内信息资源有效共享、项目互通有无、灵活融通资金，构建起互利共赢、高质量发展的联盟合作伙伴关系。

（二）企业 + 政府合作：以华为智慧城市项目为例

近年来，我国信息产业发展迅速，高科技企业“出海”能力大幅提升。在“一带一路”倡议的合作框架下，这些企业积极参与国际竞争，凭借着技术、服务、品质、价格等综合优势赢得了沿线国家和地区政府的青睐，形成了企业 + 政府的合作模式。这种模式以华为智慧城市项目为代表。

1. 项目背景

根据我国出台的《关于促进智慧城市健康发展的指导意见》的定义，智慧城市是指“运用物联网、云计算、大数据、空间地理信息集成新一代信息技术，促进城市规划、建设、管理和服务智慧化的新理念和新模式”。在“一带一路”沿线国家和地区中，我国发展智慧城市的历史尽管不是最早，但发展速度当数第一。根据德勤 2018 年的报告显示，当年全球共有 1000 个智慧城市项目在建或启动建设，而中国城市独占其中的 500 余席，占比超过一半。国内新一代信息技术的飞速发展和旺盛需求培养了一批优秀的信息技术企业投入到智慧城市建设中，并使其具备了同国际巨头竞争的能力。其中，华为是表现较为突出的企业之一。

华为已为全球 40 多个国家的 120 个城市提供了智慧城市解决方案，服务范围涵盖顶层设计、产品方案、集成交付和融资运营的各个方面。凭借着在关键技术，特别是 5G 技术上的厚积薄发，华为的智慧城市解决方案越来越适应当前智慧城市 2.0 的升级趋势，也日益得到了所在国中央政府和地方政府的认可。华为提出的“开放、灵活、安全、弹性平台”的主张在一定程度上减轻了所在城市政府对公共安全、信息安全的顾虑，也为打造由政府、运营商、通信设备厂商、应用开发商、普通市民组成的智慧生态系统创造了充分可能。

在与华为展开智慧城市建设合作的国家中，“一带一路”沿线国家占据了重要比例。在新加坡、沙特阿拉伯、吉尔吉斯斯坦等国，当地的多个城市与华为达成了智慧城市合作协议。其中，吉尔吉斯斯坦与华为在 2018 年达成的“比什凯克和奥什市”项目是直接投资协议，总价超过 6000 万美元，且未经过招投标，体现了华为在目前同行业内的竞争力。

2. 合作模式

在企业 + 政府合作模式中，我国信息技术企业作为项目的承接方，其专业性、安全性、可靠性等都会受到所在国政府全方位的考量。因此，这种合作模式的关键在于建立双方长效的互信互利机制。

一是信息技术企业应积极培育技术优势。当前新一代信息技术发展日新月异，从实验室到工厂的时间大幅缩短，因此对企业建立和保持技术优势都带来了较大的挑战。以华为与吉尔吉斯斯坦的项目为例，华为得到后者认可的原因有两点：第一，基于对华为当前技术的需要，比如在安装交互式多功能摄像头等技术上吉国无法独立完成；第二，对华为未来技术实力抱有信心。因此无论是从现实需要还是从长远利益考虑，吉国政府都有与华为达成战略合作的动力。

二是立足长远发展，建立良好的信息安全信誉。智慧城市系统内实时采集、分析、处理城市的海量信息，能够有效增强城市管理能力，提高城市居民的福祉，但是这些数据又存在着被滥用的风险。如果安全性无法保证，就有可能侵犯居民的个人隐私权，甚至危害公共安全。因此所在国政府往往对数据开放保持高度警惕，对非本国企业的顾虑也就相对更多。为了最大程度地消解这种顾虑，华为做了以下努力：首先，立足固有安全技术优势，提高项目各环节安全性能；其次，在保证安全性的前提下开放平台，不垄断、不绑架，避免“信息孤岛”的产生；最后，积极配合所在国各级政府要求，坚持信息本地化原则，不为自己留“后门”。这种负责任的企业态度为华为树立了良好的信息安全信誉，也是企业 + 政府模式能够得到顺利实现的重要原因。

三是鼓励信息技术企业多渠道融资。在华为与吉国的智慧城市项目中，有两家投资商参与其中，一家是国内的北京华夏灵新投资公司，另一家是吉国的阿卡矿业与采矿公司。这种操作方式既是出于风险控制的考虑，也是为了能够更好地调动社会资源，做到机遇和成果共享。

（三）企业+企业合作：以滴滴出行为例

在“一带一路”倡议的持续推进下，除了同所在国政府展开合作之外，我国互联网企业更多地与“一带一路”沿线国家和地区互联网企业建立了直接的合作关系，其合作模式包括战略投资、资源互换、收购并购等。大型互联网企业成为多边关系和谐发展的重要纽带。这里我们以滴滴出行与阿联酋的 Careem 公司的战略合作为例。

1. 项目背景

近年来，滴滴出行的国际化速度明显加快，根据其披露的数据显示，截至 2018 年，其合作网络已遍布全球 1000 多个城市。其中，2017 年 8 月滴滴出行与中东北非地区著名的移动出行企业 Careem 达成了战略合作，内容涵盖了智能交通技术、产品的开发和运行等多个层面。对于滴滴来说，对 Careem 的战略投资能够使其分享到中东北非地区共享出行行业发展的红利，也能促进所在国家交通环境的改善和互联网经济的蓬勃发展；对于 Careem 来说，与滴滴展开战略合作，则可以弥补自己在人工智能技术和管理经验上的不足，继续巩固其在本地区市场的领导地位。毫无疑问，这是双赢的局面。

2. 合作模式

伴随着“一带一路”倡议的深入推进，我国互联网企业向沿线国家和地区“走出去”的战略出现了重大变化：从原有的依靠单纯的价格竞争转变为技术、管理甚至理念的输出，同所在国企业的合作日趋多元，也更加关注所在国居民的就业、生活便利程度等福祉性问题。

一是明确合作双方需求，积极推广中国经验。滴滴出行将国际化作为核心发展战略，“一带一路”沿线国家和地区尚未成熟的出行市场为滴滴的市场扩张提供了可能，而沿线国家和地区的新兴企业则为滴滴进入该市场提供了相对便利的渠道。因此，滴滴在沿线国家和地区寻找合作伙伴时更青睐于管理团队年轻的初创企业。这些企业需要智能交通方面的关键性技术以及公司整体运营经验，以巩固其市场地位，应对优步等巨头的竞争或潜在威胁。滴滴与 Careem 在谈判之初就互相明确并匹配了双方的需求，为合作打下了坚实的基础。

二是提高本地化水平，降低总体运营风险。我国互联网企业在进入沿线国家和地区市场时面临的运营成本和运营风险都很高，如果能在当地找到合适的企业作为合作伙伴，则无论是运营成本还是运营风险都会有一定程度的下降。与 Careem 的合作也是这样。滴滴选择通过战略投资 Careem 的方式进入中东北非市场的强本地化策略也是出于控制总体运营风险的考虑，以免在投资过程中同当地的法律、宗教、文化和制度等产生不必要的摩擦。

三是兼顾经济效益和社会效益。我国企业在同沿线国家和地区展开合作时，应兼顾经济效益和社会效益，建立新时代的义利观。滴滴出行在与 Careem 的合作中始终将解决当地交通问题、推动智慧交通发展作为重要目标，并将适应当地发展条件的重要技术分享给 Careem，以提高其研发团队水平，让更多的当地居民享受到智慧出行和共享出行带来的出行便利以及城市综合环境的改善。因此，从长远看，滴滴为自己挣得了一张负责任企业的名片、一把打通两国民心的钥匙。

（四）合作模式评价

以上三种信息化合作模式各有其适用的领域、行业和场景，同时也有各自的优势和局限。在基础项目建设上，政府间合作能够有效地缓解市场失灵带来的公共物品供给不足的问题，带动沿线网络经济的发展。但是在具体操作中，政府间合作也存在着牵涉面广、谈判周期长、政治风险大、灵活性较差、效率低下等局限。在互联网应用领域，企业 + 企业合作模式适应了市场竞争机制的需要，企业开展业务灵活，经营效率相对更高，但也存在着风险预警能力和承担能力较弱、谈判实力不足等问题。企业 + 政府合作模式则兼具二者的优势和局限，在具体的操作上，由于涵盖的范围更窄，因此相对更为稳定。在上文的论述中，我们发现政府、市场和企业之间的界限绝非锚定不变：在大型基础设施建设上，政府间合作在投融资方面也离不开民间资本和金融企业的参与；智慧城市、智慧交通等应用领域的企业合作也离不开政府的监管和法律保护。因此，不管采用何种合作模式，都必须因项目特点、行业特点而异，做到辩证灵活。而且每一种合作方式都离不开政策沟通，以及建立在互惠互利基础上的民心相通。

四、“一带一路”沿线国家和地区信息化合作的主要障碍

在信息化领域中，由于我国与“一带一路”沿线国家和地区在信息化基础设施建设、政治、经济、金融、文化等环境上都存在较大差异，因此，在双边或多边信息化领域合作的过程中，依旧存在亟待解决、克服的障碍：一方面，较多沿线国家和地区的投资环境不成熟，政治风险大，投资存在安全隐患；另一方面，我国除少数龙头企业外，大多数信息化企业“走出去”的能力还有待提高，尚待实现规模化发展。此外，信息化领域涉及国家间数据、信息互联互通，沿线国家和地区对此也抱有抵触与怀疑的态度。

（一）部分国家投资环境差，投资风险较大

“一带一路”倡议涉及区域广泛，沿线国家和地区经济、社会发展程度差异大，大部分国家发展基础薄弱、形势复杂，经济、金融、政治、社会等各方面都存在安全隐患。根据中国电子科学研究院 2016 年编制的“丝路信息化指数”，“一带一路”沿线国家和地区总体得分不高，得分最高的为新加坡，评分为 7.05；排名最低的国家为不丹，评分仅为 2.93；中东欧国家信息化投资环境最为成熟，但我国对其投资非常少。西亚北非地区，战争内乱不断、局势动荡，国家投资安全指数极低，对中国企业雇员与设施的安全造成严重威胁，直接影响了对该区域的投资和贸易；部分国家政府更迭迅速，政党轮换后缺乏政策延续性，内部政局不稳定，腐败问题严重，政治风险高，对国际信息化合作形成了极大阻碍；部分国家主权信用评级较低，偿债能力较差，投融资体制和信用机制不健全，发生金融危机的风险较高，投资风险极大。根据 CCG（中国与全球化智库）统计，在 2005 年 1 月 1 日至 2014 年 6 月 30

目的对外直接投资事件中，我国企业海外投资由于政治原因失败的投资事件占 25%。其中，8% 是由于东道国政治派系力量阻挠，17% 是由于东道国的政治动荡、领导人更迭等导致经济损失。

除了新加坡、波兰、保加利亚等少数国家外，“一带一路”沿线国家和地区整体营商环境不容乐观，我国企业海外投资面临诸多未知风险。根据美国企业研究所和传统基金会的统计数据，2005 年 1 月至 2014 年 6 月我国企业海外投资失败或受阻的风险案例达 130 起；其中，发生在“一带一路”沿线国家和地区的风险案例 33 起，涉及 20 个国家，占涉案总金额的 24%。尽管风险案例集中于能源、金属、交通制造业等行业，但从中也可以看出沿线国家和地区投资环境较差，投资风险大。与此同时，各国法律体系存在差异。我国对其法律法规缺乏深入了解，影响了国家之间、企业之间合作项目的顺利落实。根据 CCG 统计，2015 年，我国对外投资失败事件中的约 16% 是法律原因导致。同时，这种事件又缺乏统一的争端解决机制，仲裁难度大。

（二）“一带一路”沿线国家和地区对信息化合作存在疑虑

我国以合作共赢为出发点提出“一带一路”倡议，旨在推动沿线国家和地区共同发展。尽管我国信息化企业“走出去”取得了一批标志性成果，如中国电子 2014 年帮助厄瓜多尔建成了国家公共安全指挥控制系统，但由于信息化合作涉及信息等资源的投入与共享，而且我国与沿线国家和地区在信息化领域存在信息不对称的情况，因此，多数沿线国家和地区对于“一带一路”倡议，尤其是信息化合作依旧存有疑虑。

首先，许多国家身处大国博弈当中。如地理位置优越、战略价值高的沿线国家的外交受多重因素影响，由于涉及多方利益，这些国家并不能对信息化合作完全开放。其次，我国经济、社会发展迅速，综合实力逐步提升。出于政治、经济各方面竞争等原因，部分国家恶意扭曲我国提出“一带一路”倡议的初衷，对“一带一路”倡议进行负面宣传。西方媒介的霸权语境以及部分国家的民族主义情结影响了其对信息化合作的看法，对信息化合作产生了怀疑，一定程度上阻碍了“一带一路”建设的进程。如我国提出建设“中巴经济走廊”倡议后，随着时间的推移，巴基斯坦国内一些重要媒体开始质疑，不同政治派别存在不同看法，这种疑虑和偏见无疑会影响两国合作的顺利进行。最后，目前我国信息化发展水平、信息化综合实力已经名列前茅，在此条件下有些国家担忧对中国产生过强的依赖性，会影响本国的长期发展。与此同时，信息化合作涉及信息通信基础设施互联互通，打造信息服务共享平台，推进新兴产业合作投资，部分国家担心信息安全，缺乏政治互信，使其对于信息化合作存有戒心。因此，如何做到“民心相通”仍然是“一带一路”沿线国家和地区信息化合作亟待解决的问题。

（三）信息化企业“走出去”能力不足

我国信息化企业迅速发展，电子商务产业迅速壮大，涌现了像阿里巴巴、京东、唯品会等一批具有国际竞争优势的企业，华为、中兴等企业已在“海上丝绸之路”沿线国家和地区设立区域总部、研发中心，形成国际业务网络，TCL 的国际业务也已逐步覆盖“一带一路”市场。但是，由于我国信息化企业成长起来的时间较短，企业“走出去”依旧存在多方面的限制。

首先，成熟的信息化企业，如亚马逊、易贝等已经在国际上具有稳定的市场，各方面技术已经很成熟，竞争力强，而我国信息化企业的国际化能力不足，企业品牌国际化程度较低。想要在国际市场上取得一定份额，就必须在某些方面有比较优势，找到市场突破口，进而再抢占市场份额。其次，我国信息化企业缺乏国际化运营经验，跨境业务还未形成规模，跨境物流成本高、运输时间长、信息化程度低，跨境电商支付欠缺安全，投融资机制不健全，对于“一带一路”沿线国家和地区政策法律环境、商业环境、人文环境等缺乏详细的了解，企业人才的国际化程度低。这些问题都会成为我国信息化企业“走出去”的阻碍。最后，我国信息化企业尚未形成网信企业“抱团出海”局面。中国电子帮助厄瓜多尔建成的国家公共安全指挥控制系统整合了清华大学研发的公共安全整体解决方案，以及华为、联想等企业相关技术和产品，带动了全行业信息化水平提升，但我国信息化行业“抱团出海”的局面还没有广泛形成，单一企业在国际上的竞争力不强，“走出去”的能力不足。

五、“一带一路”沿线国家和地区的信息化合作发展战略

在“一带一路”倡议下，我国同沿线国家和地区展开信息化合作，必须做好顶层设计，坚持长远、务实的发展战略。面对当前的合作现状和存在的问题，我们认为必须坚持以硬件合作为载体带动软件合作、以倡议为主带动项目落实、以龙头企业为重点推动信息化产业发展，利用好比较优势，建立起稳定的合作机制和平台。

（一）以硬件合作为载体带动软件合作

当前全球经济治理体系发生深刻变革，信息化建设成为经贸、金融、文化、人才等各方面交流的基础与工具。“一带一路”沿线多为发展中国家，信息基础设施相对落后，互联网、通信设备等普及率较低，不仅阻碍了网络互联、信息交流，也制约了其自身的全方面发展。而我国近年来信息化工作稳步推进，信息化企业逐渐在国际上打开市场，网信产业规模和影响力跃居世界前列，亚洲基础设施投资银行、中国互联网投资基金、中国互联网发展基金会等也为我国提供了良好的资金支持。因此，我国应在“一带一路”倡议下，加速国内信息化发展与沿线国家和地区信息化建设需求相对接，帮助其建设信息化基础设施，以信息通信等硬件合作为重点，进而以硬件合作为载体带动软件合作。

首先，衔接关联企业之间的发展战略，实现信息化企业之间的互动，形成“抱团出海”的局面。在与沿线国家和地区合作信息通信等硬件基础设施

建设的过程中，推进信息共享平台的搭建，进一步推进软件出口，让硬件企业与软件企业等产业链条上的各个企业能够“抱团出海”。龙头企业“走出去”发展，带动相关配套企业一起“走出去”。尤其是在产业配套条件较差的国家，更要把握好机遇，在信息化设备出口的基础上推进软件出口，打造产业链或产业集群投资的局面。

其次，我国应逐步从信息化设备提供商转变为软件技术提供商。可以先向沿线国家和地区出口信息化硬件设备，为信息化合作提供支撑环境，再逐渐推广软件技术，最终形成以硬件产品为载体、提供软件技术服务的业务体系。通过帮助沿线国家和地区解决信息化技术问题，逐步成为沿线国家和地区的业务合作伙伴。以通信设备为例，在沿线国家和地区积极建设信息通信基础设施，使其跨越电话、固定互联网等阶段，直接进入移动互联网时代；在普及手机等移动通信设备的基础上，与沿线国家和地区开展互联网服务、软件技术等方面的合作，推广互联网经济平台，构建互联网共享出行体系、互联网交易体系、互联网资源互动体系等。

最后，国内信息化企业以创新驱动发展，抓住以网络为核心的市场变化，深入了解沿线国家和地区的客户需求，将集中优化与分散管理相结合，有针对性地创新产品及合作模式，输出产品与服务。

（二）以倡议为主带动项目落实

为拓展数字经济领域的合作，2017 年 12 月 3 日，在第四届世界互联网大会上，中国、埃及、老挝、沙特阿拉伯、塞尔维亚、泰国、土耳其、阿联酋等国家共同发起《“一带一路”数字经济国际合作倡议》，提出“扩大宽带接入，提高宽带质量；促进数字化转型；促进电子商务合作；支持互联网创业创新；促进中小微企业发展；加强数字化技能培训；促进信息通信技术领域的投资；推动城市间的数字经济合作；鼓励培育透明的数字经济政策；推进国际标准化合作；鼓励共建和平、安全、开放、合作、有序的网络空间”等 15 个方面的内容，为沿线各国的互联网经济发展与合作提供了机遇。

首先，发展战略互动。我国始终秉承着合作共赢的理念，但沿线国家和地区对信息化合作依旧存在疑虑。因此，在制定合作规划时要充分考虑各国的对外政策、经济社会发展目标、发展现状、国际责任等，避免合作过程中发生摩擦。沿线很多国家都已经将信息化发展纳入国家发展战略，通过加大对 ICT 基础设施的投资与使用，加速数字化转型。我国要基于现有对话交流机制，推动制定国家之间信息化领域合作倡议，落实跨境光缆、洲际海底光缆等通信干线网络建设，完善空中（卫星）信息通道，提高沿线国家和地区的互联互通水平。沿线国家和地区应适当调整产业政策、发展战略、法律法规等，以适应合作倡议的落实，实现自身发展目标。

其次，各国应扮演好在“一带一路”倡议中的角色，各司其职，共同将倡议落到实处，带动项目落地。中国—东盟信息港建设倡议自 2014 年提出以来，到目前已落地重大项目 64 个；2016 年 9 月阿里巴巴提出的建设全球电子商务平台倡议被写入 G20 杭州峰会公报；2017 年 11 月，中国以外第一个 eWTP 实验区在吉隆坡全面启用运营；2017 年 6 月，中法签订工业联合创新中心建设合作协议，共同推动先进数字技术应用；2018 年 2 月 24 日，马来西亚数字经济发展机构和吉隆坡市政厅宣布引入中国人工智能技术品牌——阿里云 ET 城市大脑，将人工智能技术应用于建设智慧城市；截至 2018 年 8 月，中新互联互通项目在四大重点合作领域内共签约了 118 个务实合作项目；2018 年 11 月 6 日，波黑有关部门与华为签署合作文件，利用华为信息通信技术建设智慧城市；同日，萨拉热窝市与华为签署合作备忘录，在城市转型方面与华为开展合作。在“一带一路”倡议下，我国与沿线国家和地区在信息化领域的合作项目逐渐增多，“数字丝绸之路”建设取得了阶段性进展。我国应与沿线国家和地区积极配合，控制项目落地过程中可能遇到的风险，在倡议的指导下与合作国家逐步将项目实施落地。

（三）以龙头企业为重点推动信息化产业发展

随着云计算、大数据、人工智能等新兴产业兴起，我国也涌现出一批软件和信息服务业的龙头企业，并在国际市场占据一定份额。我国要以龙头企业为突破口，深化与沿线国家在光纤宽带、5G、人工智能、物联网等新兴领域的合作交流。政府要给予龙头企业政策、资金等方面的支持，鼓励它们“走出去”，与沿线各国政府、企业进行技术合作、人才交流。

在信息通信基础设施建设方面，中国移动加大跨境陆地光缆、海底光缆等通信干线网络建设力度，为客户提供价廉质优的信息通信服务。我国应在中国移动等龙头企业的带动下，积极推动我国通信业务出口、打造连接全球的通信基础设施网络体系。在跨境电子商务方面，我国有全球最大的网络零售市场，传统外贸企业利用互联网转型升级，已经形成现代化和信息化的发展模式及运营模式。这都为我国跨境电子商务的发展提供了产业优势。我国要大力推进跨境电子商务，建立跨境电子商务试点，建立跨境电子商务示范城市和综合试验区，不断提高海关、物流等方面的工作效率，借助云计算、大数据与物联网等信息技术手段，尽可能地简化通关手续、缩短通关时间，将互联网与物流产业进行融合，形成“互联网 + 物流”的新模式，提高物流管理效率。

在智慧城市方面，华为等大型企业已经与多个沿线国家签署合作文件，共同建设智慧城市。在此条件下，积极建设海外合作工业园区、产业园区，以合作共建智慧园区为突破口，让更多的沿线国家了解、引入我国企业技术，继续拓展合作新空间。

因此，在与沿线国家和地区进行信息领域合作的过程中，应首先支持龙头企业在国际市场占据一席之地，以龙头企业为突破口带动中小企业稳步发展，走出国门；鼓励龙头企业在沿线节点城市投资、建设、运营数据中心与云计算平台等，为其提供高质低价的信息服务，最后在全球范围内建立起完整的信息化产业链和生产网络。

六、“一带一路”沿线国家和地区的信息化合作政策建议

在推动我国与“一带一路”沿线国家和地区开展信息交流、加大信息领域合作力度的过程中，我国还要进一步完善国内布局，充分发挥各地区的区位优势、资源优势、科技优势、创新优势等，因地制宜地展开国际交流合作：输出我国具有比较优势的信息通信等基础设施，打通政府与政府、政府与企业、企业与企业的合作渠道，帮助沿线国家和地区建成完善的信息通信基础设施系统，进而促进国家之间基础设施互联互通；在此基础上与沿线国家和地区共同打造信息合作平台，打造数据、软件共享网络，实现教育、医疗、文化等方面的数据实时共享；创造人文交流环境，共同开发人力资本，为开展信息化合作创造氛围，推进我国信息化企业有针对性地开展业务合作；建立并完善风险防范机制，妥善应对合作过程中出现的问题。

（一）完善国内布局，发挥地区优势

截至2018年4月，中国在沿线国家和地区已经建设境外经贸合作区75个。我国应该统筹国内发展与对外开放，建立网上丝绸之路经济合作试验区，以合作区等为载体，充分发挥与沿线国家和地区有合作基础的城市地区的优势，加强各地区与沿线国家和地区的交流及信息化合作。在西北地区，发挥新疆等地独特的区位优势，深化与中亚、南亚、西亚等国家的合作，加强信息通信基础设施互联互通。在东北地区，利用内蒙古与俄蒙地区接壤的区位优势，促进黑龙江、吉林、辽宁与俄远东地区陆海联运的合作，打造向北信息化合作的通道，打开跨境电商市场。在西南方向，利用广西、云南与东盟国家陆海相邻的区位优势，推进与周边国家信息通信基础设施建设，发展海上物流，打造陆海联通的物流通道，出口信息化产品。充分发挥沿海城市及信息通信技术发达城市的政策优势、对外开放战略优势及创新优势，为沿线信息化产业发展注入活力，因地制宜地强化国内与沿线国家和地区信息领域的合作。

（二）构建信息通信交融通道，促进基础设施互联互通

加快我国与沿线国家和地区跨境网络海陆通道建设，推进跨境光缆的建设和运营。开展海外网络提供点的建设，设立专项基金，支持中国信息通信企业参与“一带一路”沿线国家和地区信息基础设施建设。针对不同类型国家，设计适合各国的信息通信交融通道。将信息化程度低的国家作为信息化建设与合作的优先地区，大力推进信息通信基础设施建设，消除信息壁垒；对于信息化程度较高的国家，扩大信息化合作空间，打造重点园区，推动信息化深度融合；对于信息化水平高的国家，共同推进海底光缆和跨境陆地光缆建设，打通经中亚到西亚、经南亚到印度洋等陆上信息丝绸之路，推进美洲、欧洲、非洲等方向海缆建设，增强面向这些国家和地区的海外网络覆盖面和接入能力，加快北斗卫星导航系统及其应用产业国际化进程，建设完善若干北斗海外应用示范工程，提升北斗导航国际化综合服务能力，为我国信息化企业开展国际合作提供高性能、低成本的信息通道。

（三）构筑信息服务平台，推动信息数据共享

加快“一带一路”沿线国家和地区信息服务平台的建设，促进信息共享与合作。在与沿线国家和地区共同打造信息化服务平台的过程中，充分借助移动互联网设施及互联网服务平台推动信息、人才等资源数据化管理和服务，建立网络环境安全、资源利用高效等优势集聚一身的信息化合作平台，利用信息化服务平台整合全球资源，建立数据共享体系。如在教育方面，在相对不发达的沿线国家和地区建设移动互联网设施，通过互联网设施开展网络教育，降低传统教育的成本。利用在线教育、远程医疗等技术服务，增强各国公共服务合作能力。搭建面向沿线国家和地区的大数据中心，建立区域数据共享交换服务平台和资源管理机制，围绕重点领域打造其数据资源集散地，加强数字资源的汇集与共享。加快建设中国与阿拉伯国家的网上丝绸之路、中国—东盟信息港、全球“一带一路”综合数据库等信息服务平台，广泛汇

聚沿线国家和地区跨境贸易、金融服务、交通服务、生态环保、文化教育、网络安全等领域的海量数据资源，探索多种模式的多边多国信息开放共享发展路径，促进与沿线国家和地区的信息共享和交流。带动大数据产业集群式发展，推动大数据综合应用，消除信息不对称壁垒，为“一带一路”建设畅通信息之路，促进信息化企业进入国际市场。

（四）打造人文交流信息平台，促进文化资源数字化传播共享

完善与“一带一路”沿线国家和地区的交流合作机制，创新人文交流互动机制，共同营造开放共赢的良好环境。整合国内优秀文化等数字内容，搭建信息传播平台，开辟人文合作渠道，形成区域性资源共享和普惠服务合作中心，打破信息壁垒、消除数字鸿沟。充分利用现有人文交流平台，如论坛、博览会等，开展智库间的学术交流合作，构建人文交流的双边和多边机制、参与主体多元化机制，打造网络文化产业生态体系。汇聚国内外优势资源，开发面向沿线国家和地区的网络文化作品，加速文化数字化传播，促使我国文化“走出去”、沿线国家和地区文化“引进来”。建立人才引进与培养机制。借助信息化手段对接人才供需信息，为我国与沿线国家和地区的信息化合作交流培养优质人才，打造面向“一带一路”信息化建设的专业团队，为我国信息化企业跨境发展充实人才资源。文化交融为开展信息化合作提供融洽的氛围。深化对沿线国家和地区的人文了解，也有助于跨境电子商务积累经验。

（五）完善多边风险防范机制，营造安全共赢环境

完善我国与“一带一路”沿线国家和地区信息化合作风险防范机制。建立沿线国家和地区的信息化合作风险评估体系以及风险监控与预警机制，识别国际合作风险，进而统筹管理与应对。完善多边信息化企业投融资权益保护机制，联合制定风险应对措施。应从政治、经济、投资等方面定期评估合作环境，为参与合作的信息化企业提供决策依据。充分了解合作国家的相关

政策、法律，提高信息化企业环境及风险的应对能力，与合作国家的需求有效对接，规避政治风险。与投资国家打造利益共同体和命运共同体，营造各国互惠共赢的信息化环境。

参考文献：

[1] 张建光，朱建明 . 从世界经济论坛《全球信息技术报告 2015》看信息化发展态势 [J]. 电子政务，2015（10）.

[2] 申现杰，肖金成 . 国际区域经济合作新形势与我国“一带一路”合作战略 . 宏观经济研究，2014（11）.

[3] 庾志成 . 移动互联网的发展现状和发展趋势 [J]. 移动通信，2008，32（9）.

[4] 袁新涛 .“一带一路”建设的国家战略分析 [J]. 理论月刊，2014（11）.

[5] 张明倩，柯莉 .“一带一路”跨国专利合作网络及影响因素研究 [J]. 软科学，2018，32（6）.

[6] 李斐然 . 数字联通“一带一路”[J]. 财务与会计，2018（14）.

[7] 刘清云 .“一带一路”倡议转型升级与智慧城市建设 [J]. 时代金融，2018（20）.

[8] 刘永旺，林小雨 .“一带一路”信息通信企业“走出去”策略探讨 . 信息通信技术与政策 [J]，2018（9）.

[9] 郭家鹏 .“一带一路”倡议背景下新电商人才培养模式研究 [J]. 智库时代，2018（52）.

[10] 赛迪：《2018 年中国 5G 产业与应用发展白皮书》。

[11] 全球化智库 CCG：《中国企业全球报告（2016）》。

[12] 芮晓武 . 以信息化为纽带助推“一带一路”建设 [J]. 集成电路应用，2017（6）.

[13] 高嘉莉 .“一带一路”战略下“互联网 +”物流产业的发展模式与策略研究 [J]. 商业经济研究，2016（24）.